U0450645

THE WARS OF THE ROSES

玫瑰战争史
1377—1471
烈火燃烧的英格兰

〔英〕罗伯特·巴尔曼·莫厄特 著
徐宝华 译

中国出版集团公司
华文出版社

图书在版编目（CIP）数据

玫瑰战争史：1377—1471 /（英）罗伯特·巴尔曼·莫厄特著；徐宝华译. -- 北京：华文出版社，2020.9

（华文全球史）

ISBN 978-7-5075-5341-3

Ⅰ.①玫… Ⅱ.①罗… ②徐… Ⅲ.①玫瑰战争—史料 Ⅳ.①K561.32

中国版本图书馆CIP数据核字(2020)第137999号

玫瑰战争史：1377—1471

作　　者：	[英] 罗伯特·巴尔曼·莫厄特
译　　者：	徐宝华
选题策划：	华盛世章
插图供应：	18629596618
责任编辑：	戴明敏　李艳芬
出版发行：	华文出版社
社　　址：	北京市西城区广外大街305号8区2号楼
邮政编码：	100055
网　　址：	http：//www.hwcbs.com.cn
电　　话：	总编室010—58336239
	发行部010—58336212
经　　销：	新华书店
印　　刷：	三河市国英印务有限公司
开　　本：	710×1000　1/16
印　　张：	28
字　　数：	365千字
版　　次：	2020年9月第1版
印　　次：	2020年9月第1次印刷
标准书号：	ISBN 978-7-5075-5341-3
定　　价：	110.00元

版权所有　侵权必究

出版前言

随着中国开放的大门越开越大,关注世界各国尤其是西方国家文明的源流、发展和未来已经成为当下世界史研究的一个热点。为了成系统地推出一套强调"史源性"且在现有世界史出版物中具有拾遗补阙价值的作品,我们经过认真论证,推出了"华文全球史"系列,首次出版约为一百个品种。

"华文全球史"系列从书目选择到译者的确定,从书稿中图片的采用到人名地名的规范,都有比较严格的遴选规定、编审要求和成稿检查,目的就是要奉献给读者一套具有学术性、权威性和高质量的世界史系列图书。

书目的选择。本系列图书重视世界史学科建设,视角宽阔,层级明晰,数量均衡,有所突出。计划出版的华文全球史中,既有通史,也有专题史,还有回忆录,基本上是世界历史著作中的上乘之作,填补了国内同类作品出版的空白。

人名地名规范。本系列图书中人名地名,翻译规范,重视专业性。同时,在人名翻译方面,我们坚持"姓名皆全"的原则,加大考据力度,从而实现了有姓必有名,有名必有姓,方便了读者的使用。另外,在注释方面,书中既有原书注,完整地保留了原著中的注释;也有译者注,体现了译者的研究性成果。

书中的插图。本系列图书的一个重要特点是书中都有功能性插图,这些插图全方位、多层次、宽视角反映当时重大历史事件,或与事件的场景密切相关,涉及政治、军事、经济、社会、外交、人物、地理、民俗、生活等方面的绘画作品与摄影作品。功能性插图与文字结合,赋予文字视觉的艺术,增加了文字的内涵。

译者的确定。本系列图书的翻译主要凭借的是一个以大学教师为主的翻译团队，团队中不乏知名教授和相关领域的资深人士。他们治学严谨，译笔优美，为确保质量奉献良多。

"华文全球史"系列作为一套具有较高学术价值的优秀的世界历史丛书，对增加读者的知识，开阔读者的视野，具有积极的意义。同时要看到，一方面很多西方历史学家的观点符合事实，另一方面不少西方历史学家的观点是错误的，对于这些，我们希望读者不要不加分析地全盘接受或全盘否定，而是要批判地吸收外国文化中有益的东西。

华文出版社

2019年8月

前　言

玫瑰战争是英格兰中世纪历史与现代历史的分界线。经过这场战争的洗礼，一个全新的英格兰王国诞生了。对玫瑰战争，历史学家威廉·斯塔布斯有过一段精彩的描述："与脆弱的14世纪相比，15世纪更羸弱、无助、血腥且道德沦丧。"[①]但正是15世纪的羸弱激发了力量。玫瑰战争给英格兰王国的教训十分深刻，但由此，英格兰王国迎来都铎王朝的辉煌。

玫瑰战争时期，欧洲各地逐渐形成了具有专制君主和统一政府的各个国家。在与摩尔人的长期冲突中，西班牙逐步统一，国力日盛。15世纪上半叶，法兰西王国受到国内外战争的双重打击。随后，法兰西王国形成路易十一的中央集权政府。

英格兰王国也见证了一场自相残杀的战争。在这场战争中，英格兰王国甩掉了诸多包袱，形成一个强大而统一的国家。在这方面，英格兰王国比其他欧洲国家更幸运。在玫瑰战争中，英格兰王国的世袭贵族几乎被消灭。因此，在英格兰王国的地方政府中，乡绅和中产阶级开始登上舞台。作为英格兰王国最好的"仆人"，新兴贵族阶层的兴起势在必行。玫瑰战争结束后的一个世纪，凭借强大的君主政体、新贵的鼎力服务和富裕的中产阶级，英格兰王国逐渐繁荣昌盛起来。因此，英格兰王国经受住了宗教改革引发的巨大危机的考验。

在其他欧洲国家内乱频发、动荡不安时，英格兰王国做到了独善其身。因此，送走旧时代、迎来新时代的玫瑰战争自然意义非凡。

---

① 　威廉·斯塔布斯：《英格兰宪法史》，牛津，牛津大学出版社，第2卷，第658页。——原注

读者将发现，本书参考了涉及玫瑰战争的一些原始史料。这里仅提及几位近期的作者并向他们谨致谢意。

首先，我们要提到的当属威廉·斯塔布斯主教。在牛津大学，任何人书写1485年前的任何一页英格兰历史，都必然受到威廉·斯塔布斯主教的影响。威廉·斯塔布斯主教学识渊博、判断精准，进而润物无声，在牛津大学教学、学习的每一位学者或学生的心灵与观念都深受威廉·斯塔布斯主教的影响。由于他的思想灵光频现，每一次都向他特别致谢并不实际。事实上，对他的《英格兰宪法史》，本书多有引述。尽管本书的最后两章或被视作对威廉·斯塔布斯主教思想的挑战，批判他对兰开斯特家族和约克家族所持的观点，但这丝毫无损我们对这位或许是牛津最伟大历史学家的敬意。接下来，我们需要提及詹姆斯·盖尔德纳①。他编撰的《帕斯顿信札》资料翔实，介绍专业，十分有助于我们了解15世纪的英格兰。另外，我们还要致谢詹姆斯·拉姆齐，他的《兰开斯特家族与约克家族》知识全面而深刻，趣味盎然，涵盖的史料多为对国家档案的精挑细选、去芜存菁。

对兰开斯特家族统治时期，查尔斯·普拉默②编辑的约翰·福蒂斯丘的《英格兰政体》很有洞见。查尔斯·普拉默先生做的提要注释多有点睛之笔，并且展现了他渊博的学识。他的评判独到且富有启发性，是对威廉·斯塔布斯的《英格兰宪法史》第十八章绝好的补充与修正。最后，我要感谢查尔斯·欧曼。如果要充分了解玫瑰战争时期的人物和军事活动，那么最佳的指南莫过于他的《英格兰政治史》。

尽管本书并非因循以上作者的观点，或沿袭他们的结论，尽管我们也想对玫瑰战争史有新的发现，但上述作者的探究已经很透彻。从他们的著作中，玫瑰战争史的研究者耳濡目染、获益良多，对他们自然是顶礼膜拜、感激之至。

---

① 詹姆斯·盖尔德纳（1828—1912），英国历史学家，主攻英格兰15世纪和都铎王朝早期历史，编撰过《帕斯顿信札》和亨利八世在位期间的书信等文件资料。——译者注（本书中除原注外，均为译者注，不再另行说明）
② 查尔斯·普拉默（1851—1927），英国历史学家，编撰过号称"英国史学之父"圣徒比德的著作等，首创了"变态封建主义"这一术语。

目 录

001　第 1 章
　　　爱德华三世的家族授产

017　第 2 章
　　　兰开斯特家族统治时期的宪政

033　第 3 章
　　　法兰西战争

059　第 4 章
　　　英格兰枢密院里的明争暗斗

095　第 5 章
　　　萨默塞特公爵埃德蒙·博福特与约克公爵理查德之争

123　第 6 章
　　　亨利六世精神失常与约克公爵理查德第一次任护国公

139　第 7 章
　　　约克公爵理查德第二次出任护国公和第二次圣保罗大教堂和解

163	第 8 章
	布洛希思战役与约克派公权被剥夺

175	第 9 章
	约克派支持者的流亡岁月

189	第 10 章
	北安普顿战役

201	第 11 章
	角逐英格兰王位

211	第 12 章
	韦克菲尔德战役

223	第 13 章
	"莫蒂默十字"战役与第二次圣奥尔本斯战役

235	第 14 章
	爱德华四世登基

255	第 15 章
	北方战争

275	第 16 章
	安茹的玛格丽特王后流亡海外

283	第 17 章
	亨利六世被捕

295	第 18 章
	爱德华四世的动荡岁月

333	第 19 章
	兰开斯特家族的末日

361	第 20 章
	玫瑰战争时期的英格兰社会

385	第 21 章
	亨利六世的政府垮台

397	**第 22 章** 爱德华四世的统治
409	**第 23 章** 亨利七世登基
417	**译名对照表**

第 1 章

爱德华三世的家族授产

精彩看点

爱德华三世的家族授产——爱德华三世的五位儿子及其后代——其他欧洲国家的分封制度——爱德华三世实施家族授产制的原因——家族授产制导致的问题

在历史上，众所周知的玫瑰战争造成英格兰连年动荡。究其缘由不一而足。但如果没有两大原因，那么这些不幸或许根本不会发生。第一个原因是爱德华三世的家族授产，第二个原因是"超级臣民"，并且两个原因相互关联。

爱德华三世

依据家族授产制，爱德华三世授予他的儿子们大量土地和财产。因此，英格兰王室分裂成几个强大的家族，但这几个强大的家族彼此没能相安一隅。与此同时，一些贵族世家变得十分富庶强大，实力足以与国王匹敌，甚至有赶超之势。其中，某些贵族世家还与王室血脉相连。15世纪，一个奇怪的局面逐渐形成。在西班牙，贵族们声称，自己与国王一样出身高贵，只是不如国王富有。但在15世纪的英格兰，一些贵族可能会说，他们和国王一样出身高贵，甚至比国王更富有。玫瑰战争结束时，伟大的律师约翰·福蒂斯丘曾郑重写道，如果要保障王国的法治和秩序，那么国王的收入必然比各大贵族高①。显然，历

约翰·福蒂斯丘

---

① 约翰·福蒂斯丘：《英格兰政体》（查尔斯·普拉默编），牛津，牛津大学出版社，第128页。——原注

沃里克伯爵理查德·内维尔

史上被称为"造王者"的沃里克伯爵理查德·内维尔拥有的资产连国王都望尘莫及。因此，沃里克伯爵理查德·内维尔征召军队绰绰有余。但直到15世纪后半叶，"超级臣民"这一现象才屡见不鲜。14世纪后半叶，爱德华三世开始家族授产。

爱德华三世是兰开斯特家族与约克家族的始祖。他膝下共有十二个子女，其中两个幼年夭折，活下五子五女。1330年，爱德华三世的长子爱德华王子在伍德斯托克出生，是历史上著名的"黑太子"。但没有等到登基，"黑太子"爱德华就去世了。黑太子爱德华只留下一个儿子英王理查二世。随后，理查二世驾崩，并且没有留下后嗣。因此，理查二世的支脉断嗣。

1338年，爱德华三世的次子克拉伦斯公爵安特卫普的莱昂内尔①出生在

---

① 1362年，安特卫普的莱昂内尔被封为公爵，之前称"克拉伦斯伯爵"。

"黑太子"爱德华

英王理查二世

克拉伦斯公爵安特卫普的莱昂内尔

安特卫普，膝下只有一独女阿尔斯特女伯爵菲莉帕。阿尔斯特女伯爵菲莉帕嫁给威尔士边境的马奇伯爵爱德华·莫蒂默。最终，这一支脉仅存一女安妮·德·莫蒂默。安妮·德·莫蒂莫嫁给与她同族，大她两辈的约克家族族长、剑桥伯爵科尼斯堡的理查德。因此，通过联姻，安妮·德·莫蒂莫又嫁回王室。

1340年，爱德华三世的第三子冈特的约翰出生在冈特①。冈特的约翰结过三次婚，子嗣很多，还建立了几个重要的家族。其中，最著名的是兰开斯特家

冈特的约翰

---

① 即根特。——原注

族。冈特的约翰的长子兰开斯特的亨利，即英格兰国王亨利四世，正是兰开斯特家族的首位君主。亨利四世的儿子及孙子都顺利继承了王位。随后，这一支脉也绝嗣。

1342年，爱德华三世的第四子约克公爵兰利的埃德蒙出生在赫特福德郡的兰利。约克公爵兰利的埃德蒙的儿子剑桥伯爵科尼斯堡的理查德娶了安妮·德·莫蒂默，她是安特卫普的克拉伦斯公爵安特卫普的莱昂内尔仅存的一脉。

1355年，爱德华三世的幼子格洛斯特公爵托马斯出生在伍德斯托克。1399年，格洛斯特公爵托马斯的唯一男性继承人逝世且没有留下后嗣。

亨利四世

在历史上,爱德华三世的几位儿子都是风云人物。除约克公爵兰利的埃德蒙外,其他几位儿子都是雄心勃勃、追求权势之辈。他们或从父辈处继承财产,或通过联姻获取了庞大的财富。即使他们中的任何一位成为国王,也不能表明其他王室成员不具备染指王位的实力。

出生在伍德斯托克的"黑太子"爱德华是威尔士亲王,同时也是切斯特伯爵和康沃尔公爵。安特卫普的莱昂内尔被封为克拉伦斯伯爵。"克拉伦斯"的意思是来自萨福克郡的克莱尔这块十分荣耀的封地。1352年,通过与克莱尔的女继承人阿尔斯特女伯爵伊丽莎白·德·伯格的联姻,克拉伦斯伯爵安特卫普的莱昂内尔获得了大笔财产。阿尔斯特女伯爵伊丽莎白·德·伯格的陪嫁还有其家族在爱尔兰阿尔斯特的大片庄园。15世纪,这些庄园与威尔士边境的莫蒂默庄园合并,成为约克家族的一处重要资产。

冈特的约翰被封为兰开斯特公爵。这一爵位在英格兰的兰开斯特地区拥有领土特权。兰开斯特公爵授封的伯爵领地有德比、莱斯特和林肯三郡。此外,在英格兰几乎所有的郡,他都有封号和城堡[1]。

兰利的埃德蒙授封约克公爵。在英格兰北部和出生地赫特福德郡,他都有庄园。他的嫡系一脉与克拉伦斯伯爵安特卫普的莱昂内尔的一脉联姻后,合并的资产十分庞大。

爱德华三世的幼子,即出生在伍德斯托克的格洛斯特公爵托马斯,在格洛斯特郡、白金汉郡[2]、北安普敦郡及埃塞克斯郡拥有诸多庄园。

因此,通过家族授产,爱德华三世在英格兰建立了五个王室大家族。长子"黑太子"爱德华一脉[3]和幼子格洛斯特公爵托马斯一脉[4]断嗣。1410年[5],次子克拉伦斯公爵安特卫普的莱昂内尔一脉与四子约克公爵兰利的埃德蒙一脉因安妮·德·莫蒂默与剑桥伯爵科尼斯堡的理查德联姻合并为一脉。因此,五

---

[1] 详见阿米蒂奇·史密斯所著《冈特的约翰》,阿奇博尔德·康斯特布尔有限公司,1904年,一书中的兰开斯特家族庄园地图,第218页。——原注
[2] 格洛斯特公爵托马斯授封的伯爵领地。——原注
[3] 1400年,"黑太子"爱德华的独子理查二世驾崩。——原注
[4] 1399年,格洛斯特公爵托马斯去世。——原注
[5] 具体时间尚不明确,但确为最可能的年份。——原注

"征服者"威廉

大王室家族并成两大王室家族。论出身和财富,两大家族势均力敌。在各自盟友及支持者的拥护下,两大家族将英格兰一分为二。

在英格兰、法兰西及德意志,将封地封禄授予年轻王室成员的做法盛行一时,但授产制往往后患无穷。诺曼统治英格兰的早期,"征服者"威廉将英格兰王国授予次子威廉·鲁弗斯①,将诺曼底公国授予长子罗贝尔·柯索

---

① 即威廉二世。——原注

威廉二世

斯。威廉二世驾崩后，英格兰王国改由其幼弟亨利一世统治，诺曼底公国仍由"征服者"威廉的长子罗贝尔·柯索斯管辖。诺曼底权力的分裂导致王室内部长达十五年的纷争。譬如，12世纪末，亨利二世将重要的领地分封给一众儿子。亨利二世与阿基坦的埃莉诺的第一个儿子，小亨利作为王储将来要继承英格兰王位。理查一世得到阿基坦的封地。通过联姻，杰弗里四世得到布列塔尼，造成亨利二世的幼子约翰成为"无地王"。通过不断发动王室内部叛乱和内战，约翰试图像他哥哥那样获得封地，称霸一方。

1363年，法兰西国王约翰二世将勃艮第封给次子"大胆"腓力。"大胆"腓力建立几乎独立的勃艮第公爵一脉。勃艮第公爵一脉与法兰西王室的奥尔良一脉有着世仇宿怨，并且导致法兰西王国内斗不断。这就是勃艮第派与阿马尼亚克派之间的斗争。

在神圣罗马帝国，有些统治家族也实施封爵封地制。萨克森王国的统治者们封给后嗣许多公爵领地。因此，在不同时期，神圣罗马帝国境内至少存在过十八个不同的萨克森公爵领地。当然，这些公爵领地并不怎么强大。到16世纪，哈布斯堡家族诸位年幼的王子被一一封爵，导致中央权力的削弱及众人皆知的内战。

封地制往往导致不幸，但常常得以实施，或许有以下三个原因：第一，与常人一样，国王爱子心切，不愿幼子只因出生晚于兄长而受一丝一毫的委屈。第二，封地制有利于维护王室尊严。王室血脉的王子都应该拥有富庶的领土，其地位几乎等同于一族之长。譬如，伟大的拿破仑·波拿巴封自己的兄弟们为各个被征服国家的统治者。第三，封地制常被认为能增强王室家族的凝聚力，授封的领主理应是国王强大的同盟军、王权的坚定拥护者。

爱德华三世实施家族授产可能就是秉持上述第三点理由。早期的金雀花王朝认为王公贵族势力太过强大。王公贵族强大的领地爵位限制了英格兰国王的王权，但王公贵族往往因最后只剩女性继承人而断嗣。对国王而言，如果让自己的儿子迎娶这样一位女性继承人，通过联姻将女性继承人的庄园资产归于自己名下，那么女性继承人背后强大的家族势力也将归于自己儿子的一族，何乐而不为？爱德华三世认为通过自己的儿子与王公贵族的女继承人联姻，涣散的旧式封建思想将被彻底消除，新产生的将是家族忠诚、血脉亲情及攸关的利益，这能将幼子们与家族之长的国王牢牢绑在一起。

然而，事与愿违，旧的封建反叛精神并没有被效忠国王的家族忠节取代。相反，年幼的王子受天然家族情感及利益驱使，同时持有旧式封建思想，诸王子的家族成员又闹起分立并占地为王，因此，如同旧式封建贵族那样，诸王子及其家族后人成为王位的竞争者。但与封建贵族相比，诸王子及其后人的

亨利一世

亨利二世

理查一世

"大胆"腓力

实力更强大，因为他们积累了更多的领土，并且是王室出身。第一代的王子，如冈特的约翰，或许还会忠于自己的国王，但他们的第二代或第三代与王室的血缘关系逐渐寡淡了。

第 2 章

兰开斯特家族统治时期的宪政

精彩看点

兰开斯特家族史——英格兰议会确认亨利四世王位——英格兰王国贵族的状况——亨利四世的统治危机——亨利四世的财政收支状况——亨利五世对法兰西的征服——兰开斯特家族统治潜在的危机

1377年，爱德华三世驾崩。此前，爱德华三世的长子温莎的爱德华，后世称为"黑太子"，早已去世。因此，爱德华三世的王位由其长孙，即"黑太子"爱德华的独子理查二世继承。理查二世的统治可谓是一场血雨腥风。理查二世是一位胸怀丘壑、雄心勃勃的年轻人，但他的叔叔们绝不容许他大权独揽。此时，爱德华三世的家族授产制度导致的后果已经初现端倪。在理查二世的叔叔中，对理查二世王位最大的威胁来自他最小的叔叔托马斯，即爱德华三世的第五子。托马斯被封为格洛斯特公爵，刚毅不屈，财势煊赫，是当时称为议会上诉人的几大贵族之首。格洛斯特公爵托马斯遏制住理查二世的权力，并且在1387年到1389年严加管教理查二世。但1389年，理查二世摆脱接任贵族们的控制，独自执政八年，并取得一些政绩。但到了1397年，理查二世变得独断专行，一系列违宪行为令他民心尽失。1399年，理查二世的堂弟来自兰开斯特家族的亨利四世发动政变，废黜理查二世，自己当上英格兰国王。

　　在王室成员中，亨利四世富甲一方。他的父亲冈特的约翰名下庄园众多，形成一条"兰开斯特地产带"。从兰开斯特公爵领地到埃塞克斯公爵领地，这一地产带绵延整个英格兰。对侄儿理查二世，冈特的约翰一直忠心耿耿，但他的儿子亨利四世曾是接任贵族成员之一。接任贵族曾一度控制理查二世。1398年，为扩大君权，理查二世驱逐了亨利四世。1399年，亨利四世在亨伯河口登陆，接管了刚去世的父亲冈特的约翰名下的庄园。不出三个月，即

亨利四世加冕

1399年9月30日，英格兰议会同意加冕亨利四世为英格兰国王。与此同时，理查二世沦为阶下囚。1400年2月，理查二世在庞蒂弗拉克特城堡逝世。

从此，作为古老金雀花家族分支的兰开斯特家族开始统治英格兰王国。亨利四世能登上王位，不但因为他是拥有王室血统的王子，而且因为他富堪敌国。亨利四世继承父亲冈特的约翰在兰开斯特的全部遗产，又通过妻子玛丽·德·伯亨继承了伯亨家族在赫里福德郡、埃塞克斯郡、北安普敦郡的大部分财产。因此，爱德华三世的家族授产制度已经恶果毕现。合法的国王遭到废黜，取而代之的是位财势煊赫、野心勃勃的王子。亨利四世是领地大权贵，又宣称王室出身。六十年后，家族授产制度又将导致另一场革命。另一位同样是领地大权贵的王子，将驱逐一位财势远不能与他匹敌的国王。

亨利四世夺得英格兰王位基于两大原因。第一个原因，他是亨利三世的后裔。第二个原因，正如英格兰议会承认的，将英格兰王国从"违宪治理和

玛丽·德·伯亨（坐者）

破坏法律"①的困境中拯救出来。实际上，亨利四世宣称的第一个原因几乎不能赋予他优先继位的权利，因为其他王子也是亨利三世的后裔。但亨利四世声称，他继承亨利三世王位的权利不是通过其父冈特的约翰，而是通过其母兰开斯特的布兰奇一脉。兰开斯特的布兰奇是亨利三世次子埃德蒙·克劳奇巴克的后裔。但年轻的马奇伯爵埃德蒙·莫蒂默是阿尔斯特女伯爵菲莉帕的孙子，亨利三世长子爱德华一世的后裔。为消除这种障碍，兰开斯特家族成员声称，实际上，埃德蒙·克劳奇巴克才是亨利三世的长子，而非爱德华一世，只是因为埃德蒙·克劳奇巴克驼背畸形才对外隐瞒其爱德华一世长子的身份。不过，相信这个说辞的人寥寥无几。

亨利三世

① 详见韦利：《亨利四世时期的英格兰历史》，伦敦，朗曼-格林出版社，第1卷，第15页。——原注

托马斯·阿伦德尔

　　因此，亨利四世的王位头衔其实是英格兰议会授予的。他的确试图通过征伐夺取英格兰王位，但遭到谋臣坎特伯雷大主教托马斯·阿伦德尔的劝阻。通过征伐夺取王位将造成先前存在的所有国内法律失效，一切法律都将重新建立。对一个新王朝，通过征伐夺取王位是致命的，因为只有头衔和财产得到保障，国内法律得以维护，坐拥资产的人才会勉强同意采取革命手段夺取王位。

　　因此，1399年9月及1399年10月，英格兰议会对兰开斯特家族的王位头衔给予认可。事实上，即使金雀花家族存在更古老的分支，也绝不会撼动英格兰议会认可的国王头衔。这是一款妥当的法律条文，也符合英格兰王国的古老习

第 2 章　兰开斯特家族统治时期的宪政 | 023

俗。这就如1701年根据《王位继承法》设立的不伦瑞克王室①的头衔并不会取消,尽管早有斯图亚特王朝的存在。

出于对自身财产及宗教信仰的担忧,统治阶级接受亨利四世成为国王。在统治末期,理查二世变成独断专行的君主。在其高压统治下,有产阶级深感岌岌可危。由于第一任妻子波希米亚的安娜深受扬·胡斯的影响,在英格兰,理查二世被罗拉德派新的宗教思想吸引。罗拉德派批判教会的教义,认为应该

波希米亚的安娜

---

① 即汉诺威王室。

扬·胡斯

没收教会资产，有时甚至主张没收所有有产阶级的资产。因此，如果兰开斯特家族成为保护教会和国家的正统家族，那么坐拥资产及附属于中世纪教会的人们都会支持兰开斯特家族。

几乎可以断定亨利四世及其继承人是按一种契约确立的国王。他们的头衔由英格兰议会赋予，统治条件是建立良治政府，依照宪法执政，采纳谋臣及英格兰议会的良言，信奉正统基督教教义，做忠诚的基督教教徒。

兰开斯特家族的成员们竭尽全力获取各方认可。对此，兰开斯特家族的成员们忠于教会，打压异教教徒，维护宗教团体的财产，建立并资助新的宗教团体。因此，英格兰王国的基督教僧侣都支持兰开斯特家族，所有任职传教士的编年史家们都对兰开斯特家族称颂不已。然而，他们虽然满足了基督教僧侣的需求，但无法使平信徒满意。英格兰的贵族及中产阶级发现"好政府"并非永远存在，法治与秩序亦非永久有效。除了亨利五世的短暂统治时期，英格兰王国从没有完全摆脱混乱。对小规模的动荡，英格兰王国早已司空见惯，①玫瑰战争只是英格兰王国政府崩溃的一个至关重要的例证。

英格兰王国政府统治的失败并非完全归咎于兰开斯特家族，而是一方面在于爱德华三世的授产政策，这一政策导致英格兰王室内部各大领地家族的出现，另一方面在于英格兰贵族的状况变化。此时，英格兰贵族成员人数锐减，但他们敛聚了大量土地，势力日盛。兰开斯特家族的国王在治国理政上已经尽心尽力。他们如果更富有，那么无疑会做得更好。在位时期，亨利四世一直勤勉政务，并且一丝不苟地遵守自己登基前的承诺。对重大政务，亨利四世悉心采纳枢密院的建议，甚至亨利四世手下的大臣都是在英格兰议会的批准下任命的。此时，英格兰议会下议院一致通过的立法决议无须国王同意。提交枢密院的一切事务的范围和类型均记录在案，战争、和平、金融、正义各方面无一遗漏。国王定期参加枢密院会议，勤于政务。亨利四世、亨利五世严格维护英格兰议会的特权。此外，国王还采取措施确保英格兰议会下议院议员通过自由选举的方式产生。1406年，著名的《契约法》通过，规定任何选区选举出的候选人，必须加盖选民印章方可确认，并且这一证据应该连同文书由郡长送到位于威斯敏斯特宫的英格兰议会。因此，从选举到文书返还期，郡长无权替换候选人的姓名。

尽管亨利四世用心良苦，励精图治，但他的统治仍然危机重重。帮助亨利四世登上王位的贵族们权势日盛且骄矜自负。其中，英格兰北方的珀西家族最棘手。珀西家族曾数次发起改朝换代的叛乱。最终，1408年，在布拉默姆泽地，珀西家族的叛乱被镇压。在英格兰王国与苏格兰王国边境，苏格兰人多次突袭，试图越界进入英格兰王国。1406年，苏格兰国王被俘并押解到伦敦后，

---

① 详见威廉·斯塔布斯：《英格兰宪法史》，牛津，牛津大学出版社，第3卷，第279页。——原注

欧文·格伦道尔

苏格兰人突袭的次数才有所减少。在威尔士，长达十二年的时间里，反叛者欧文·格伦道尔虽然屡战屡败，但从没有被英格兰王国征服。更糟糕的是，英格兰国王无力守护长期以来声称拥有领土主权的英吉利海峡等海域。法兰西"海盗"成群结队涌入英吉利海峡，英格兰海岸小镇几乎年年遭受海上突袭。

亨利四世虽然身体羸弱，但十分英勇。无论面临任何艰苦，他都绝不畏缩。只因王权资源匮乏，他的政府效率不高，被人质疑。以公爵身份论，亨利四世可谓家财万贯。但作为国王，亨利四世的财富显得捉襟见肘。登上王位后，亨利四世必须封赏其追随者。作为国王，他获得的收入和土地也被用于封赐。那时，国王的私人和公共支出没有明确区分，王室收入必须同时负担这两项开支。因此，王室收入的剩余部分，或用于国王必须维持的巨额家族开支，或承担国王的公共事业费用。据估计，亨利四世的总收入，包括作为兰开斯特公爵、康沃尔公爵、切斯特伯爵的收入，以及关税、补贴及其他税费收入，平均每年仅略微超过十万英镑[1]。此外，国王还必须承担维护王位所需的一切费用。这些费用包括国王宫殿、城堡和庄园的开销，国内的政事支出，英吉利海峡和爱尔兰海峡的防御费用，以及贝里克和加来堡垒的维护费用，仅这两座城堡的年均维护费用就超过三万英镑[2]。

无怪乎在其统治期间，亨利四世不能完全有效治理英格兰王国，但他维护了自己的王位和政府，并且英勇无畏地面对各类困难。亨利四世驾崩后，整个英格兰王国仍是一片和平。这一切都要归功于亨利四世。

亨利四世的儿子亨利五世魅力十足，才华横溢。在位期间，亨利五世采取诸多措施稳固兰开斯特家族的统治。亨利五世发动对外战争并获得法兰西王室的继承权，并且通过这种方式转移各种国内危机。亨利五世的一大优势是他无须成为"暴发户"式的国王。即位前，亨利五世的父亲亨利四世就是英格兰国王。因此，无论亨利四世即位时情况如何，毋庸置疑他就是国王，而年轻的亨利五世又凭借世袭权利登上王位。似乎一切浑然天成，亨利五世建立起自己的王朝。继承父亲的王位以来，亨利五世一直是位备受推崇的继位者。亨利五世是一名杰出且成功的军人，而没有什么比征服外邦更能激发人民的忠诚。他是英格兰无可争议的统治者，天主教教会的朋友和支持者，神圣罗马帝国皇帝的盟友和知己，欧洲最合法的君主。基于这一切，亨利五世继承了法兰西王位，继承卡佩家族的古老一脉及克洛维与查理曼大帝的王位。1420年的《特鲁瓦条约》标志着亨利五世的权力达到巅峰。此时，他的王国领土北从特威德河延伸至大西洋，南到比利牛斯山脉。亨利五世驾崩后，他留下了一个儿子亨利

---

[1] 詹姆斯·拉姆齐：《兰开斯特家族与约克家族》，纽约，斯克林纳和阿姆斯特朗公司，1875年，第1卷，第160页。——原注
[2] 詹姆斯·拉姆齐：《兰开斯特家族与约克家族》，纽约，斯克林纳和阿姆斯特朗公司，1875年，第1卷，第158页。——原注

亨利五世

六世继续他的伟业。亨利六世年少时，英勇而忠诚的贵族贝德福德公爵兰开斯特的约翰替幼主管理英格兰王国。

兰开斯特家族恪守宪法，将英格兰王国的实力提升到中世纪前所未有的高度。此时，无人质疑兰开斯特家族的权力。亨利五世的荣耀远远超过著名的"安茹帝国"的亨利二世。亨利二世虽然是英格兰国王，但作为诺曼底公爵、安茹伯爵及阿基坦公爵，他只是"凡人"，是法兰西国王的臣民。不过，亨利五世只屈从在上帝之下。无论作为国王还是公爵，他都不受任何封建隶属关系束缚。对任何人，亨利五世无须承诺效忠。

亨利五世的弟弟贝德福德公爵约翰、格洛斯特公爵汉弗莱和克拉伦斯公爵托马斯，个个能力出众，精力充沛，尽忠职守。虽然1421年，克拉伦斯公爵托马斯

贝德福德公爵兰开斯特的约翰

格洛斯特公爵汉弗莱

战死沙场，并且在接下来的统治时期，格洛斯特公爵汉弗莱的野心曾造成一些危机，但亨利五世驾崩时，兰开斯特家族的统治似乎蒸蒸日上。此时，后世著称的约克家族并没有展露出危险的野心。此外，兰开斯特家族的统治得到博福特家族的鼎力支持。博福特家族是冈特的约翰与凯瑟琳·斯温福德联姻后形成的。因此，博福特家族与统治家族血缘亲近。然而，尽管《议会法案》认可这层血缘关系，但在法律上，博福特家族成员仍然无法继承王位。博福特家族的财富和势力让其成为兰开斯特家族的强大盟友。两大家族间的血缘、恩情、利益密不可分。实际上，博福特家族的运道依靠兰开斯特家族的命运，两者必须休戚与共。

　　与此同时，爱德华三世家族的两大存世分支合并。1424年，克拉伦斯公爵安特卫普的莱昂内尔的曾外孙埃德蒙·莫蒂默，也是过继给理查二世的继承人，去世且没有后嗣。因此，埃德蒙·莫蒂默的姐姐安妮·德·莫蒂默的家族代表了克拉伦斯公爵安特卫普的莱昂内尔一脉。这里需要指出的是，克拉伦斯公爵安特卫普的莱昂内尔是兰开斯特家族第一代冈特的约翰的兄长。1410年，安妮·德·莫蒂默嫁给后人所称的剑桥伯爵科尼斯堡的理查德。剑桥伯爵科尼斯堡的理查德是爱德华三世第四子约克公爵兰利的埃德蒙的儿子。但到了剑桥伯爵科尼斯堡的理查德，他不再忠于兰开斯特家族，并且在1415年卷入一场针对亨利五世的谋反。因此，他被判处有罪，并且在南安普敦遭到处决，但他的家族没有受到牵连。他的四岁儿子小理查德得到亨利五世的善待，并且叔父约克公爵诺里奇的埃德蒙在阿让库尔战役阵亡后，小理查德成为约克公爵。

第 3 章

法兰西战争

精彩看点

亨利五世登上法兰西王位——亨利五世去世——贝德福德公爵主理英格兰王国在法兰西的事务——英格兰王国在法兰西势力衰落——英格兰王国在法兰西失败的原因

不到九个月大时，亨利六世就继承了英格兰王位。亨利六世的声望很高。他的父亲亨利五世虽然早已被确定为法兰西王位的继承人，但直到1422年8月31日驾崩时，亨利五世还没有在法兰西王国加冕。亨利五世的岳父法兰西国王查理六世，虽然没有统治权，但仍然在位。1422年10月21日，亨利五世驾崩后不到两个月，"深受爱戴者"，即可怜的查理六世驾崩。因此，亨利六世被立为法兰西国王。

亨利五世一生政绩卓著。他重申了爱德华三世对法兰西王位的继承权。为彻底征服法兰西王国，他发动了一场侵略战争。从逻辑上看，这场战争与1066年"征服者"威廉征战的局面完全颠倒。[①]1066年，一位法兰西人登上英格兰王位，并且玩世不恭地声称，他只是在行使自己的合法权利。此时，凭着同样毫无根据的托词，一位英格兰人登上法兰西王位。不久，他的儿子也将戴上法兰西的王冠，尽管只是一时。

实际上，阿让库尔战役胜利后不到四年，亨利五世几乎征服了整个诺曼底，并且成为诺曼底真正意义上的领主。1419年，英格兰王国的军队攻占了法兰西领地，法兰西国王查理六世被迫应允亨利五世的条件。1420年5月21日，

---

① 比较柯克：《"大胆"查理的历史》，1864年，费城，利平科特出版公司，第3卷，第132页以后。——原注

病重的查理六世

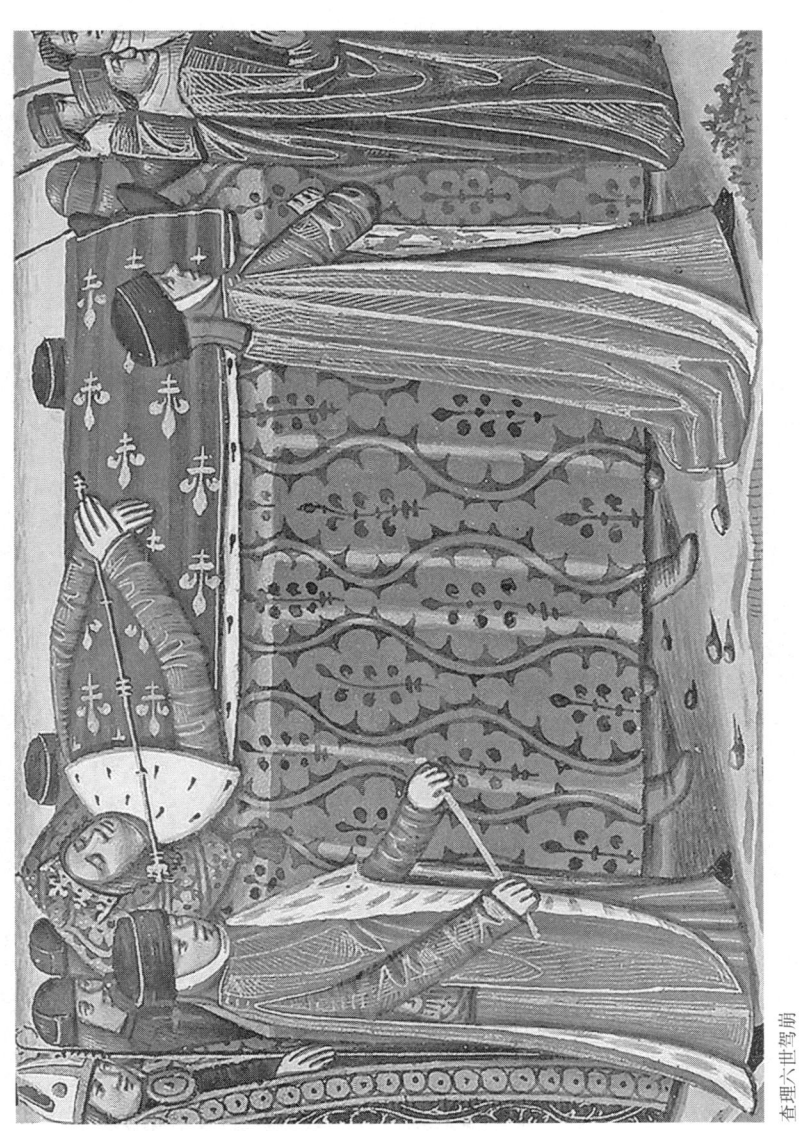

查理六世驾崩

在塞纳河上游的特鲁瓦大教堂，著名的和平条约《特鲁瓦条约》签订。亨利五世成为法兰西王室的继承人，迎娶法兰西国王查理六世的女儿瓦卢瓦的凯瑟琳，并且开始治理法兰西王国，成为他患病岳父的摄政王。

亨利五世志得意满的一生只有一大阻碍。亨利五世是法兰西王国的合法继承人，但被《特鲁瓦条约》剥夺了继承权的原查理六世的儿子王太子查理拒不承认。尽管法兰西王国大部分领土，北至卢瓦尔河和吉耶纳地区，都被英格

亨利五世迎娶瓦卢瓦的凯瑟琳

兰王国的军队控制，但法兰西王太子查理仍然宣称自己应该是法兰西国王。在法兰西王国卢瓦尔河以南地区，他开展了英勇的斗争。1421年3月22日，亨利五世返回英格兰为其王后举行加冕礼时，在安茹的博热，他的弟弟克拉伦斯公爵托马斯率领的军队被法兰西王国与苏格兰王国的联军击败，克拉伦斯公爵托马斯被杀。这是英格兰王国军队遭受的第一次惨败。1422年，亨利五世加快征服的步伐，并且在法兰西王国中部占领多座反对他的城镇。可惜1422年9月1日，他在万塞讷驾崩。

法兰西王太子查理

在安茹的博热战败预示着英格兰王国势力在法兰西王国的终极命运。不过，命运暂时没有眷顾法兰西王太子查理。亨利六世依然是英格兰国王、法兰西国王、诺曼底公爵。英格兰枢密院照旧设立在伦敦，另在鲁昂市和巴黎市各设一个议事会。根据亨利五世的遗诏，亨利六世的叔父贝德福德公爵约翰被任命为法兰西王国和诺曼底公国的摄政王。因为贝德福德公爵约翰不在英格兰王国，所以贝德福德公爵约翰的弟弟，即暗藏异心的格洛斯特公爵汉弗莱，被封为英格兰王国护国公。那时，谁又能想到，三十年后，兰开斯特家族将不再被法兰西王国承认，并且其在英格兰王国的统治也将摇摇欲坠。

亨利五世的观念是正确的。入侵法兰西王国的成功意味着兰开斯特家族在英格兰王国的成功。作为英格兰国王，兰开斯特家族的王位头衔或许会受到质疑。在英格兰王国，确实还有其他家族的王位继承权可能优先于兰开斯特家族。但只要兰开斯特家族通过征服获得法兰西王位，英格兰人就会自豪地拥戴兰开斯特家族为王。因此，无人声称，无论在法律层面还是在事实层面，兰开斯特家族的成员不是英格兰王国真正的国王。如果在法兰西王国，拥有金雀花家族血脉的兰开斯特家族成员成为国王，那么在英格兰王国，兰开斯特家族的成员就不能成为国王了吗？同一道理，10世纪到13世纪，历代德意志国王在罗马加冕为神圣罗马帝国皇帝巩固了他们在德意志的王位。

但如果英格兰王国的军队被逐出法兰西王国，那么兰开斯特家族的成员将丧失通过征服得来的佩戴卡佩王冠这一不可剥夺的权利，他们在英格兰王室的威望将会大大削弱。显然，兰开斯特家族通过征服和庄严的条约成为法兰西王国国王。与此同时，他们在英格兰王国将所向披靡。兰开斯特家族凭借自身力量征服了法兰西王国，并且在巴黎圣母院获得法兰西王位。在一些法律界人士眼中，兰开斯特家族对英格兰王位的继承权或许没有很强的说服力。然而，兰开斯特家族既然已经明确拥有至关重要的法兰西王位，这点不利也就自然抵消了。相反，一旦失去在法兰西王国的王权尊严，兰开斯特家族很难坐稳英格兰王位。

因此，英格兰王国在法兰西逐步丧失领土对玫瑰战争的爆发及兰开斯特

巴黎圣母院

家族的倾覆影响重大。随着丧失在法兰西的领土，法兰西王国兰开斯特家族君主的地位已经名存实亡。兰开斯特家族的君主或许会延续法兰西国王这一称谓，但已经失去实际意义。

在贝德福德公爵约翰英明坚定的领导下，英格兰王国在法兰西的势力不断壮大，直到传奇人物圣女贞德出现。尽管英格兰王国在法兰西的统治很有成效，英格兰王国在法兰西统治区内的农民受到善待，在贸易和自治方面，中产

骑在马上的圣女贞德

身着铠甲的圣女贞德

阶级得到鼓励，但在混乱、分裂、封建的法兰西王国，法兰西民族主义的力量依然十分强大。圣女贞德的传奇形象出现时，她以宗教般的虔诚激情将法兰西王国从"什鲁斯伯里伯爵约翰·塔尔博特和其他英格兰人"手中解救了出来，进而凝聚起全法兰西人民懵懂的爱国情怀。此前，无论是法兰西王太子查理的手腕毅力，还是法兰西王国众将军的骁勇威猛，都无法将法兰西民众的爱国情怀唤醒。

勃艮第公爵"好人"腓力三世是英格兰王国在法兰西的强大盟友。1419年，他的父亲"无畏者"勃艮第公爵约翰一世在塞纳河上的蒙特罗大桥被法兰

勃艮第公爵"好人"腓力三世

西王太子查理的拥护者杀害。夹在勃艮第公爵腓力三世与英格兰王国之间，被人讥讽为"布尔日小王"的法兰西王太子查理似乎登上法兰西王位的机会渺茫。1423年，在法兰西东部约讷省的克拉旺镇，英格兰王国-勃艮第公国联军击败法兰西王国与苏格兰王国的盟军。1424年，苏格兰国王詹姆斯一世战败被俘。随后，他被押到伦敦塔囚禁了十八年。但不久，詹姆斯一世获释，条件是苏格兰王国向英格兰王国支付赎金并召回驻扎在法兰西的苏格兰王国军队。因此，法兰西王国军队只能独自与英格兰王国的军队作战。1424年8月17日，

勃艮第公爵约翰一世被杀

在法兰西西北部的阿夫尔河的韦尔讷伊，贝德福德公爵约翰迎战已经成为查理七世的法兰西王太子查理率领的一支军队。贝德福德公爵约翰挥舞一把巨大的战斧，亲自徒步作战。①经过一番激战，法兰西王国军队被赶出战场。但这场战役表明，在一场肉搏战中，法兰西王国的军队并不惧怕英格兰王国的精兵。韦尔讷伊战役后，除了卢瓦尔河河边的个别城镇，卢瓦尔河以北的所有土地全部被英格兰王国占领。局势发生根本变化前，英格兰王国对法兰西王国的这次入侵已经拖了四年。由于缺乏国内庞大财政的支持，英格兰王国入侵受阻。与此同时，"布尔日小王"法兰西王太子查理不得不目睹他的部分拥护者重新上演同室操戈的一幕。此时，在英格兰王国占领的土地上，贝德福德公爵约翰稳步建立了一个坚实的英格兰人主导的政府。1428年，设在巴黎的议事会决定，在法兰西王国采取进一步军事行动的时机已经成熟。英格兰将军索尔兹伯里伯

韦尔讷伊战役

---

① 詹姆斯·拉姆齐：《兰开斯特家族与约克家族》，纽约，斯克林纳和阿姆斯特朗公司，第1卷，第349页。——原注

爵托马斯·德·蒙塔丘特,开始在贝德福德公爵约翰的军队崭露头角。索尔兹伯里伯爵托马斯·德·蒙塔丘特率领一支精兵向卢瓦尔河挺进,并且迅速占领了沿途三十八座小城镇。①1428年10月7日,他不顾贝德福德公爵约翰的劝告,开始包围卢瓦尔河北岸法兰西王国军队顽强防守的奥尔良市。奥尔良市内的一条重要大桥是通往法兰西王国南部的要道。奥尔良之围是英格兰王国占领法兰西王国史的转折点。当时,英格兰王国的军队竭尽全力试图占领奥尔良。设在伦敦的英格兰议会也在竭尽全力为这项军事行动提供足够的人力和资金。但1428年10月22日,索尔兹伯里伯爵托马斯·德·蒙塔丘特在交战中受了致命伤,英格兰王国军队失去一名骁勇善战的将军。其实,圣女贞德的援军到来前,奥尔良之围的局势应该已经明朗,奥尔良不会落入英格兰王国军队的手中。英格兰王国军队的封锁行动从没有真正奏效,因为整个围攻期间,各类物资仍然可以通过水运,从依然属于法兰西王太子查理的地盘布卢瓦,源源不断地运送到奥尔良城内法兰西王国守军手中。②1429年5月8日,英格兰王国军队放弃围攻奥尔良。

圣女贞德率军乘胜追击。1429年6月18日,在前往巴黎的路上,圣女贞德的军队在帕泰击败了什鲁斯伯里伯爵约翰·塔尔博特率领的英格兰王国军队。1429年7月10日,圣女贞德护送法兰西王太子查理来到兰斯,拥护他加冕为查理七世。1429年8月,圣女贞德率军继续向巴黎挺进,但没能收复巴黎。

英格兰王国在法兰西王国的势力日渐衰落。与此同时,1429年,英格兰议会决定将已经在伦敦加冕的年轻国王亨利六世护送到巴黎。1431年,在卡佩王朝的故都巴黎,英格兰议会将亨利六世加冕为法兰西国王。举行这场加冕仪式六个月前,被捕的圣女贞德在鲁昂被英军处以火刑。

然而,英军在法兰西王国取得的胜利不过是昙花一现。由于在法兰西王国的统治日渐衰败,来自英格兰王国的统治者对待法兰西王国的农民也日益苛刻。勃艮第公爵腓力三世认为其父在蒙特罗大桥遭谋杀的大仇已报。因此,

---

① 詹姆斯·拉姆齐:《兰开斯特家族与约克家族》,纽约,斯克林纳和阿姆斯特朗公司,第1卷,第381页。——原注
② 详见阿纳托尔·法郎士:《圣女贞德》中的护卫队名单,第1卷,第269页。——原注

圣女贞德进入奥尔良

圣女贞德拥立王太子查理加冕为查理七世

1435年，勃艮第公爵腓力三世放弃以前的盟友英格兰王国兰开斯特家族，转而与血脉相连的查理七世修好。1435年9月11日，查理七世与勃艮第公爵腓力三世签订《阿拉斯条约》，标志法兰西王国与勃艮第公国开始结盟。1435年9月15日，足智多谋、地位显赫又忠心耿耿的贝德福德公爵约翰在法兰西王国的鲁昂溘然长逝，年仅四十六岁。1436年，法兰西王国军队进驻巴黎。

英格兰王国在法兰西王国的势力注定败退。1433年后，英军总是短缺的军费似乎已经难以为继。[①]法兰西王国北部也不是以战援战之地，但英军的指

查理七世与勃艮第公爵腓力三世签订《阿拉斯条约》

---

① 详见詹姆斯·拉姆齐：《兰开斯特家族与约克家族》，纽约，斯克林纳和阿姆斯特朗公司，第1卷，第453页。拉尔夫·克伦威尔男爵的预算显示有二十万英镑的财政赤字，并且无任何津贴用作军费。——原注

挥官仍然苦苦挣扎了逾八年之久。除了阿让库尔大捷后的短暂时期，实际上在英格兰王国国内，英格兰王国与法兰西王国的战争几乎不得人心，但英格兰王国的舆论不会容忍停战。因此，维持对法兰西王国的侵略战争成为维护英格兰王国国家体面的重要事件。只是此时，英格兰王国军费供给已经中断。在诺曼底和吉耶纳，英军坚持了八年之久。贝德福德公爵约翰去世后，驻扎在法兰西王国的英军总指挥是约克公爵理查德。他是剑桥伯爵科尼斯堡的理查德的儿

约克公爵理查德

子。1415年，剑桥伯爵科尼斯堡的理查德因叛国罪遭到处决。1436年，二十五岁的约克公爵理查德远赴法兰西王国就任英格兰王国占领军的统帅。他展示出卓越的军事能力，并且在战场上指挥英格兰王国军队获得一些胜利。1436年到1437年和1441年到1445年，约克公爵理查德两度担任"法兰西和诺曼底"地区总督。但英格兰枢密院并不完全信任他。1447年，约克公爵理查德被调任爱尔兰总督。

与此同时，1444年，英格兰王国政府与法兰西王国政府达成休战协议。休战协议规定，英格兰王国放弃除诺曼底、吉耶纳、加来之外的法兰西王国的领土。此外，亨利六世将迎娶查理七世王后安茹的玛丽的侄女安茹的玛格丽特，婚礼定在1445年举行。根据停战协议，英格兰王国在法兰西的驻军从曼恩

安茹的玛丽

安茹的玛格丽特

伯国和安茹公国撤离。这份停战协议一直维持到1449年。当时，收入低微的英格兰王国驻军对查理七世的盟友及臣民展开掠夺性突袭，再次挑起战争。相比前任英格兰王国驻法兰西王国军队总指挥官约克公爵理查德，现任英格兰王国驻法兰西军队总指挥官埃德蒙·博福特俨然一位败军之将。由于英格兰王国驻诺曼底公国兵力不足，英军难以在异邦控制反英格兰王国的当地民众。因此，不到一年时间，法兰西王国军队就攻占了诺曼底公国。

此时，英格兰王国在法兰西最古老的属地吉耶纳公国暂时没有失守。吉耶纳公国是闻名遐迩的葡萄酒之乡，与英格兰王国间的经济联系密切。很大程度上，常年往返于吉耶纳和伦敦之间的葡萄酒船队带给波尔多商人兴隆的生意，吉耶纳居民富足的生活。但1451年年底，英格兰王国军队驻守在吉耶纳地区的城池接连失守。1452年，加斯科涅人向英格兰王国求救，因为他们发觉法兰西王国的统治比以往英格兰王国对当地的治理更严苛。"塔尔博特,我们的好伙伴"虽然在对法兰西王国的战争中老去,但他精神矍铄,一如往昔。随即,什鲁斯伯里伯爵约翰·塔尔博特带领三千士兵奉英格兰政府的命令前来解救,并且很快将波尔多重新纳入英格兰王国的势力范围。1453年夏,什鲁斯伯里伯爵约翰·塔尔博特在卡斯蒂永进攻法兰西王国军队。但经过一场恶战,他功败垂成,战死沙场。随后,法兰西王国军队占领吉耶纳公国。勃艮第的让·德·沃林是法兰西编年史家,他辉煌的一生正好见证了英格兰王国与法兰西王国百年战争的最后四十年。勃艮第的让·德·沃林写道:"因此,托上帝洪福,不久,继诺曼底公国及法兰西王国的各大领地,吉耶纳公国也将重新臣服于法兰西国王。唯独加来仍掌控在英格兰王国军队的手中。愿上帝庇护它能回归法兰西王国的怀抱,应验《圣经》中的'听从胜于献祭'"。①

卡斯蒂永战役

---

① 勃艮第的让·德·沃林:《大不列颠编年史及其说明》,1471年,第193页。——原注

最终，意欲征服法兰西王国的战争功败垂成，压垮了英格兰王国的兰开斯特家族，但对英格兰王国，这无疑大有裨益。英格兰王国与法兰西王国如果处在同一君主治下，那么两国很可能永远不会繁荣。日后，英格兰王国也不会成长为强大、统一的帝国。如果法兰西王国太过繁荣，法兰西的民众太过优秀，那么，法兰西王国绝不愿屈居英格兰王国之下。如果1603年后英格兰王国就这样消融了苏格兰王国，那么英格兰王国可能已经沦为一个二等王国，在辉煌而富有魅力的法兰西王国面前相形见绌。

英格兰王国入侵法兰西王国失败的缘由很明了。第一，早在亨利六世统治初期，英格兰王国的军队就丧失了军事优势。如同早年爱德华三世征服法兰西后，贝特朗·杜·盖克兰组织了一支精于作战的职业军队代替封建征军

贝特朗·杜·盖克兰

制，亨利六世时期对法兰西王国军事征服的成功可部分归功于法兰西王国再次使用封建制的作战体系。因此，后来，奥尔良公爵的私生子拉·阿尔、珀森·德·辛克莱斯等人组建了一支新职业军队。1437年，查理七世设立俗称"人头税"的永久税，用以维持这支职业军队，特别是供养正规的炮兵连队。在英格兰王国与法兰西王国战争后期，这支军队的新式武器使法兰西王国军队在与英格兰王国军队交战时展现出很大的优势。

第二，英格兰王国试图控制法兰西王国的一些占领地区，但除了波尔多人，其他占领地区的民众都对英格兰王国的统治厌恶不已。面对来自英格兰王国的物资补给不足及乏味的卫戍小镇生活，英格兰王国军队只能靠对占领地区乡村的疯狂劫掠调剂。最终，这导致英格兰王国驻军士气大跌。在诺曼底地区，当地民众甚至对亨利五世及贝德福德公爵约翰善治的印象也消失殆尽。拿破仑·波拿巴指出，镇压军队所驻国家的民众是几无可能的。当地民众都有同仇敌忾的民族气节。此时，英格兰王国的军官即使率领整连的强悍士兵，也无法镇压法兰西民众。

第三，在英格兰王国与法兰西王国的战争中，英格兰王国军队早期的胜利在法兰西内部存在分歧。正是阿马尼亚克派，即奥尔良派，与勃艮第派的争斗削弱了法兰西君主制。但1435年，勃艮第公爵腓力三世与查理七世达成和解，勃艮第公国的军队进入法兰西王国军队的编制。因此，法兰西王国军队的士气大增。在战场上，法兰西王国军队的情形发生很大改善。英格兰王国占领地的侧翼遭到来自法兰西王国东边发动的持续不断的攻击。

第四，早在亨利六世统治初期，英格兰王国军队在法兰西王国占领区的驻防形势便不容乐观。英格兰王国的领土包括吉耶纳公国的外围附属地。只要英格兰王国控制沿线海域，并且守住毗邻法兰西王国边境从巴约讷到布莱莱米讷的堡垒群，吉耶纳公国便可保无虞。但英格兰王国的其他领地呈三角形分布，这些领地西起布列塔尼边境，东到加来要塞，三角形顶点远到巴黎。1435年，守卫三角形领地以东的勃艮第公国中断与英格兰王国的盟友关系，紧接着在1436年，三角形顶点的巴黎失守。因此，英格兰王国对法兰西王国的占领已经摇摇欲坠。

第五，英格兰政府的管理存在诸多不足。首先，英格兰政府入侵法兰西王国的政策缺乏统一性。对这场战争，英格兰议会分为两大派：一派主和、一派主战。主和派希望通过体面的停战条款达成和解。主战派领头人是亨利六世最小的叔父格洛斯特公爵汉弗莱。主和派以亨利六世的叔公温彻斯特主教亨利·博福特为首。1444年前，在英格兰王国的议会中，主战派虽然一直占上风，但从没有完全掌控局面。战事不能停歇，军饷却得不到完全保障。在任何军事行动中，军费是必须考虑的主要问题。此外，英格兰议会的分歧曾数度白热化。有两回，长期政务缠身的贝德福德公爵约翰被迫丢下在法兰西的烦冗事务，赶回伦敦，在争权夺利的亲属之间周旋。随后，英格兰王国驻法兰西王国军队总指挥官约克公爵理查德从法兰西调任爱尔兰，资质平庸的埃德蒙·博福特成为英格兰王国驻法兰西军队总指挥官。但无论如何，没有军饷只能一事无

亨利·博福特

成。对英格兰民众来说，维持对法兰西王国的战争已经成为与自己的体面相关的事件。对英格兰王国的任何大臣，提议讲和一定是危险的行为。1444年，萨福克公爵威廉·德·拉·波尔促成与法兰西王国的和解联姻。但因此，他丢了性命。然而，英格兰议会尽管始终坚持主战政策，但拒绝为英格兰王国军队提供财政支持。即使出于和解目的，英格兰王国的财政收入也在不断萎缩。此时，英格兰普通民众依然认为，"打仗应由国王出资"，国王应该自掏腰包维持对法兰西王国的战争。因此，驻扎在法兰西王国的普通英军士兵只得忍饥挨饿。虽然负险固守要塞，但他们或者已经尽显疲态，或者被逼退回海上。

　　从长远考虑，进攻比防守容易。重新赢回一个民心所向的地方，总比掌控一个罔顾民心的异邦容易。法兰西王国的爱国势力不断抬头，圣女贞德的事迹激励了整个法兰西王国。经过长期的战争洗礼，查理七世的实力日益强大，查理七世本人也成为法兰西民族宏愿的灵魂人物。15世纪，查理七世见证了法兰西爱国主义的诞生，封建制度逐渐瓦解。法兰西王国的国家主权也正在取代世袭贵族的邦国势力。法兰西王国爱国主义的兴起注定英格兰王国对其占领的失败。

　　丢失英格兰王国在法兰西的属地并非完全是兰开斯特家族的过错。亨利六世不是士兵，不曾亲身参战。即使在其他国王的统治下，英格兰王国也会失去法兰西的属地。但失去法兰西的属地对兰开斯特家族的统治是灾难性的。最终，亨利五世的赫赫战功，以及英格兰历史长河中的辉煌岁月，以对外战争失利、国内财政破产惨淡收场。1399年以来，兰开斯特家族麻烦不断，统治日暮途穷。

第 4 章

英格兰枢密院里的明争暗斗

精彩看点

英格兰枢密院的构成与权力——格洛斯特公爵汉弗莱的野心——英格兰枢密院的两场主要争斗——对法兰西王国的战与和——格洛斯特公爵汉弗莱与博福特家族之争——对法兰西王国主和派占上风——格洛斯特公爵汉弗莱的神秘死亡——约克公爵理查德被派往爱尔兰——萨福克公爵威廉·德·拉·波尔身亡——亨利六世孤立无援——杰克·凯德的起义——杰克·凯德的起义军进入伦敦——平定杰克·凯德的起义——英军撤出诺曼底

英格兰王国在法兰西王国的统治逐步衰落。与此同时，英格兰王国国内兰开斯特家族的统治也走向衰败。亨利五世驾崩前曾做出安排，委托他的两个弟弟贝德福德公爵约翰和格洛斯特公爵汉弗莱扶持年幼的国王亨利六世，并且由两位公爵组成摄政枢密院在英格兰枢密院理政。亨利五世的两个弟弟中，地位更高的贝德福德公爵约翰主理法兰西事务，格洛斯特公爵汉弗莱留在英格兰王国，以护国公的身份执掌英格兰枢密院。格洛斯特公爵汉弗莱意欲成为英格兰王国的摄政王，但自兰开斯特家族的国王即位以来，英格兰议会一直大权在握。对格洛斯特公爵汉弗莱希望成为英格兰王国摄政王的请求，英格兰议会予以回绝。此后，根据《英格兰议会法案》，英格兰议会为年幼的国王亨利六世组建了政府。贝德福德公爵约翰被任命为英格兰王国与法兰西王国的护国公。贝德福德公爵约翰身在法兰西时，格洛斯特公爵汉弗莱担任英格兰王国护国公。此外，还有十六人获英格兰枢密院委员提名。在枢密院中的地位仅次于格洛斯特公爵汉弗莱的是温彻斯特主教亨利·博福特及其弟弟埃克塞特公爵托马斯·博福特。英格兰枢密院应倾其所能管理政务，成员依据职务大小获得相应酬劳。担任护国公期间，格洛斯特公爵汉弗莱年薪约为五千三百三十三英镑

沃里克伯爵理查德·比彻姆

六先令八便士。①但英格兰枢密院的其他成员薪资相对较少，如温彻斯特主教亨利·博福特的年薪是二百英镑，沃里克伯爵理查德·比彻姆的年薪是四十英镑。随后，1423年，英格兰枢密院又增添少许委员。其中，骑士年薪为一百英镑，绅士为四十英镑。如果英格兰枢密院的委员不能恪尽职守，那么他们的俸禄将被扣减。譬如，每年俸禄为二百英镑的英格兰枢密院委员，如果缺席工作一天，那么扣除俸禄一英镑。每年俸禄为一百英镑的英格兰枢密院委员，如果缺席一天，那么扣除俸禄十先令。其他英格兰枢密院的委员依照相应俸禄，按

---

① 尼古拉：《枢密院会议记录与条例》，1834年，第3卷，第26页。——原注

比例扣除。①直到1437年，英格兰枢密院委员的提名权一直掌握在英格兰议会的手中。此时，亨利六世亲政。他积极处理政事，参与政府管理，并且逐步掌控了英格兰枢密院委员的提名权。

此前，英格兰枢密院独揽大权，成员都是英格兰王国的栋梁之材。那时，亨利六世还是一个孩童，不能亲政。与英格兰枢密院不同，英格兰议会无须经常开会。因此，在亨利六世幼年，英格兰王国政府确确实实基本是英格兰枢密院的政府。1437年后，亨利六世开始在政治上崭露头角，英格兰王国政府

亲政后的亨利六世

---

① 尼古拉：《枢密院会议记录与条例》，1834年，第3卷，第19页和第20页。——原注

由国王和英格兰枢密院共同执掌。如果说15世纪中叶英格兰王国治理失当，那么在某种程度上，这必须归咎于国王与英格兰枢密院共同执掌的政府。

正如我们所料，英格兰枢密院的工作林林总总。这一时期，英格兰枢密院的大小会议记录都得到妥善保存。这些记录表明英格兰枢密院对英格兰王国的事务是如何勤勉尽责。囊括了亨利六世统治前七年的记录卷宗就是英格兰枢密院勤勉尽责的最好证明。此前，英格兰枢密院曾出售多艘英格兰皇家海军大型军舰。作为衡量经济状况的指标之一，这些举动表明英格兰王国政府的财政状况不佳。当然除英格兰王国的盟国外，其他外国势力不允许购买英格兰王国的军舰。阿让库尔战役期间，曾有部分法兰西王国战俘关押在弗利特监狱。随后，一些无足轻重的囚犯得到释放，并且启动释放被俘的苏格兰国王詹姆斯一世的繁杂谈判。接下来，英格兰枢密院通过决议，阿让库尔战役中被俘的奥尔良公爵夏尔应自行支付赎金，以获得人身自由。奥尔良公爵夏尔支付的赎金用于国王亨利六世的开销。亨利六世的乳母兼家庭女教师爱丽丝·波特勒夫人得到枢密院授权"视情况必要时对国王施以惩戒，并且不会因此受到干扰或伤害"。后来，爱丽丝·波特勒夫人的年薪从二十六英镑六先令八便士涨到五十二英镑十三先令四便士。1424年，亨利六世的表弟葡萄牙国王的儿子科英布拉公爵菲利普[①]访问英格兰。英格兰枢密院安排接待，并且为科英布拉公爵菲利普的行程做了必要的开支清单。1426年，对主教的任命和调任，英格兰枢密院已经安排妥当。伦敦主教约翰·肯普被任命为约克大主教。然而，此时，对约克大主教，教皇马丁五世已经有心仪的提名人选，即林肯主教理查德·弗莱明。随即，教皇马丁五世"任命"其为约克大主教。但贯穿整个中世纪，英格兰枢密院坚决抵制教皇控制英格兰地区主教的意图。为保住颜面，教皇马丁五世将约克大主教提名人理查德·弗莱明又从约克教区调回林肯教区。同年，英格兰枢密院发表英格兰王国与布列塔尼公国的战争宣言。此外，英格兰王国内部的公共秩序也属于英格兰枢密院的职权管理范围。英格兰枢密院还负责发布告示，缉捕拦路抢劫的强盗，并且无论这些强盗何时宣称拥有教堂的庇护

---

① 原文为科英布拉公爵菲利普，但实际上，科英布拉公爵彼得是亨利六世的表弟。

教皇马丁五世

理查德·弗莱明

权,他们都要经过仔细调查。①事实上,英格兰枢密院似乎总揽了现代内阁的所有工作,以及现在分属于政府各大部门的大量工作。

就出发点而言,英格兰王国政府的成员是良善而廉洁的,但并非全体协调一致。实际上,没有什么比现代责任政府制更好的政府制度了。现代责任政府制规定,由赢得议会中多数支持的议员组建内阁。亨利六世统治时期,虽然直到1437年,英格兰议会才拥有英格兰枢密院委员的任命权,但英格兰枢密院的委员并不同心同德。英格兰王国境内最伟大、最睿智的人可以当选英格兰王国的枢密院委员,无论他们彼此的态度如何。显然,只有英格兰枢密院的委员们对彼此的政见能秉持明智、宽容和忍耐的态度,这一制度才能运作良好。但事实证明,英格兰枢密院的委员中很少有人能秉持这种宽容的精神。英格兰枢密院的各位委员从没做到勠力同心。

首先分裂英格兰王国的是格洛斯特公爵汉弗莱。对格洛斯特公爵汉弗莱,英格兰公众褒贬不一。格洛斯特公爵汉弗莱是一位和蔼可亲、受人爱戴的亲王,并且特别受伦敦市民爱戴。他勇敢进取,曾在阿让库尔战役中光荣负伤。他敏而好学,喜欢科学与文学,并且赞助教育事业。因此,他获得了"好公爵"的美名。早年,他与牛津大学关系密切,或许还是贝利奥尔学院的学员。到了晚年,他的一大贡献是将私人藏书赠予牛津大学。从此,牛津大学才有现今著名的博德利图书馆。

但在晚年,格洛斯特公爵汉弗莱的勃勃野心被视为对英格兰王位的巨大威胁。不过,格洛斯特公爵汉弗莱觊觎王位可能并非出自本心,他的确想做到一人之下万人之上。亨利五世驾崩时,英格兰议会拒绝让格洛斯特公爵汉弗莱出任摄政王。对此,他大失所望。唯一值得称道的是,格洛斯特公爵汉弗莱的公共政策首尾一贯。亨利五世的遗愿是继续与法兰西王国作战,直到巩固英格兰王国在法兰西的统治。对亨利五世的遗愿,格洛斯特公爵汉弗莱从没背离。在余生中,他始终是英格兰王国对法兰西战争主战派的领袖。

英格兰枢密院内部主要有两大斗争。第一大斗争是格洛斯特公爵汉弗莱

---

① 以上各例均选自尼古拉:《枢密院会议记录与条例》,第3卷,第19页到第45页。——原注

贝利奥尔学院

与温彻斯特主教亨利·博福特的斗争。第二大斗争是萨默塞特公爵埃德蒙·博福特和约克公爵理查德的斗争。直到1455年，萨默塞特公爵埃德蒙·博福特命丧第一次圣奥尔本斯战役，第二大斗争才得以平息。

格洛斯特公爵汉弗莱与温彻斯特主教亨利·博福特之间的争斗从未停息，甚至两人的争斗有时呈水火不容之势。但绝不可就此认为，这一斗争是因为温彻斯特主教亨利·博福特力主与法兰西王国"讲和"，格洛斯特公爵汉弗莱"主战"。相反，只要英格兰王国有利可图，温彻斯特主教亨利·博福特就支持出兵法兰西。英格兰王国国库空虚时，他曾将自己的钱借给国家，甚至捐献大笔资金以维持对法兰西王国的战争。但随着对法兰西战争胜利遥遥无期、英格兰王国自身损失惨重，温彻斯特主教亨利·博福特自然而然地转变为主和的政客和教士。其实，起初真正导致二人不和的，无疑是格洛斯特公爵汉弗莱的勃勃野心及独断专行。

1423年3月，格洛斯特公爵汉弗莱迎娶埃诺女伯爵杰奎琳。埃诺女伯爵杰奎琳虽然正当妙龄，但已经结过两次婚，并且刚从上一桩婚姻中解脱出来。她的这次离异疑云重重，并且得到敌对教皇本笃十三世的同意。嫁给格洛斯特公爵汉弗莱前，埃诺女伯爵杰奎琳一直与英格兰王室住在一起，因为她在低地国家的财产及头衔对当时的亨利五世大有益处。但埃诺女伯爵杰奎琳与格洛斯特公爵汉弗莱的联姻给英格兰王国带来危险，因为勃艮第公爵腓力三世不愿看到一位英格兰亲王成为埃诺及荷兰的领主。在很大程度上，格洛斯特公爵汉弗莱与埃诺女伯爵杰奎琳的联姻导致了英格兰王国在对法兰西王国的战争中，失去了勃艮第公国的支持。

然而，为了赢取埃诺女伯爵杰奎琳，格洛斯特公爵汉弗莱依然不计代价一意孤行。1423年10月，他从法兰西王国的加来出发前往比利时的埃诺。当时，埃诺归埃诺女伯爵杰奎琳的前夫布拉班特公爵约翰四世所有。格洛斯特公爵汉弗莱曾在英格兰招募五千名士兵。这已经完全达到亨利六世统治时期英格兰王国军队在法兰西雇用的常规军队的规模。格洛斯特公爵汉弗莱如愿赢得埃诺女伯爵杰奎琳的芳心。随后，他发现自己遭到勃艮第公爵腓力三世的反对。原来，埃诺女伯爵杰奎琳的前夫曾向勃艮第公爵腓力三世求助。1425年，格洛斯特公爵汉弗莱将埃诺女伯爵杰奎琳留在比利时的蒙斯市，自己只身回到英格兰为勃艮第公爵腓力三世挑起的冲突备战，但他并没有即刻返回蒙斯。在英勇保卫蒙斯一段时间后，埃诺女伯爵杰奎琳只得向勃艮第公爵腓力三世投降。格洛斯特公爵汉弗莱返回英格兰时，英格兰枢密院对他的接待显得简慢。作为英格兰枢密院的关键人物，温彻斯特主教亨利·博福特自然有足够的理由控诉格洛斯特公爵汉弗莱。

1422年，温彻斯特主教亨利·博福特被任命为英格兰王国大法官。贝德福德公爵约翰与格洛斯特公爵汉弗莱都不在英格兰王国时，温彻斯特主教亨利·博福特是英格兰枢密院的负责人，其实就是英格兰王国的代理执政。温彻斯特主教亨利·博福特就任英格兰王国大法官这件事对格洛斯特公爵汉弗莱的打击实在太大。他对温彻斯特主教亨利·博福特的地位上升大发牢骚。为维护自己的地位，格洛斯特公爵汉弗莱要求进驻伦敦塔。属于温彻斯特主教亨利·博福特一派的伦敦塔总管理查德·威德维尔拒绝向格洛斯特公爵汉弗莱及追随其后的伦敦公民开放伦敦塔。最终，在坎特伯雷大主教亨利·奇切利的调和下，英格兰王国的一场内战得以避免。1425年9月21日，温彻斯特主教亨利·博福特曾致信贝德福德公爵约翰："如果您还渴望我们的国王陛下及其在英格兰王国及法兰西王国的福祉，您自己与大家的福祉，那么请您从速赶回。我着实担忧，一旦耽搁，英格兰将处于险境。至于您的弟弟格洛斯特公爵汉弗莱，愿上帝让他成为一个好人。"[1]1425年12月20日，贝德福德公爵约翰抵达英格兰。直到1427年3月月底，他一直待在英格兰，[2]总算维持了政府成员之间的和谐。然而，法兰西的事务亟待贝德福德公爵约翰处理。当贝德福德公爵约翰回到法兰西时，格洛斯特公爵汉弗莱与温彻斯特主教亨利·博福特的争斗一触即发。就在贝德福德公爵约翰临行前，温彻斯特主教亨利·博福特预感临

---

[1] 约瑟夫·史蒂文森：《英格兰王国对法兰西王国的战争》，伦敦，朗文–格林，朗文和罗伯茨公司，1861年，第1卷，第60页，注释2。——原注
[2] 约瑟夫·史蒂文森：《英格兰王国对法兰西王国的战争》，伦敦，朗文–格林，朗文和罗伯茨公司，1861年，第1卷，第61页的注释。——原注

布拉班特公爵约翰四世

埃诺女伯爵杰奎琳

坎特伯雷大主教亨利·奇切利

行不妙，便辞去英格兰王国大法官一职。随后，即1427年5月或1427年6月，温彻斯特主教亨利·博福特离开英格兰前往波希米亚"东征"，实际就是朝圣去了。因此，没有温彻斯特主教亨利·博福特及贝德福德公爵约翰阻拦，在英格兰枢密院，格洛斯特公爵汉弗莱可以发号施令。1427年7月9日，他从英格兰枢密院获得二万马克的拨款，即一万三千三百三十三英镑六先令八便士，用于再次远征埃诺。这次远征也获得埃诺女伯爵杰奎琳的支持[①]。当时，英格兰王国对法兰西王国的战争因缺乏资金濒临失败。因此，挪用公款的做法显得十分可耻，更何况，英格兰王国在法兰西驻军每天连军饷都拿不到[②]。这笔资金似乎被送到埃诺，但格洛斯特公爵汉弗莱本人并没有前去。当时，他已经与埃诺女伯爵杰奎琳的前任宫廷侍女埃莉诺·科巴姆在一起。次年，即1428年，格洛斯特公爵汉弗莱与埃莉诺·科巴姆结婚。

格洛斯特公爵汉弗莱与埃莉诺·科巴姆

① 尼古拉：《枢密院会议记录与条例》，第3卷，第47页和第271页。——原注
② 详见加来驻军的军饷信息，尼古拉：《枢密院会议记录与条例》，第3卷，第42页。——原注

此时，温彻斯特主教亨利·博福特已经被教皇马丁五世任命为枢机主教。直到1432年，他大部分时间都留在德意志和法兰西。与此同时，格洛斯特公爵汉弗莱在英格兰枢密院不能随意发号施令。1428年，上议院断然通知他说他已经不是摄政王，只是护国公，这两个职位实质相差巨大。① 此外，温彻斯特主教亨利·博福特乐于向英格兰政府提供资金，为国王奉献毕生。此时，他正稳步扩张自己的势力。1431年，他在巴黎为亨利六世主持加冕仪式。同年，

亨利六世在巴黎的加冕仪式

---

① 尼古拉：《枢密院会议记录与条例》，第3卷，第51页。格洛斯特公爵汉弗莱作为护国公的职责，只是"实际保卫英格兰王国的监督之职"。参见《议会卷宗》，第4卷，第326页，引自托马斯·弗雷德里克·陶特的《国家人物词典》，1885年，格洛斯特公爵汉弗莱词条。——原注

温彻斯特主教亨利·博福特为亨利六世选中大臣萨福克公爵威廉·德·拉·波尔，并且安排他入职英格兰枢密院。亨利·博福特成为枢机主教后，继续保留温彻斯特主教一职。格洛斯特公爵汉弗莱曾试图就此大做文章，以清除温彻斯特主教亨利·博福特的势力。这个问题十分棘手，英格兰枢密院无法公断。因此，英格兰枢密院只好采取束手旁观的态度。最终，亨利·博福特直到逝世仍然身兼温彻斯特主教与枢机主教。

1430年到1440年，格洛斯特公爵汉弗莱与温彻斯特主教亨利·博福特在这场不幸的斗争中势均力敌。对法兰西王国的征战发展符合交战双方的实力对比，缓慢但明确地证实了温彻斯特主教亨利·博福特的主张。他相信战争终将和解，英格兰王国在法兰西的大部分属地仍可保全。甚至亨利五世临终时也似乎考虑过与查理七世达成和解的可能性，条件是年轻的亨利六世保留法兰西国王的头衔，以及为英格兰王国保留诺曼底及吉耶纳公爵领地。[①]但奥尔良战役失利后，英格兰王国军队连遭失败，与查理七世进行和谈实为明智之举，但与法兰西王国议和在英格兰国内很不得人心。因此，尽管温彻斯特主教亨利·博福特及其在英格兰枢密院的盟友萨福克公爵威廉·德·拉·波尔和约克大主教约翰·肯普看法正确，积极提议，也很有影响力，但格洛斯特公爵汉弗莱反应激烈，断然拒绝听取讲和建议，反而全方面推动对法兰西王国的战争。格洛斯特公爵汉弗莱的做法迎合了英格兰民众不切实际的幻想，有利于他主政英格兰王国。1435年，贝德福德公爵约翰去世后，格洛斯特公爵汉弗莱的地位自然随之上升。贝德福德公爵约翰只要在英格兰，就会调解各方关系，格洛斯特公爵汉弗莱一向对兄长贝德福德公爵约翰多有敬畏。此外，贝德福德公爵约翰去世后，格洛斯特公爵汉弗莱获得英格兰王位的顺位继承权。1435年，勃艮第公爵腓力三世背弃英格兰王国，转而与法兰西王国结盟。英格兰民众的伤感、复仇情绪，很快在格洛斯特公爵汉弗莱的谴责及狂热的战争政策中得到宣泄。由于勃艮第公爵腓力三世背叛"法兰西王国的合法国王"亨利六世，他原本的佛兰德斯伯爵头衔被"收回"。因此，格洛斯特公爵汉弗莱继而受封佛兰德斯伯

---

① 拉斐尔·霍林谢德：《编年史》，1586年，第3卷，第583页。——原注

爵，并且被任命为加来总督、英格兰王国在法兰西王国领地的总管。但1436年8月，在佛兰德斯作战时，格洛斯特公爵汉弗莱一败涂地。当格洛斯特公爵汉弗莱辞去军职回到伦敦时，他本已尽失民心，但依旧不改立场，毫不动摇地反对一切讲和建议。1440年，曾在阿让库尔战役中沦为俘虏的奥尔良公爵夏尔获释，并且在威斯敏斯特教堂宣誓履行施加给他的获释条件。弥撒开始时，格洛斯特公爵汉弗莱便大步走出威斯敏斯特教堂。亨利五世在驾崩前留下过王命，

威斯敏斯特教堂内景

即亨利六世成年后才可释放奥尔良公爵夏尔。这是格洛斯特公爵汉弗莱最后一次重要的举动。随后，英格兰王国政府内主和派渐占上风。当时，温和而高贵的亨利六世刚刚十八岁，他全力加入主和派。温彻斯特主教亨利·博福特的友人萨福克公爵威廉·德·拉·波尔逐渐成为亨利六世的左膀右臂。格洛斯特公爵汉弗莱虽然又活了六年，但事实上，他和温彻斯特主教亨利·博福特的争斗胜负已定。格洛斯特公爵汉弗莱虽然不懈抗议，但徒劳无功。温彻斯特主教亨利·博福特一派大获全胜。1440年到1450年，温彻斯特主教亨利·博福特一派一直在亨利六世手下管理英格兰王国。

  这是玫瑰战争真正爆发前，英格兰王国内部各政治派别对峙的第二阶段。1450年及随后的五年，是英格兰王国内部各政治派别对峙的第三阶段。此时，约克公爵理查德从爱尔兰返回英格兰。随后，英格兰王国政坛再次出现一场政治对峙，即约克公爵理查德与博福特派的对峙。此时，博福特派的代表是温彻斯特主教亨利·博福特的侄子萨默塞特公爵埃德蒙·博福特。1440年到1450年，英格兰政府努力摆脱与法兰西王国的战争。萨福克公爵威廉·德·拉·波尔曾在对法兰西王国的战争中功勋卓著，如今他大力主和。萨福克公爵威廉·德·拉·波尔生于1396年，是第一代萨福克伯爵迈克尔·德·拉·波尔的孙子。迈克尔·德·拉·波尔是一位政治家，曾因效忠理查二世遭到流放。随后，他死在流放途中。早在亨利五世生前，萨福克公爵威廉·德·拉·波尔就已经从军，并且参加过多场对法兰西王国军队的战役。亨利六世幼年时期，他在军中步步高升。1429年，索尔兹伯里伯爵托马斯·德·蒙塔丘特在奥尔良阵亡后，萨福克公爵威廉·德·拉·波尔接任英格兰王国驻法兰西王国军队的总指挥官。攻打雅尔若时，萨福克公爵威廉·德·拉·波尔被圣女贞德俘虏，但他几乎立刻支付赎金，并且重返战场。1431年，经过十六年的戎马生涯，他回到英格兰，并且被召到英格兰枢密院任职。萨福克公爵威廉·德·拉·波尔见够了旷日持久的战争，知道战争是多么胜利无望，特别是在军费匮乏的情况下，军队的物资供给永远无法增加。因此，他加入博福特派，迎娶索尔兹伯里伯爵夫人爱丽丝·乔叟，即在奥尔

攻打雅尔若

良阵亡的英格兰王国驻法兰西王国军队前任总指挥官索尔兹伯里伯爵托马斯·德·蒙塔丘特的遗孀。索尔兹伯里伯爵夫人爱丽丝·乔叟的祖母是博福特家族的女性祖先凯瑟琳·斯温福德的姐姐。

1440年后，萨福克公爵威廉·德·拉·波尔为和平寻求的努力逐步实现。1444年，他作为英格兰王国的首席代表出席图尔会议。这次会议讨论的是英格兰王国与法兰西王国的休战事宜，其中包括亨利六世的联姻一事。安茹的玛格丽特是亨利六世的联姻对象[①]。根据图尔会议达成的协议，英格兰王国与法兰西王国在陆地及海上停战十八个月。随后，停战协议延长到1449年。1445年[②]，在法兰西王国的南锡，由亨利六世的代理人代为举行亨利六世与安茹的玛格丽特的结婚仪式。安茹的玛格丽特是法兰西国王查理七世的内侄女。人们希望她能协调英格兰王国与法兰西王国的利益冲突。但查理七世同意联姻的前

亨利六世与安茹的玛格丽特的婚礼

---

① 拉斐尔·霍林谢德：《编年史》，第3卷，第624页。——原注
② 《日期核实的艺术》，第3章，第55页。安茹的玛格丽特的父亲是洛林公爵安茹的勒内。——原注

提是英格兰王国政府同意签署撤离曼恩伯国的密约。对这一密约的讨论，英格兰枢密院的会议纪要没有提及，但英格兰枢密院不太可能没有考虑密约。由于密约在英格兰不得人心，英格兰王国所有大臣都不敢公开密约的内容。由于法兰西王国多次以强大的武力威胁，1448年，英格兰王国最终将曼恩伯国割让给法兰西王国。基于此，萨福克公爵威廉·德·拉·波尔或安茹的玛格丽特王后都不可能赢得英格兰王国国民的喜爱。亨利六世由于与萨福克公爵威廉·德·拉·波尔及安茹的玛格丽特过从甚密，必定受到牵连。

1444年9月，萨福克公爵威廉·德·拉·波尔被亨利六世封为萨福克侯爵①，与萨默塞特公爵埃德蒙·博福特一道，在亨利六世统治下的英格兰枢密院任职。萨福克公爵威廉·德·拉·波尔与萨默塞特公爵埃德蒙·博福特追随王后安茹的玛格丽特，而王后安茹的玛格丽特也是他们的坚定盟友。1445年，约克公爵理查德从法兰西召回。1447年12月，他被任命为爱尔兰总督。格洛斯特公爵汉弗莱虽然不赞成亨利六世与查理七世的侄女安茹的玛格丽特联姻，但发现自己大势已去。事实上，对格洛斯特公爵汉弗莱，亨利六世印象不佳，并且有人怀疑格洛斯特公爵汉弗莱觊觎英格兰王位。1446年7月，格洛斯特公爵汉弗莱的妻子格洛斯特公爵夫人埃莉诺·科巴姆还被囚禁在马恩岛，因为亨利六世中了"黑巫术"，她有重大嫌疑。英格兰枢密院没有召回格洛斯特公爵汉弗莱。最终，1447年2月，格洛斯特公爵汉弗莱返回伯里出席英格兰议会会议时，因涉嫌叛乱被逮捕。据说②，这场叛乱是他在威尔士发动的。囚禁在伯里期间，格洛斯特公爵汉弗莱患病。1447年2月23日，格洛斯特公爵汉弗莱去世。坊间盛传他遭人下毒身亡，并且谣言纷纷指向萨福克公爵威廉·德·拉·波尔，但并非所有非暴力因素导致的暴毙都能归咎于毒杀。事实上，格洛斯特公爵汉弗莱一直患有肝病。多年来，很多人清楚他的健康状况。格洛斯特公爵汉弗莱从来没有真正强壮过，反而羸弱已久，随时可能身亡。一个多月后的1447年4月11日，年迈的温彻斯特主教亨利·博福特也去

---

① 最初，萨福克公爵威廉·德·拉·波尔为萨福克伯爵。1444年9月，他被赐予萨福克侯爵头衔。1448年，他被赐予萨福克公爵头衔。

② 实际上，没有任何证据显示格洛斯特公爵汉弗莱曾发动叛乱。——原注

世了。他是最后一位对兰开斯特家族忠贞不贰的伟大政治家,"宛若天鹅绒帽,为英格兰遮挡了几多风雨"①。温彻斯特主教亨利·博福特去世后,亨利六世被萨福克公爵威廉·德·拉·波尔、萨默塞特公爵埃德蒙·博福特和王后安茹的玛格丽特挟制。亨利六世几乎同时失去萨福克郡和英格兰王国在法兰西王国的属地,并且他将约克公爵理查德从法兰西召回的行为伤害了约克公爵理查德。很快,亨利六世变得有些精神错乱。人人心知肚明,亨利六世的命运陷入低谷。

英格兰王国与法兰西王国休战期间,安茹的玛格丽特与亨利六世的联姻结束时,约克公爵理查德从法兰西返回英格兰。格洛斯特公爵汉弗莱去世后,约克公爵理查德作为爱德华三世的曾孙,也拥有英格兰王位继承权。从他的父亲这一脉论,约克公爵理查德是爱德华三世第四子约克公爵兰利的埃德蒙的后裔。从他的母亲安妮·德·莫蒂默这一脉论,他是爱德华三世次子克拉伦斯公爵安特卫普的莱昂内尔的后裔。因此,他的王室血统定然比亨利六世更纯正。但在英格兰议会中,兰开斯特家族的成员拥有不可辩驳的王位继承权。此时,约克公爵理查德似乎也无意质疑亨利六世王位的合法性。但在动荡的历史时期,博福特派认为约克公爵理查德势力太过强大,不便生活在英格兰。因此,约克公爵理查德被赋予爱尔兰总督这一光荣职位,以防他在英格兰王国国内生事。但直到1449年7月,约克公爵理查德才真正动身前往爱尔兰。此时,英格兰王国仍与法兰西王国休战。英格兰王国国内,在萨福克公爵威廉·德·拉·波尔的领导下,英格兰枢密院继续执掌政务,但政绩并不显著,因为"私党与庇荫"的章程没能得到适当的遵守或执行。因此,英格兰王国的公共秩序不佳。1448年到1450年的《帕斯顿信札》充分证明诺福克郡的公共安全状况不良。英格兰王国其他郡县的治安也不太可能改善。自1431年,萨福克公爵威廉·德·拉·波尔坚持的外交政策是尽可能与法兰西王国维持体面的和平局面。此时,留驻法兰西的英格兰军队总指挥官是萨默塞特公爵埃德蒙·博福特。1448年,他被授予萨默塞特公爵。与往常一样,诺曼底地区英格兰王国

---

① 《政治诗》,第2卷,第221页。——原注

驻军的军饷时有拖欠。因此，掌控英格兰王国驻军、防止其暴动及掠夺占领地普通居民并非易事。此时，法兰西政府已经意识到自己处于上风。1449年3月，一群英格兰王国的士兵袭击布列塔尼公国边境，并且大肆掠夺富热尔。法兰西政府欣然抓住时机，重新发动对英格兰王国驻军的战争。没有证据表明萨默塞特公爵埃德蒙·博福特或萨福克公爵威廉·德·拉·波尔与这次残暴行径有关。但这群英格兰士兵的首领是一名来自阿拉贡，曾被亨利六世授予嘉德骑士的雇佣兵。掠夺结束后，名叫弗朗西斯科·德·索里亚诺、人称"阿拉贡人"的英格兰士兵首领，写信禀告亨利六世说，这场掠夺曾得到萨默

嘉德骑士的标志

第 4 章 英格兰枢密院里的明争暗斗 | 081

塞特公爵埃德蒙·博福特和萨福克公爵威廉·德·拉·波尔的授权。[①]无论如何，在此次事件中，法兰西王国军队夺得先机，英格兰王国军队没能即刻夺回富热尔。萨默塞特公爵埃德蒙·博福特虽然年轻时善于作战，但此时，对阻止法兰西王国军队的进攻无能为力。1449年6月24日，在法兰西王国的卡昂，萨默塞特公爵埃德蒙·博福特带领四千名英格兰士兵投降。[②]从那时起，萨默塞特公爵埃德蒙·博福特将余生精力倾注在英格兰王国，并且在萨福克公爵威廉·德·拉·波尔去世后，成为亨利六世的首辅大臣。

萨默塞特公爵埃德蒙·博福特在卡昂向查理七世投降

---

① 约瑟夫·史蒂文森：《英格兰王国对法兰西王国的战争》，伦敦，朗文-格林，朗文和罗伯茨公司，1861年，第一章，第282页到第285页。试比较"诺曼底兵力减少"和约瑟夫·史蒂文森：第6页。——原注
② 勃艮第的让·德·沃林：《大不列颠编年史》，第157页。——原注

然而在英军卡昂投降及萨默塞特公爵埃德蒙·博福特返回英格兰以前，萨福克公爵威廉·德·拉·波尔已经去世了。从一开始，萨福克公爵威廉·德·拉·波尔就知道与法兰西王国休战及联姻不受英格兰议会欢迎。尽管不愿为战争拨款，但英格兰议会一直沉迷在对法兰西王国的战争中。值得赞扬的是，萨福克公爵威廉·德·拉·波尔甘冒风险与法兰西王国休战及联姻，是因为他认为和平对英格兰王国有利。但前往法兰西王国图尔的英格兰王国驻法兰西王国的大使馆前，萨福克公爵威廉·德·拉·波尔已经预料到他会得到亨利六世的支持。果然，他拿到1444年2月20日亨利六世的特赦令，对他在与法兰西王国谈判时的任何行为予以全面赦免及补偿①。1445年6月，英格兰议会下议院得到包括格洛斯特公爵汉弗莱在内的上议院的同意，以向国王提交请愿书的形式确认了特赦令，萨福克公爵威廉·德·拉·波尔得到《豁免议案》的全面庇佑。

然而，对英格兰议会而言，丢失在法兰西的领地是难以承受之重。英格兰议会愤怒的对象不是萨默塞特公爵埃德蒙·博福特，而是萨福克公爵威廉·德·拉·波尔。在英格兰议会眼中，萨福克公爵威廉·德·拉·波尔安排了亨利六世与安茹的玛格丽特的联姻，割让了安茹公国及曼恩伯国，因此，他应该为英格兰王国战败，失去在法兰西的领地等所有恶行负责。这些不幸，都是与安茹的玛格丽特联姻、放弃安茹公国及曼恩伯国造成的。1450年1月，当着英格兰议会上议院的面，英格兰议会下议院控告萨福克公爵威廉·德·拉·波尔犯有叛国罪。萨福克公爵威廉·德·拉·波尔被指控的罪行有：将英格兰王国领土贱卖给查理七世，密谋造反以拥戴自己的儿子为王，私自承诺将安茹公国和曼恩伯国割让给法兰西王国，并且将英格兰王国的机密出卖给查理七世②。萨福克公爵威廉·德·拉·波尔成功为自己做了辩护，维护了自身尊严。他原本可以声称，证据证人俱全，愿在英格兰议会上议院全面公开接受审判。但公开审判会将英格兰王国过去几年的历史抖搂出来，国王和政

---

① 尼古拉：《枢密院会议记录与条例》，第6卷，第10页。——原注
② 起诉书引自威廉·斯塔布斯：《英格兰宪法史》，牛津，牛津大学出版社，第3章，第152页到第153页。——原注

府的负面消息会曝光，甚或有灭顶之灾。因此，萨福克公爵威廉·德·拉·波尔希望得到亨利六世的怜悯。亨利六世令萨福克公爵威廉·德·拉·波尔离开英格兰五年。萨福克公爵威廉·德·拉·波尔是否认为流亡海外是对自己最安全的做法，或者他放弃获得公平审判的权利，转而流亡海外，会使亨利六世免于遭受对其过去几年政务的全面调查，一切尚未可知[①]。萨福克公爵威廉·德·拉·波尔悄悄将所有事务料理妥当，并且给自己七岁大的儿子写了一封告别信，但这封信要等儿子长大后才能拆阅。1450年4月30日，萨福克公爵威廉·德·拉·波尔动身离开。1450年5月2日，他乘坐的船被"塔楼的尼古拉"号巡逻船截获[②]。随后，在多佛路，萨福克公爵威廉·德·拉·波尔被斩首。实际上，即使"塔楼的尼古拉"号没有截获他，还有其他船等着抓捕他。

此时，在英格兰王国国内，亨利六世及其妻子安茹的玛格丽特王后可以称得上是孤立无援。在这对夫妇的两个强大盟友及拥护者中，萨福克公爵威廉·德·拉·波尔已经离世，萨默塞特公爵埃德蒙·博福特还在诺曼底。英格兰王国的另一位重要人物约克公爵理查德身处爱尔兰。此时，即1450年6月，兰开斯特家族爆发了一次重大危机，即杰克·凯德的叛乱。就在萨福克公爵威廉·德·拉·波尔的案件办案期间，英格兰王国各地在一个绰号"蓝胡子"的人的领导下，爆发了骚乱集会。随后，这些集会不了了之，但肯特郡的骚乱较严重。肯特郡集会的发起者是一位爱尔兰人，[③]叫杰克·凯德，但他给自己取了一个响亮的名字约翰·莫蒂默，并且声称是约克公爵理查德的表兄。此时，肯特郡的居民害怕英格兰政府试图收拾肯特郡，作为他们参与谋杀萨福克公爵威廉·德·拉·波尔的惩罚。毕竟肯特郡的居民及船都曾参与逮捕萨福克公爵威廉·德·拉·波尔的行动。因此，许多肯特郡居民聚集在杰克·凯德周围，并且发布了一份正式的讨伐英格兰政府的檄文。讨伐内容言之凿凿，包括控诉

---

① 威廉·斯塔布斯的《英格兰宪法史》倾向于最后一观点。威廉·斯塔布斯：《英格兰宪法史》，牛津，牛津大学出版社，第3章，第154页。——原注
② 拉斐尔·霍林谢德：《编年史》，第3章，第632页。——原注
③ 拉斐尔·霍林谢德：《编年史》，第3章。——原注

萨福克公爵威廉·德·拉·波尔被斩首

政府征收重税，①将约克公爵理查德驱逐出英格兰枢密院，②干涉全国各级议会选举自由，司法不公，特别是关于土地权属方面，因谋反丢失了法兰西领地。③杰克·凯德的控告，连同他的革新诉求，一同被送到英格兰议会。

政府有责任重视并平息民怨，但英格兰政府的当务之急是恢复社会秩序。亨利六世深谙其道。虽然许多被征平民拒绝"对付努力改进公共福利之

杰克·凯德

---

① 当时，英格兰王国的税率很高，但由于财务状况不佳，政府收到的税金很少。——原注
② 讨伐檄文中没有提到约克公爵理查德的名字，但对此，英格兰议会上议院的议员心知肚明。——原注
③ 拉斐尔·霍林谢德：《编年史》，第3章，第633页。——原注

086 | 玫瑰战争史：1377—1471

汉弗莱·斯塔福德爵士

人"，①但最终，亨利六世征集一万六千名士兵赶往布莱克希思镇压叛军。叛军撤退到塞文奥克斯的山林中。安茹的玛格丽特提议②汉弗莱·斯塔福德爵士率领一支皇家军队清剿撤退到山林里的叛军。但在与叛军的初次交战中，皇家军队被打得溃不成军，统帅汉弗莱·斯塔福德爵士阵亡。随后，杰克·凯德前往布莱克希思，即皇家军队撤退之地。面对前来谈判的英格兰政府代表枢机主教兼约克大主教约翰·坎普及白金汉公爵汉弗莱·斯塔福德③，杰克·凯德趾高气扬，导致双方无法达成协议。亨利六世认为，英格兰政府撤退到沃里克郡的凯尼尔沃思城堡才是明智之举。在伦敦，兰开斯特家族的统治不得人心。实际上，伦敦已经沦陷，只剩下伦敦塔还由其统领托马斯·德·斯凯尔斯男爵为亨利六世掌管。1450年7月3日，杰克·凯德攻打伦敦桥，砍断了可抬起桥

---

① 拉斐尔·霍林谢德：《编年史》，第3章，第633页。——原注
② 拉斐尔·霍林谢德：《编年史》，第3章，第633页。——原注
③ 与阵亡的汉弗莱·斯塔福德爵士不是同一个人。

中央部分的绳索。他身着"缀满镀金钉的锁子铠甲",可谓全副武装,气势汹汹。这身铠甲原是汉弗莱·斯塔福德爵士的战袍。汉弗莱·斯塔福德爵士就是统率皇家军队在塞文奥克斯与杰克·凯德率领的叛军交战时被杀的。"现在,我是这座城的莫蒂默领主,"杰克·凯德边说边用佩剑击打伦敦石[①]。因税收招惹众怒的财政大臣萨伊和塞莱男爵詹姆斯·法因斯,被伦敦塔的统领[②]托马斯·德·斯凯尔斯男爵交给杰克·凯德统领的叛军。随后,叛军将财政大臣萨伊和塞莱男爵詹姆斯·法因斯在齐普赛街处决。接下来,叛军撤退到萨瑟克区,因为他们觉得待在泰晤士河南岸更安全。

伦敦石

---

① "坎德威克或坎农街南侧,矗立着一块名为伦敦石的巨石,底部固定在地下深处。伦敦石被固定在此处的原因不详。时间或其他记载皆无。"斯都:第84页,引用坎宁安的《伦敦手册》,1850年,第301页。——原注
② 詹姆斯·盖尔德纳:《帕斯顿信札》,1904,第1章,第72页。记载道:托马斯·德·斯凯尔斯男爵允许萨伊和塞莱男爵詹姆斯·法因斯在伦敦市政厅内当着杰克·凯德的面受审,是奉国王亨利六世之命行事。这道命令是国王亨利六世撤退到凯尼尔沃思堡前下达的。——原注

萨伊和塞莱男爵詹姆斯·法因斯被叛军处决

  伦敦市市长及多数伦敦市民请求伦敦塔统领托马斯·德·斯凯尔斯男爵保护他们的生命及财产安全。他们意识到杰克·凯德对法治、安全的承诺不过是阳奉阴违。在和平人士眼中，暴徒的统治无异于滔天灾祸。因此，深陷秩序混乱时，伦敦市民们便寄希望于参加过英格兰王国与法兰西王国战争且留在英格兰的老兵。托马斯·德·斯凯尔斯男爵曾是贝德福德公爵约翰手下的一名指挥官。他在伦敦塔塔楼下令发射火炮，轰炸叛军。与此同时，他派遣曾英勇保卫法兰西勒芒的英雄马修·高夫守卫伦敦桥。马修·高夫称得上是英格兰王国与法兰西王国战争中最有战斗力的英格兰士兵。在这位身经百战的士兵的帮助下，伦敦市民们同仇敌忾。1450年7月5日晚，伦敦市民与叛军彻夜浴血奋战。直到1450年7月6日上午9时，战火方息。由伦敦市民组成的武装力量将叛军逼退到伦敦桥南端的木柱边上。随即，叛军再次反扑，放火烧毁桥边的房屋。①如此一来，触目可及的是怀抱孩童的妇女们纷纷跳入河中躲避火灾的悲惨画

---

① 伦敦桥"两侧房屋林立，仿佛一条绵延不断的街道，中间有一定的'空地'，沿线又有'链柱'"。1757年到1758年，这些房屋被拆除。坎宁安：《伦敦手册》，第297页。——原注

面。叛军向北逼近，一直杀到圣马格纳斯街角。然而，伦敦市民众志成城，又将叛军击退到泰晤士河南岸。接着，叛军与伦敦市民休战一日。成功坚守伦敦城主要归功于伦敦市民们的骁勇作战。然而，带领伦敦市民抵御叛军的士兵马修·高夫英勇牺牲了。1458年，约翰·法斯特尔夫爵士留下遗嘱，为参加过英格兰王国与法兰西王国战争的老战士马修·高夫的灵魂祷告[1]。

亨利六世撤到凯尼尔沃思城堡时，时任英格兰大法官的约克大主教枢机主教约翰·坎普与温彻斯特主教威廉·韦恩弗利特留守伦敦塔。他们带着国玺

温彻斯特主教威廉·韦恩弗利特

---

[1] 詹姆斯·盖尔德纳：《帕斯顿信札》，第3章，第157页。——原注

马歇尔希监狱

来到萨瑟克区,起草大赦的旨意并加盖玺印。他们到达萨瑟克区的时机对英格兰王国政府十分有利。此时,经过前夜的一番苦战,杰克·凯德率领的叛军刚刚败退,士气低落。因此,大多数叛军成员欣然接受赦免的旨意,并且折返回乡,但杰克·凯德及部分叛军中的亡命之徒仍在做困兽之斗。叛军中的这些成员很可能是杰克·凯德从马歇尔希监狱和王座法院监狱释放出的囚犯。杰克·凯德将掠夺来的财宝放在一处,镇定自若地将财宝装到开往罗切斯特的一艘驳船上。杰克·凯德本人带领叛军从陆路撤退,并且试图全力攻占昆伯勒城堡。然而，他们发现昆伯勒城堡的指挥官誓死保卫城堡，并且早已做好作战准备。杰克·凯德惊觉大势已去，便乔装改扮。然后，杰克·凯德独自出发，逃往萨塞克斯郡的刘易斯避难。但肯特郡新任郡长亚历山大·伊顿追踪杰克·凯德到黑斯廷斯附近希思菲尔德的一座花园。经过一番激战，杰克·凯德虽然拼命抵抗，最终沦为阶下囚。在押回伦敦的途中，自封"肯特郡郡长"的杰克·凯德伤重不治。这场叛乱彻底平息。在对叛乱的清算过程中，据说亨利六世宽大为怀。亨利六世本应处决五百人，但最终，他只处决了八人。

这只是当时英格兰王国诸多地方叛乱中的一起。显然，兰开斯特家族的统治濒临垮台。此时，即使是教会也自身难保。1450年6月29日，大约与杰克·凯德的叛乱同时，索尔兹伯里主教威廉·艾斯库在艾丁顿念过弥撒经后，"被他的佃户们从圣坛上拉下来。他的佃户们扯着他的白麻布圣职衣和脖子上的圣带，将他拖到山顶上，扒了他的衣服，无耻地将他杀害①"。早在1450年1月，奇切斯特主教、掌玺大臣亚当·莫林斯，也叫亚当·莫利纽克斯，在朴次茅斯被士兵杀害。当时，他去慰问士兵的目的很单纯，只是希望在士兵们随同托马斯·凯瑞爵士远征诺曼底前，拖欠的军饷能发放给士兵们。对一个真正强大的政府来说，杰克·凯德的叛乱根本不足为惧。当然，如果政府足够强大，那么不会有人想发动叛乱。在英格兰靠近威尔士或苏格兰泽地边界的边远地方，从来没有过真正的和平，也可能从没有真正臣服于英格兰政府。但如今，伦敦周边各郡也是同一番景象，骚动叛乱频发。与此同时，最后一批英格兰士兵被驱逐出诺曼底。1450年8月22日，英格兰王国在法兰西的最后一个据点瑟堡失守了②。英格兰缺乏伃人领袖和能人志士。有首诗这样悲叹：

根茎③腐烂，天鹅④无望，

---

① 拉斐尔·霍林谢德：《编年史》，第3章，第636页。——原注
② 勃艮第的沃林：《大不列颠编年史》，第161页。——原注
③ 指贝德福德公爵约翰。——原注
④ 指格洛斯特公爵汉弗莱。——原注

耀眼灯号①失去光芒。
若非万能上帝庇护，
英格兰唯剩悲伤。
城池②已失，关爱成伤。
闸门③关闭；
唯有天鹅绒帽④，
为吾等遮挡黄沙风暴。

野猪⑤远在西方
何时持盾提矛护我阵仗。
猎鹰⑥扶摇，盘旋何往
觅得佳处筑巢安康⑦。

显然，这些华丽的诗句是约克公爵理查德的支持者写的。看来，不只肯特郡的叛军认为英格兰王国需要约克公爵理查德从爱尔兰归来。约克公爵理查德虽然没在法兰西、爱尔兰立下赫赫功勋，但展现出卓越的品质，即毅力及良好的管理能力。他一直沉默温和、克制自我。人们对他的信任并非出自他任何形式的自吹自擂。无论被安排何种任务，他都能卓有成效地完成。当执政大臣明目张胆地嫌恶他时，他也能应对得体。他天性沉默，也不乏杀伐决断的才能。如今，他意识到自己的时机到了。1450年9月月初，约克公爵理查德离开爱尔兰来到威尔士。大约在同一时间，即1450年9月11日前，丢失整个诺曼底

---

① 指埃克塞特公爵约翰·霍兰。——原注
② 指法兰西的鲁昂。——原注
③ 指萨默塞特公爵埃德蒙·博福特。——原注
④ 指温彻斯特主教亨利·博福特。——原注
⑤ 指德文伯爵托马斯·德·考特尼。——原注
⑥ 约克公爵理查德。——原注
⑦ 尼古拉：《枢密院会议记录与条例》，第6卷，第26页。试比较，詹姆斯·盖德尔那：《帕斯顿信札》，第1章，第66页及《政治诗》，第2卷，第221页到第223页。——原注

的萨默塞特公爵埃德蒙·博福特也回到英格兰。他曾官至国王的御前大臣。因此，亨利六世面临一大抉择，从萨默塞特公爵埃德蒙·博福特和约克公爵理查德中，任命谁为首辅大臣？

第 5 章

萨默塞特公爵埃德蒙·博福特与约克公爵理查德之争

精彩看点

亨利六世幼年的教育——亨利六世加强专制——亨利六世重用萨默塞特公爵埃德蒙·博福特——英格兰王后安茹的玛格丽特——约克公爵理查德与萨默塞特公爵埃德蒙·博福特性格的对比——托马斯·扬的请愿——亨利六世拒绝托马斯·扬的请愿——约克公爵理查德第一次"兵谏"——约克公爵理查德与亨利六世第一次和解——英格兰王国的暂时和平

亨利六世体魄不算强健，性格不算强势。但在许多方面，他都是英格兰王国历任君主中最具魅力的一位。单论信仰的虔诚及性格的善良和慷慨，他与法兰西王国的"圣路易"路易九世不分伯仲。在罗马天主教教会眼中，亨利

路易九世

六世是一位殉道士。因此，他甚至被封为圣徒。①终其一生，亨利六世虽然并不睿智圣明，但品德高尚，人人对他赞颂有加。他先后经由母亲瓦卢瓦的凯瑟琳、埃克塞特公爵埃德蒙·博福特及可信赖的沃里克伯爵理查德·比彻姆抚养，并且接受了良好的教育。英格兰枢密院规定了国王的职责。国王职责条例记述的内容十分有趣。与其他条例一样，国王职责条例的内容以第一人称叙述，活灵活现，仿佛出自六岁的小国王亨利六世之口："亨利六世一众人等接受大臣问安。考虑到少年时期为学习良时，须以礼仪、文学、语言、修养和礼貌及王室成员应具备的各类美德和学识展开教育，希望未来，敬受上帝恩典时分，方能自律，以维护王室荣誉财产。我等谨怀忠告和赞同……甄选沃里克伯爵理查德·比彻姆担此重任……②"亨利六世的老师沃里克伯爵理查德·比彻姆恪尽职守，年幼的亨利六世在和谐的教育氛围中成长，是一位简朴、安静的男孩。如果考虑到他出生在一个聪明但有着各种家族遗传病的家庭，那么作为一个男孩，亨利六世早熟、爱好学习。可能由于秉性容易紧张，本该拦着他，让他学习步伐慢一下。但国家政务紧急，英格兰枢密院只得早日将他带入公共政治生活。四岁时，亨利六世由伟大的贝德福德公爵约翰和埃克塞特公爵埃德蒙·博福特左右牵着手，迈上圣保罗大教堂的祭坛。仪式结束后，亨利六世被扶上一匹"骏马"的马背，绕着伦敦城的大街小巷巡游。③此外，他对打猎驯鹰略知一二。平日里，亨利六世一本正经、早熟稳重。但对一个双亲家族史如此不祥的男孩而言，这样的性格是最糟糕的事情。亨利六世的祖父亨利四世患有全身肌无力症及慢性皮肤病，这可能是冈特的约翰过分荒淫的生活造成的。他的外祖父法兰西国王查理六世患有严重的间歇性疯病。如此看来，亨利六世生来运气不佳。随后，他十分不幸地被拖进这样的生活，令这位头脑冷静的君主心智不堪重负。此时，英格兰王国似乎日趋衰败：境外战乱不断，英格兰枢密院内钩心斗角，英格兰王室成员间争吵不休，地方叛乱频发。亨利六世本性

---

① 尼古拉：《历史年代记》，第143页。——原注
② 尼古拉：《枢密院会议记录与条例》，第3章，第276页到第277页。——原注
③ 托马斯·弗雷德里克·陶特：《国家人物传记词典》，亨利六世，引自法比安：《用语索引》。——原注

圣保罗大教堂

温顺柔和,夹在大臣们心怀鬼胎的谏言和诉求中,必定苦不堪言。英格兰国王的收入原本来自征收的国家公共服务费,但由于亨利六世的慷慨无度所剩无几。①因此,英格兰的普通士兵拿不到军饷,司法正义不加管制竟成为公然的买卖。作为英格兰国王,亨利六世收入微薄,但可喜的是,1440年和1441年,他竟能出资分别创建伊顿公学和剑桥大学国王学院。人们一致认为,在购买土

伊顿公学

---

① 约翰·维特哈姆斯蒂德:《圣奥尔本斯修道院记事簿》,第1卷,第249页。——原注

剑桥大学国王学院

地、推动对伊顿公学及剑桥大学国王学院的捐赠方面，亨利六世表现出卓越的才能。作为一个男人，他身材高瘦。在昔日的画像中，他双手轻握，面容恬淡柔和。夹在党派斗争中，亨利六世痛苦不堪，无法甄别各派的是非对错，甚至总是轻易被端庄威严、意志坚定的妻子安茹的玛格丽特王后牵着鼻子走。亨利六世常常抱怨王宫中人言烦扰，使他几乎无法"夜以继日地"专心读书。每当备受煎熬或恼怒烦躁时，他通常只会嘟哝"真是的，真是的"，但从不口出恶言。①

对待朋友，亨利六世真诚专一。就某种意义而言，这一优秀品质给他带来麻烦。最初，兰开斯特家族打的旗号是建立君主立宪制，顺从英格兰民众的意愿。这与理查二世的专制行径形成鲜明对比。在选择大臣和英格兰枢密院委员时，亨利四世需要征得英格兰议会的批准。亨利五世在位时，在用人方面，

---

① 详见布拉克曼：《亨利六世》，1732年。引自伊迪斯·汤普森：《约克与兰开斯特之战》，伦敦，D.纳特出版社，1892年，第9页到第15页。——原注

他多数时间能与英格兰议会达成一致意见。但到了亨利六世，从某些方面而言，这位兰开斯特家族最温和、顺从的君主开创了一种全新的体制。一旦有能力亲政，亨利六世就开始直接绕过英格兰议会，自主选择大臣与英格兰枢密院委员。因此，从某种程度上，亨利六世广受指摘，被人指责为徇私偏袒。据说，他曾提拔英格兰民众或英格兰议会不喜欢的人掌权。当然，这并不能完全说是偏袒。真正的偏袒应该是将没有在基层经过长期历练的亲信提拔到高位。然而，亨利六世提拔的大臣们都是值得信赖的人。枢机主教约翰·坎普经验丰富，聪明睿智，并且对亨利六世忠心耿耿。萨福克公爵威廉·德·拉·波尔虽然来自普通官宦家庭，但在1431年进入枢密院时，已经有十六年军旅生涯的磨炼，是一位历经过英格兰王国与法兰西王国战争的老兵。萨默塞特公爵埃德蒙·博福特也非一步登天。在孩童时期，所有博福特家族的成员都接受过侍奉王室的培训。1450年，萨默塞特公爵埃德蒙·博福特有过至少二十年侍奉王室的经验。

然而，亨利六世是一位擅长异想天开的君主。他的谋臣虽然不全是亲信，但总体上不得人心。杰克·凯德就曾控诉过约克公爵理查德遭英格兰枢密院任意驱逐。这一控诉也是许多正义之士的心声。虽然中世纪的国王无疑有选择臣子的权利，但所选之人应该是国之栋梁，他们必须通过文治武功证明自己的能力。只有强大的国王才有非凡才能。他必须知人善任、明辨是非，然后才能无所畏惧地走自己的路。但亨利六世无视英格兰议会的意愿，并且因其失败的决策受到谴责。此时，英格兰王国面临诺曼底领土失守，加来岌岌可危，海军发展无人重视，财政毁于一旦，公共秩序混乱不堪等一系列问题。实际上，兰开斯特家族内部的管理已经陷入瘫痪。1450年，当萨默塞特公爵埃德蒙·博福特和约克公爵理查德回到英格兰时，英格兰正处在前所未有的混乱状态。萨默塞特公爵埃德蒙·博福特在法兰西战败连连。约克公爵理查德尽管功勋并不卓著，但声望颇高。此时，亨利六世需要做出重大抉择，如果选择约克公爵理查德作为首辅大臣，那么亨利六世将得到国内中产阶级、强大富有的贸易商及大部分贵族的支持，并且这样做会为英格兰王国带来和平，但无异于与约克公爵理查德同享英格兰王位。反观萨默塞特公爵埃德蒙·博福特,在英格兰,他声望不高。近年来,他也没有立下大的功勋,反而给世人留下屡战屡败的坏印象。但他的家族,即博福特家族,追根溯源有一半王室血统,并且他一直誓死追随兰开斯特家族。兰开斯特家族与博福特家族荣辱与共。因此,有着邪恶天才①之称的萨默塞特公爵埃德蒙·博福特被兰开斯特家族选中。1450年9月11日,他成为英格兰王国治安总管。②

任命萨默塞特公爵埃德蒙·博福特为英格兰王国治安总管很可能与安茹的玛格丽特王后干涉这一职位的任命有关。在英格兰,法兰西王国出身的王后难得做到像她这样成功。这往往需要坚强的意志及自我行事的欲望。亨利六世特别适合有行事原则的妻子,安茹的玛格丽特王后十分称职。她忠于丈夫亨利六世,维护儿子威尔士亲王威斯敏斯特的爱德华,并且对政务很有主见。自从

威尔士亲王威斯敏斯特的爱德华

---

① 查尔斯·欧曼:《英格兰政治史》,第334页。——原注
② 尼古拉:《枢密院会议记录与条例》,第6章,第33页。——原注

1445年萨福克公爵威廉·德·拉·波尔将她带到英格兰以来，她就坚定地支持博福特一派。她一直怀疑格洛斯特公爵汉弗莱。格洛斯特公爵汉弗莱去世后，她又怀疑约克公爵理查德。显然，在她及萨福克公爵威廉·德·拉·波尔背后势力的打压下，约克公爵理查德被逐出英格兰枢密院并被派往爱尔兰担任爱尔兰总督。几乎可以肯定，在她的干涉下，1450年萨默塞特公爵埃德蒙·博福特被任命为英格兰王国治安总管。这一职位统领英格兰王国的所有军事力量。毫无疑问，安茹的玛格丽特王后十分独断专行。随着玫瑰战争的爆发，她变得冷血，甚至残酷，像嗜杀成性的士兵在战斗过后处决俘虏般残忍。如果不是外国人，那么她杀伐决断的性格可能会为世人容忍甚至为人所喜。《帕斯顿信札》中记载着一段她在英格兰一次旅行时的情节，不禁让读者联想起伊丽莎白一世的形象。安茹的玛格丽特王后曾到诺里奇游玩，并且派人邀请玛格丽特·帕斯顿的堂妹，一位未婚女士。安茹的玛格丽特王后十分满意玛格丽特·帕斯顿堂妹的仪态，并且当即建议她找个夫君，似乎愿意为此积极张罗。①在社会关系方面，铁血手腕及某种程度的专制态度，如果与仁慈善良相结合，那么并非不招人喜爱。但到了国家政治层面，特别是在党派政治方面，这些特质可能会招惹仇恨。1451年1月，玛格丽特·帕斯顿写了封书信通报消息，②透露出对安茹的玛格丽特王后截然不同的印象："安茹的玛格丽特王后提出五项要求，希望英格兰议会予以批准"：第一项，安茹的玛格丽特王后应该拥有英格兰王国的"全面统治权"。第二项，由安茹的玛格丽特王后任命大法官和主要政府官员。第三项，由安茹的玛格丽特王后授予所有主教职位及俸禄。第四项，为王室分配足够的收入。玛格丽特·帕斯顿并"不知晓"第五项要求的内容。不过，既然前四条已经索取无度，英格兰王国也就不剩什么供安茹的玛格丽特王后罗列在第五项里了。人们常常提及的安茹的玛格丽特王后性格的另一个缺点，即她贪恋钱财，迫切地想要分得任何可能归于亨利六世名下的土地。譬如，1447年，格洛斯特公爵汉弗莱去世后留下的庄园。然而，有一点

---

① 1453年4月20日，见玛格丽特·帕斯顿致约翰·帕斯顿，詹姆斯·盖尔德纳：《帕斯顿信札》，第284篇。——原注
② 见1454年1月19日，詹姆斯·盖尔德纳：《帕斯顿信札》，第2卷，第297页。——原注

剑桥大学王后学院

不容忽视，即安茹的玛格丽特王后与丈夫亨利六世一样热衷于创办慈善基金会。她曾与剑桥的圣博托尔夫教区长安德鲁·多基特共同出资，创办了剑桥大学王后学院。

约克公爵理查德曾与萨默塞特公爵埃德蒙·博福特有过节，使约克公爵理查德认为自己被贬到爱尔兰是因为萨默塞特公爵埃德蒙·博福特从中作梗。1446年，在诺曼底，约克公爵理查德为"健全、清醒、明智"的英格兰政府保驾护航五年后，原本预计自己的任期将延长。事实上，英格兰枢密院的确将约克公爵理查德的任期延长了五年。但萨默塞特公爵埃德蒙·博福特说服亨利六世取消此项任命,并且由自己取而代之。时任圣奥尔本斯修道院院长约翰·维特哈姆斯蒂德声称这才是"玫瑰战争"爆发的"初因"。[①]因此,萨默塞特公爵埃德蒙·博福特前往诺曼底上任,对英格兰王国在法兰西的统治造成灾难性影响。此时,约克公爵理查德被体面地贬到爱尔兰担任爱尔兰总督。现如今,在法兰西屡败屡战后,萨默塞特公爵埃德蒙·博福特回到英格兰占据英格兰王国治安总管的高位,掌控英格兰王国的军事力量,成为议事桌上举足轻重的政治人物。然而,萨默塞特公爵埃德蒙·博福特被广大民众憎恨,约克公爵理查德几乎被普遍视为唯一能拯救英格兰王国的人。

萨默塞特公爵埃德蒙·博福特与约克公爵理查德的性格值得一谈。萨默塞特公爵埃德蒙·博福特并非大奸大恶之人,但约克公爵理查德绝非完美无缺。1452年,萨默塞特公爵埃德蒙·博福特时年四十六岁。他相貌堂堂,性格温和,待人彬彬有礼,渴望在英格兰王国伸张正义。他是冈特的约翰的嫡系后裔,血缘上与王位继承人十分相近。虽然1396年和1407年,博福特家族得到合法婚生地位,但随后的《英格兰议会法案》剥夺了博福特家族王位继承权。当然,其英格兰王位继承权可能会再次被《议会法案》剥夺,但没有迹象表明萨默塞特公爵埃德蒙·博福特曾觊觎英格兰王位。亨利六世的儿子威尔士亲王威斯敏斯特的爱德华出生前,萨默塞特公爵埃德蒙·博福特一直对亨利六世忠心耿耿。威尔士亲王威斯敏斯特的爱德华出生后,萨默塞特公爵埃德蒙·博福特更是为英格兰王室投身到第一次圣奥尔本斯战役中。英格兰枢密院及英格兰议会对萨默塞特公爵埃德蒙·博福特群起而攻时,亨利六世和安茹的玛格丽特王后毫不迟疑地站在他身后力挺他。显然,亨利六世与安茹的玛格丽特王后从没怀疑过萨默塞特公爵埃德蒙·博福特的忠诚。

一方面,萨默塞特公爵埃德蒙·博福特的品格不算十分伟大,但他勇气可嘉,忠诚可鉴,并且正如他的结局呈现的,他敢于自我牺牲。然而,另一方面,据说萨默塞特公爵埃德蒙·博福特贪恋钱财,传闻担任诺曼底总督时,由

---

① 约翰·维特哈姆斯蒂德:《圣奥尔本斯修道院记事簿》,第1章,第160页到第161页。——原注

于敛财，他堕落失德。1453年，从约克公爵理查德起草的控诉书中，我们可以找到指控萨默塞特公爵埃德蒙·博福特贪污渎职的内容①。此外，对因割让安茹公国和曼恩伯国失去生计的英格兰人，法兰西王国政府向他们支付补偿金共计七万二千法郎。据说，这笔巨款被萨默塞特公爵埃德蒙·博福特私自挪用。法兰西同一时期历史学家利西厄教区主教托马斯·巴赞②基本上认同这些

托马斯·巴赞

① 引自詹姆斯·盖尔德纳：《帕斯顿信札》，第1卷，第103页。——原注
② 托马斯·巴赞（1412—1491），中世纪的法兰西王国历史学家。1447年起，托马斯·巴赞担任利厄西区主教，1450年起担任查理七世的皇家顾问。1461年，由于不愿支持路易王储反叛而遭流放。托马斯·巴赞主要作品是用拉丁文所著的《查理七世与路易十一统治史》。——原注

对萨默塞特公爵埃德蒙·博福特的指控①。当然，对萨默塞特公爵埃德蒙·博福特财务失信的指控并没有得到证实。兰开斯特家族统治时期，英格兰王国国内外政府的账目混乱不堪，特别对下级官员来说，为他们提供了大量侵吞公款的机会。英军的军饷似乎一直被拖欠。为凝聚士气，英军的将军们不得不自行垫付军饷。这些将军们怀着侥幸心理，希望英格兰王室下拨经费时，能补上自己的垫付款。因此，将军们愿意自掏腰包垫付军费，如他们会支付一千英镑给手下的士兵或军需仓库承建商。随后，六个月或一年后下拨军费时，他们可能会实事求是地拿回垫付的一千英镑。如果军费账目记录妥当，将军们向政府提出请款申请与后来政府发放的军费数目相符，就不会出现侵吞军费中饱私囊的问题。但如果政府军费账目混乱，并且将军们多年前向政府提出的请款一直没有发放，那么合法补发垫付款与真正侵吞公款难以区分就不足为奇了。但有一点可以证明萨默塞特公爵埃德蒙·博福特的诚实。萨默塞特公爵埃德蒙·博福特家财万贯，并且从叔父温彻斯特主教亨利·博福特处继承大量财产。1451年到1453年，在加来担任总督期间，萨默塞特公爵埃德蒙·博福特从自己的财产中拿出很大一笔用于垫补英格兰王国在加来驻军的军费，金额高达二万一千六百四十八英镑十先令。1449年，英格兰议会通过一项法案补发这笔垫付款，但补发款是否真的发放不得而知。②

　　如果约克公爵理查德活得长一些，那么揣度他的性格会更容易。在尚未施展宏图大志，没有登上权力巅峰前，约克公爵命丧韦克菲尔德战场。在性格的某些方面，他与萨默塞特公爵埃德蒙·博福特大相径庭。毫无疑问，尽管忠诚并不在其优秀品质之列，但约克公爵理查德确实是一位很有声望的政治家，也是一位卓尔不凡的军事家。在法兰西，他展现出卓越的管理才能及作战能力。担任爱尔兰总督期间，他形象良好、威望颇高。数年里，爱尔兰一直忠于约克家族。约克公爵理查德清楚地看到英格兰的不幸，即缺乏强有力的公正政府。在亨利六世第一次发疯病，约克公爵理查德任职英格兰王国护国

---

① 引自詹姆斯·盖尔德纳：《帕斯顿信札》，第1卷，第102页注释。——原注
② 详见詹姆斯·盖尔德纳：《帕斯顿信札》，第1卷简介，第128页。——原注

公的几个月内，约克公爵理查德妥善治理国家，确保英格兰王国国内的公正与秩序。在英格兰议会中，商人及中产阶级是他坚定不移的支持者，也是他治国理念合理的最佳证明。他主张国家应该公正有序，中央政府不应该过多干涉地方事务。兰开斯特家族的政府对英格兰各地司法行政③的干涉遭到人们的谴责。杰克·凯德叛乱时期，人们曾呼吁约克公爵理查德前来拯救英格兰，使其免受内部邪恶势力的摧毁。但英格兰王室，即安茹的玛格丽特王后和萨默塞特公爵埃德蒙·博福特等人的行为令人们对政府良治的幻想破灭。英格兰民众不喜欢这二人，但由于亨利六世的固执或仁慈，安茹的玛格丽特和萨默塞特公爵埃德蒙·博福特仍然把持朝政。然而，约克公爵理查德，英格兰王国出色的政治家、严谨的管理者，也是国王之外具有王室血统的亲王，却不得重用。由于卑鄙的"暗中"势力作祟，约克公爵理查德没有事情可做，壮志难酬。难怪最终他逐渐得出一个结论，即英格兰议会下议院扼腕的那个"冷静和明智的政府"，如果要扫清博福特派的势力，那么首要条件是强行革除英格兰枢密院内的各种弊端，并且赢得各方和平力量的支持，拥护自己总理英格兰王国大局。

约克公爵理查德是否觊觎王位，特别在亨利六世的儿子威尔士亲王威斯敏斯特的爱德华出生后，他是否有这种想法，我们根本无法断定。或者在亨利六世的余生及威尔士亲王威斯敏斯特的爱德华年幼时，约克公爵理查德对能强势获取英格兰王国护国公地位已经心满意足。或者权势令他利欲熏心，一旦坐上护国公的位子，约克公爵理查德就很可能成为理查三世式的人物。但约克公爵理查德与他儿子，即后来的理查三世截然不同。约克公爵理查德的坚定品质并没有被这一时期的内战削弱，他优秀的道德品质也没有因他意识到自身的缺陷而崩溃。约克公爵理查德总是表现出强大的自制力。他的父亲剑桥伯爵科尼斯堡的理查德被亨利五世以叛国罪处决。约克公爵理查德永远不会忘记这一点，但他似乎无意向兰开斯特家族复仇。兰开斯特家族花了二十年时间耍尽阴

---

③ 试比较詹姆斯·盖尔德纳：《帕斯顿信札》，第189篇《国王对各郡治安官的指示》。——原注

谋诡计，试图引诱约克公爵理查德起兵造反。亨利六世统治期间，约克公爵理查德过着身心备受煎熬的日子，因为如同多数兰开斯特家族的官员一样，他必须恪尽职守，但几乎无法获得俸禄。任职爱尔兰总督的两年间，他没有获得一分一毫的俸禄，但做到了政绩斐然。1450年秋，约克公爵理查德自爱尔兰回国。此时，英格兰政府穷困潦倒，连他应得的俸禄都没有补发，唯一的补偿只是给予他一年向加来免关税出口羊毛的权力。

1450年9月11日，亨利六世钦命萨默塞特公爵埃德蒙·博福特为英格兰王国治安总管时，便清楚地表明旧的政府制度仍将继续，约克公爵理查德仍然被排除在英格兰政府之外。"亨利六世这种疯狂的行为表现出他傲睨天下的一面。"① 大约与此同时，约克公爵理查德从爱尔兰出发，来到威尔士的博马里斯。但他发现自己遭到英格兰王室官员的抵制，不让他进入博马里斯。因此，

博马里斯遗址

---

① 查尔斯·欧曼：《英格兰政治史》，第350页。——原注

他转移到附近其他地方，并且安全登陆。虽然他已经卸任爱尔兰总督，但他离开时，爱尔兰比前几年更安全。当然，他在英格兰要办的事很多。在约克公爵理查德的威尔士庄园内，一批新的追随者加盟其麾下。接下来，他逐步向伦敦进发。1450年10月6日，他的一名家臣曾致信约翰·帕斯顿。信中透露，此前，约克公爵理查德曾会晤亨利六世，就英格兰王国的事务展开一番恳谈①。约克公爵理查德力劝亨利六世对被指控犯有叛国罪的人依法审判，绝不姑息。事实上，约克公爵理查德与亨利六世谈话的内容围绕着"一切归于司法正义"，以及"遵循英格兰议会下议院的意愿"展开。大概1450年9月月底前，约克公爵理查德才到达伦敦。最终，他不得不出手打败威斯敏斯特宫的长矛守卫，②才结束这段一波三折的旅程。在呈递给亨利六世的法案或声明中，约克公爵理查德坚称自己是亨利六世"真正忠实的部下和仆人"。亨利六世予以书面答复："申明、宣称并承认约克公爵理查德为我们真正忠实的国民、我们忠实的堂亲。"在另一封信中，亨利六世承诺建立一个"与从前不一样的英格兰枢密院"。在新的英格兰枢密院中，亨利六世将拥有更大的权力，约克公爵理查德将成为英格兰枢密院委员之一。③此外，亨利六世承诺强化革新力度，广纳贤才，无论贫富，只求优秀出色。根据这一承诺，1450年11月6日，英格兰议会举行会议商讨大法官在开幕致辞中宣布的三件大事：保卫英格兰王国，保卫英格兰国王在法兰西吉耶纳公国的臣民，平定叛乱并稳定英格兰王国国内局势。无论怎样，英格兰议会下议院对约克公爵理查德深信不疑。当时，各级议会选举常常腐败不堪。对选举中存在的腐败现象，约克公爵理查德并没有放任不管。《帕斯顿信札》透露，在诺福克郡，约克公爵理查德和诺福克公爵约翰·德·莫布雷事先冷静地确定了两位郡选议员的人选。④实际上，在两位诺福克郡郡选骑士候选人中，仅有一人能当选诺福克郡郡选议会议员，但被替代

---

① 詹姆斯·盖尔德纳：《帕斯顿信札》，第142篇。——原注
② 详见汤普森：《约克与兰开斯特之战》，第22页，引自《英格兰议会文件记录》第5章第346页。——原注
③ 信函详见詹姆斯·盖尔德纳：《帕斯顿信札》，第1章简介，第84页。——原注
④ 詹姆斯·盖尔德纳：《帕斯顿信札》，第148篇。——原注

的新候选人，对约克公爵理查德应该也是有利的。英格兰议会下议院选出的议长威廉·奥尔霍尔爵士是约克公爵理查德的老朋友和最积极的支持者。由于英格兰议会特地召集会议，探讨英格兰王国在法兰西的事务，再次调查萨默塞特公爵埃德蒙·博福特在法兰西战场的指挥已经不可避免。整个中世纪及其之后多年，如果某位大臣执行错误的政策，那么他不但可能要面临议会的不信任投票，而且可能被罢免，甚至会被判处极刑。英格兰议会下议院的控诉得到亨利六世的回应。1450年12月1日，亨利六世只能下令将萨默塞特公爵埃德蒙·博福特软禁在其黑衣修士区的家中。由于担心亨利六世可能宽恕萨默塞特公爵埃德蒙·博福特的过错，如同亨利六世曾试图宽恕萨福克公爵威廉·德·拉·波尔那样，一帮暴徒闯进萨默塞特公爵埃德蒙·博福特的家中。萨默塞特公爵埃德蒙·博福特不得不逃到德文伯爵托马斯·德·考特尼的船上。随即，约克公爵理查德否认参与这场骚乱，并且伦敦全城下令，任何人不得发动骚乱，违者处死。这项命令得到切实执行。为彰显新的和谐形势，亨利六世及英格兰王国的贵族们在整座城市进行了盛大的游行。1450年12月18日，亨利六世宣布英格兰议会休会，并且前往格林尼治宫欢度圣诞节。他希望在圣诞假期，人们能忘记审判萨默塞特公爵埃德蒙·博福特一事。1450年年底，萨默塞特公爵埃德蒙·博福特已经被任命为加来总督。这是英格兰国王下面最高的官职。担任加来总督，萨默塞特公爵埃德蒙·博福特只需要偶尔离开英格兰去加来处理当地事务。与此同时，萨默塞特公爵埃德蒙·博福特还被授予英格兰王室内务总管一职。[①]这位不得人心的大臣得宠之势更甚以往。

　　1451年1月20日，英格兰议会重新开会，并且向亨利六世施加了新一轮的压力。亨利六世面临罢免一些不得人心的心腹宠臣。英格兰议会下议院向亨利六世请愿，但显然，英格兰议会下议院的议员受到约克公爵理查德的唆使。在这些议员中，有人向亨利六世请愿，希望亨利六世罢免其手下最重要的三十名心腹。亨利六世的三十名心腹包括萨默塞特公爵埃德蒙·博福特、萨福克公爵

---

① 威廉·伍斯特：《布里斯托尔史》，第770页。——原注

格林尼治宫

夫人爱丽丝·乔叟、考文垂教区兼利奇菲尔德教区主教威廉·布思①、过去七年一直是枢密院委员的格洛斯特修道院院长雷金纳德·博尔思②、达德利男爵约翰·萨顿四世③。迫于英格兰议会的压力,亨利六世将这三十名心腹中的一些人罢免,但萨默塞特公爵埃德蒙·博福特不在罢免名单中。随后,英格兰议会中一位来自布里斯托尔议会的议员托马斯·扬以亨利六世尚无子嗣为由,提议确立约克公爵理查德为英格兰王位法定继承人。在约克公爵理查德看来,提议自己为英格兰王位继承人多此一举。约克公爵理查德是约克公爵兰利的埃德蒙的孙子,安妮·德·莫蒂默的儿子。如果亨利六世没有后嗣,那么约克公爵理查德就是英格兰王位理所当然的合法继承者。看起来,英格兰王位也没有比他更合适的继承人。如果亨利六世拒绝接受请愿,那么表明在他心中,王位继承人还有其他人选。此时,除了博福特家族的分支,在英格兰,亨利六世是冈特的约翰一脉的唯一后嗣。虽然《英格兰议会法案》承认博福特家族的合法婚生地位,但剥夺了这一家族的王位继承权。如果亨利六世驳回托马斯·扬的请愿书,那么如同拒绝约克公爵理查德继承英格兰王位的诉求。这样,亨利六世就在为博福特家族成员继承英格兰王位铺路。博福特家族的成员中,只有两人具备继承英格兰王位的资格。一位是萨默塞特公爵埃德蒙·博福特,另一位是萨默塞特公爵埃德蒙·博福特已故兄长萨默塞特公爵约翰·博福特的女儿玛格丽特·博福特夫人。亨利六世驳回了托马斯·扬的请愿书。他清楚,作为臣子,萨默塞特公爵埃德蒙·博福特碌碌无为,不得人心,整个英格兰王国都迫切希望萨默塞特公爵埃德蒙·博福特退出英格兰政府。然而,亨利六世不仅拒绝将萨默塞特公爵埃德蒙·博福特逐出英格兰枢密院,甚至意欲钦点萨默塞特公爵埃德蒙·博福特为顺位优先于约克公爵理查德的王位继承人。此时,人们开始认为英格兰王国不仅需要重整朝纲,而且需要改朝换代。④

---

① 1452年,考文垂教区兼利奇菲尔德教区主教威廉·布思升任约克大主教。——原注
② 威廉·斯塔布斯:《英格兰宪法史》,牛津,牛津大学出版社,第3章,第163页注释8。——原注
③ 在第一次圣奥尔本斯战役和布洛希思战役中,达德利男爵约翰·萨顿四世曾为亨利六世作战。——原注
④ 伊迪斯·汤普森:《约克与兰开斯特之战》,伦敦,D.纳特出版社,评论,前言第6页。——原注

玛格丽特·博福特夫人

　　这就是亨利六世拒绝托马斯·扬请愿的后果。亨利六世很可能没有打算断然否认约克公爵理查德为英格兰王位继承人，但前提是亨利六世驾崩时没有后嗣。另一种可能是亨利六世打算承认萨默塞特公爵埃德蒙·博福特为英格兰王位继承人。亨利六世的目的可能只是为避免被迫接受约克公爵理查德担任英格兰王国首辅大臣。一旦约克公爵理查德被宣布为英格兰王位继承人，亨利六世就无法忽视约克公爵理查德谋求英格兰王国政府高位的请求。亨利六世和安茹的玛格丽特王后十分忌惮约克公爵理查德，并且决心扶持萨默塞特公爵埃德蒙·博福特成为自己的左膀右臂。就这样，亨利六世拒绝了托马斯·扬的请愿。

　　当然，亨利六世的所作所为都在其权力范围内。他可能为自己拒绝托马斯·扬的请愿辩解说，请愿之事考虑不周，亦无必要，自己和王后安茹的玛格丽特仍正当年，尚有希望生养子嗣。从亨利六世的立场来说，这一说辞合情合理，尽管会引起人们的不安，担忧他有意扶持萨默塞特公爵埃德蒙·博福特继承英格兰王位。然而，亨利六世不止拒绝托马斯·扬的请愿。随后，他以各种方式公开谴责托马斯·扬的请愿及其意图。亨利六世一如既往地宠信萨默塞特公爵埃德蒙·博福特。他只等1451年6月英格兰议会解散，就下令逮捕托马斯·扬，并且将托马斯·扬囚禁在伦敦塔。毫无疑问，亨利六世很早就想逮捕托马斯·扬，但当时仍处于英格兰议会会期，亨利六世不敢公然侵犯英格兰议会议员的请愿特权。然而，事实上，无论亨利六世何时逮捕托马斯·扬，都不是明智之举，因为无论托马斯·扬的请愿多么轻率，其言行都没有触犯法律。先不说对托马斯·扬的任意非法监禁，单将萨默塞特公爵埃德蒙·博福特留在英格兰朝堂，就足以说明亨利六世并非真正英明的立宪君主。最初，兰开斯特家族能超越其他王位继承顺序靠前的贵族，登上王位，是因为他们保证依据宪法治理英格兰王国，实现"善政"。专制统治可能无可非议，但如此一来，兰开斯特家族要据此实现王位继承实在是失策。

1451年，英格兰议会解散后的六个月内，英格兰王国国内风平浪静。萨默塞特公爵埃德蒙·博福特依然是亨利六世的心腹，但英格兰王国政府的治理依然没有改善。法兰西加斯科涅地区仍处在英格兰王国的统治下。法兰西国王查理七世正马不停蹄地逐一攻克英军在加斯科涅的各大堡垒。在英格兰王国国内，正如《帕斯顿信札》的记述，诺福克郡骚乱频发，虽然不致动荡不安，但叛乱连连。各类土地和庄园的诉讼官司不计其数。与此同时，在各郡法院，身份低微的百姓接连控告身居高位之人对自己实行非法"管束"。与以前一样，英格兰王国的财政入不敷出。

1451年年底，约克公爵理查德在威尔士边境拉德洛城堡四周的领地中度过。在大部分时间里，萨默塞特公爵埃德蒙·博福特都侍奉亨利六世左右。法兰西王国军队夺回吉耶纳地区，加来也濒临失守。约克公爵理查德认为萨默塞特公爵埃德蒙·博福特随时可能怂恿他人指控自己犯有叛国罪。因此，1452年1月9日，约克公爵理查德致函亨利六世，声称自己才是亨利六世"真正忠实

拉德洛城堡

的臣子"，尽管对自己而言，亨利六世是位"咄咄逼人的君主"。约克公爵理查德还主动提出愿在圣体圣事礼上对亨利六世宣誓自己的忠诚，但亨利六世没有理会这封信。1452年2月3日，在什鲁斯伯里，约克公爵理查德对当地市民发表演说。他谈及对法兰西战争中英格兰王国遭受的耻辱、萨默塞特公爵埃德蒙·博福特在法兰西战场的接连失利及萨默塞特公爵埃德蒙·博福特对自己的威胁。约克公爵理查德声称："在亨利六世身边，萨默塞特公爵埃德蒙·博福特不遗余力地想除掉我，诋毁我的出身，剥夺我和我后代的英格兰王位继承权，甚至想剥夺其他与我一样的人的英格兰王位继承权。"①即使在英格兰议会及大多数国民的支持下，约克公爵理查德也没能通过宪法除掉萨默塞特公爵埃德蒙·博福特。如同后来的查理一世处理白金汉公爵乔治·维利尔斯弹劾案那样，亨利六世只解散了英格兰议会，但仍然让萨默塞特公爵埃德蒙·博福特掌控朝政。因此，约克公爵理查德"经过长期胶着与拖延"，决定另辟蹊径。"鉴于萨默塞特公爵埃德蒙·博福特完全蒙蔽和控制了亨利六世，英格兰王国危在旦夕。因此，我下定决心，联合我的亲属和盟友，迅速清除奸佞，"约克公爵理查德说道。他的目的是"保卫英格兰的安宁与和平"，但他要"竭臣子的职责"，尽力而为。要完成这件事并不容易，因此，约克公爵理查德打算使用武力。他料想，他的佃户、家臣及骑士、贵族友人会追随他。这些来自英格兰各地的追随者，都曾佩戴过约克家族的徽章，被认为是他的支持者。边境小镇什鲁斯伯里动荡不安，约克公爵理查德的追随者时刻备战，约克公爵理查德就从这里起兵。

约克公爵理查德的首次起兵有违和平。约克公爵理查德的兵力十分强大，估算最少有一万名士兵。②生活在这一时代的勃艮第的让·德·沃林甚至估算有高达两万名士兵。③这个数字曾被公认是正确的。④作为这支军队的统帅，约克公爵理查德按正规军的方式整编军队，甚至为其配备火炮。在玫瑰战

---

① 詹姆斯·盖尔德纳：《帕斯顿信札》，第1卷简介，第97页。——原注
② 约翰·维特哈姆斯蒂德：《圣奥尔本斯修道院记事簿》，第1章，第161页。——原注
③ 勃艮第的让·德·沃林：《大不列颠编年史》，第265页。——原注
④ 詹姆斯·盖尔德纳：《帕斯顿信札》简介，第1卷，第99页。——原注

争中，约克公爵理查德的军队至关重要。根据约翰·维特哈姆斯蒂德的看法，亨利六世带领一支多达三万人的庞大军队，准备奔赴前线与约克公爵理查德作战。此时，伦敦城城门紧闭。约克公爵理查德并没有试图以武力强攻。相反，他转向肯特郡，想在这片富裕却叛乱频发的土地碰碰运气。如果说肯特郡的民众曾追随过冒名顶替约克公爵理查德表兄的杰克·凯德，那么他们肯定会追随实力更强大的约克公爵理查德。

在达特福德古镇附近，约克公爵理查德的军队安营扎寨。1381年，沃特·泰勒的叛乱正是在达特福德古镇爆发。约克公爵理查德不愧是位身经百战的指挥官，他的军队行军速度飞快。原本1452年2月中旬前，约克公爵理查德的军队不可能离开威尔士，但1452年2月月底，他似乎在达特福德镇扎营。英格兰王室军队驻扎在八英里①外的布莱克希思。

约克公爵理查德率领的军队与英格兰王室军队的一场大战蓄势待发。亨利六世的军队规模庞大，共有三万名士兵。约克公爵理查德的军队兵力最多不

沃特·泰勒的叛乱与死亡

---

① 英里，英制长度单位，一英里合一点六一千米。

到亨利六世军队的三分之二。此外，肯特郡的民众也没有蜂拥而至，投奔约克公爵理查德，投军人数远低于期望。虽然约克公爵理查德的兵力也很强大，但他的军队几乎没有得到大贵族的支持。事实上，约克公爵理查德只得到德文伯爵托马斯·德·考特尼和科巴姆勋爵的支持。尽管其他大贵族多数与约克公爵理查德交好，但面对内战，他们退缩不前，转而支持亨利六世的军队①。即使是未来约克家族的领军人物，时年二十四岁的沃里克伯爵理查德·内维尔，此时也在布莱克希思亨利六世的军中效力。

显然，战场的形势对约克公爵理查德十分不利。与此同时，虔信宗教的亨利六世正通过约克公爵理查德信赖的中间人抛来橄榄枝。这些中间人包括温彻斯特主教威廉·韦恩弗利特、伊利主教托马斯·鲍彻②、索尔兹伯里的内维尔家族两位巨头，即索尔兹伯里伯爵理查德·内维尔和他的儿子沃里克伯爵理查德·内维尔。亨利六世派来的中间人与约克公爵理查德展开谈判。约克公爵理查德认为亨利六世的中间人提出的条件十分优厚，接受这些条件是明智之举。因此，1452年3月1日，约克公爵理查德纯粹以臣子身份，身上没有携带武器，头上也没有佩戴头盔，③来到亨利六世军队的营地。此时，他已经解散了军队，准备听凭亨利六世发落。

对约克家族的强大实力，亨利六世了然于心，他不能将约克公爵理查德视为被征服的叛军。因此，亨利六世赦免了约克公爵理查德，并且告知约克公爵理查德将依据起草的起诉书审判萨默塞特公爵埃德蒙·博福特。约克公爵理查德与亨利六世言和的前因后果模棱两可。约翰·维特哈姆斯蒂德认为，约克公爵理查德认可了亨利六世的实力，并且在没有得到任何承诺前就前来投降。还有人认为，直到亨利六世承诺赦免其叛乱罪并承诺审判萨默塞特公爵埃德蒙·博福特，约克公爵理查德才解散自己的军队。可以确定的是双方对和解的条件必有误解。在错综复杂的谈判中，无论谈判双方达成公开表述还是心照不宣的共识，只要没有签署书面协议用明确的条款确定下来，任意一方都不可

---

① 勃艮第的让·德·沃林：《大不列颠编年史》，第265页。——原注
② 在接下来的几年，伊利主教托马斯·鲍彻将成为约克家族的重要支持者。——原注
③ 约翰·维特哈姆斯蒂德：《圣奥尔本斯修道院记事簿》，第1章，第162页。——原注

能完全满意。谈判一方如果所得低于预期，那么必然会感到自己上当。无论如何，事实证明萨默塞特公爵埃德蒙·博福特并没有受到审判。约克公爵理查德可能由衷地觉得亨利六世没有信守诺言，只感到自己上当受骗，但并没有证据证明亨利六世违背了承诺。在布莱克希思的初次谈判中，约克公爵理查德可能高估了亨利六世的妥协，亨利六世也可能高估了约克公爵理查德的顺从。

1452年3月10日，在圣保罗大教堂召开的会议中，约克公爵理查德庄严宣誓，不再扰乱英格兰王国的和平，也不再以非法方式对抗任何一位英格兰国王。因此，正如约翰·维特哈姆斯蒂德所言："萨默塞特公爵埃德蒙·博福特暂时从约克公爵理查德手中逃脱了。"① 约克公爵理查德退居拉德洛。亨利六世十分高兴看到萨默塞特公爵埃德蒙·博福特与约克公爵理查德达成和解，并且在耶稣受难日特赦所有参与近期内乱但向大法官申请赦免的人。② 这次，亨利六世赦免了约三千人，包括约克公爵理查德、诺福克公爵约翰·德·莫布雷，都拿到了亨利六世的特赦文书。③

未来十五个月内，英格兰王国国内并没有爆发大规模动乱。然而，某些地方依然发生了局部骚乱。通常在郡法院内，有关土地财产的日常诉讼难以得到公平的判决。诺福克公爵约翰·德·莫布雷奉命回到自己的郡并恢复当地的法治和秩序，"诺福克公爵约翰·德·莫布雷得到可靠的消息称此地大规模骚乱，敲诈勒索，严重伤人、害人事件频发，便前来彻查"。④ 诺福克公爵约翰·德·莫布雷多次采取行动，意将当地为非作歹之徒绳之以法，但收效甚微。亨利六世治理英格兰西部倒是取得了一定的成效，从埃克塞特到拉德洛尽可能地安抚不满分子，并且在约克公爵理查德的地盘上成功立威。1452年10月，什鲁斯伯里伯爵约翰·塔尔博特率军远征法兰西吉耶纳。直到1453年7月17日卡斯蒂永战役的生死存亡之际，什鲁斯伯里伯爵约翰·塔尔博特的军队一

---

① 约翰·维特哈姆斯蒂德：《圣奥尔本斯修道院记事簿》，第1章，第163页。——原注
② 除少数参与内乱的人士，亨利六世特赦了绝大多数近期参与内乱但向大法官申请赦免的人士。——原注
③ 约翰·维特哈姆斯蒂德：《圣奥尔本斯修道院记事簿》，第1章，第86页；詹姆斯·盖尔德纳：《帕斯顿信札》，第1章简介，第111页。——原注
④ 詹姆斯·盖尔德纳：《帕斯顿信札》，第210篇。——原注

度攻无不克。1453年1月，杰克·凯德手下的一名指挥官在肯特郡发起叛乱，但这次叛乱被平息。1453年3月6日，英格兰议会在雷丁召开会议。在雷丁，英格兰议会中各派的关系不似在伦敦那样剑拔弩张。这次会议的目的是划拨军费，以便支付英格兰王室在外驻军军费，如支付英格兰王国在加来驻军的费用。事实证明，这届英格兰议会偏袒亨利六世，从任意批准物资供给及英格兰议会下议院选出的议长就能看出。在这次会议中，英格兰议会下议院选出的新任议长托马斯·索普是兰开斯特家族的一位知名成员。他对英格兰王室忠心耿耿，并且积极为英格兰王室作战。直到后来，他在第一次圣奥尔本斯战役中逃跑，参加北安普顿战役。[1]1461年，他被约克家族斩首。这次英格兰议会在雷丁修道院的餐厅召开，并且一直持续到1453年3月28日。随后，到了复活节那天，英格兰议会在威斯敏斯特宫重新开会。会议地点选在伦敦，表明英格兰王室认为自己已经足够强大，即使身处伦敦也能掌控英格兰议会。1453年7月2日，英格兰议会再次延长会期，并且定于1453年11月12日在雷丁修道院继续开会，方便英格兰议会上议院议员外出狩猎、下议院议员收割庄稼[2]。但到英格兰议会复会前夕，亨利六世已经精神失常。

---

[1] 详见威廉·斯塔布斯：《英格兰宪法史》，牛津，牛津大学出版社，第3章，第168页。詹姆斯·盖尔德纳：《帕斯顿信札》，第283页。——原注
[2] 詹姆斯·盖尔德纳：《帕斯顿信札》，第1章简介，第129页。——原注

第 6 章

亨利六世精神失常与
约克公爵理查德第一次任护国公

精彩看点

亨利六世精神失常——约克公爵理查德第一次出任护国公——萨默塞特公爵埃德蒙·博福特入狱——约克公爵理查德重组英格兰枢密院——威尔士亲王威斯敏斯特的爱德华出生——亨利六世恢复神智——亨利六世重新启用萨默塞特公爵埃德蒙·博福特——第一次圣奥尔本斯战役——约克派大获全胜

> 上帝啊，那高坐王位的，
> 拯救这里苦难的人们吧，
> 散播神光，治理有方，
> 助民众逃脱黑暗，不再惊慌。①

  1453年7月2日，英格兰议会休会后，曾在1450年担任英格兰议会下议院议长的威廉·奥尔霍尔爵士被判监禁。他的罪名是曾参与杰克·凯德叛乱，以及参与约克公爵理查德在达特福德的兵谏。这表明当时的人们普遍缺乏诚信，毕竟威廉·奥尔霍尔爵士也曾出现在亨利六世的大赦名单中。1452年6月26日，他获得特赦文书。但约克家族在第一次圣奥尔本斯战役获胜后，英格兰王座法院立即撤销了对他的赦免②。

  1453年，亨利六世前往威尔特郡的克拉伦登王宫度过这一年的7月和8月。1453年8月10日，亨利六世病倒，甚至完全丧失记忆，举止与孩童无异。亨利六世尽管进食无碍，但无法起身走路，也无法理解周围发生的事情。他不认得英格兰王室的家人，甚至连王后安茹的玛格丽特也不认得。亨利六世的精

---

① 《政治诗》，第2章，第238页。论时代的腐败。——原注
② 威廉·斯塔布斯：《英格兰宪法史》，牛津，牛津大学出版社，第3章，第168页。詹姆斯·盖尔德纳：《帕斯顿信札》，第297篇。——原注

神错乱一直持续了十五个月。当然，这种疾病让医生们十分困惑。事实上，当时，精神错乱仍然是不解之谜。英格兰王国的大臣们和其他人常常向亨利六世提问，但亨利六世完全听不懂问题。1454年12月，亨利六世恢复正常后，声称自己发病后的事情一概不记得。[①]值得一提的是，亨利六世的外祖父法兰西国王查理六世也曾患有类似的精神疾病。继冈特的约翰后，兰开斯特家族的王子们确实少有体格强健者。经历一段时间的社会动荡、沮丧绝望后，亨利六世远比身体强大的精神世界也崩溃了。

如果英格兰国王无法履行管理国家的职责，那么根据宪法，英格兰议会上议院，更准确地说，上议院的大议事会将有权力和职责任命摄政。但直到1453年10月，英格兰议会上议院仍然毫无动静，因为人们一直期盼亨利六世随时能清醒过来。1453年10月13日，亨利六世与安茹的玛格丽特王后的儿子降生，取名爱德华。过去八年来，由于亨利六世没有继承人，每个人似乎都在猜测兰开斯特家族即将断嗣，约克公爵理查德只要等待一段时间就可以成为英格兰国王。此时，一切猜想骤然破灭。然而，英格兰王国的实力陷入前所未见的低谷。1453年7月17日，英格兰王国与法兰西王国百年战争的最后一役——卡斯蒂永战役在法兰西吉耶纳打响。英军全面落败，损失惨重。兰开斯特家族的这场危机用约翰·斯塔布斯的话来说最恰当不过："吉耶纳的最终失守摧毁了整个兰开斯特家族对英格兰王国的控制。亨利六世患病导致安茹的玛格丽特王后与约克公爵理查德正面角逐摄政大权。英格兰王位的兰开斯特家族继承人威尔士亲王威斯敏斯特的爱德华的出生彻底浇灭了亨利六世驾崩后约克公爵理查德和平继位的最后希望。"[②]这一桩桩事件，一步步迫使约克家族走向夺位之路。但此时，没有任何迹象表明约克公爵理查德有觊觎英格兰王位之心。

虽然亨利六世无法理政，但政府仍在运作。关于摄政安排，没有任何相关消息宣布。英格兰枢密院处理英格兰王国的各项事务，仿佛亨利六世还在高高的王位上统领全局一般。然而，这种状况难以为继，特别是掌玺大臣约

---

① 詹姆斯·盖尔德纳：《帕斯顿信札》，第270篇。——原注
② 威廉·斯塔布斯：《英格兰宪法史》，牛津，牛津大学出版社，第3章，第169页。——原注

翰·肯普大主教年事已高①，大限将至。摄政的人选将在安茹的玛格丽特王后、萨默塞特公爵埃德蒙·博福特和约克公爵理查德中间产生。

不久，约克公爵理查德确立自己政府首脑的地位。威尔士亲王威斯敏斯特的爱德华诞生时，约克公爵理查德开始采取行动，向财政法院起诉托马斯·索普爵士。托马斯·索普爵士是上一届英格兰议会下议院议长，也是约克公爵理查德的强敌。起诉的罪名是托马斯·索普爵士作为财政法院首席法官，扣押了达勒姆主教罗伯特·内维尔在伦敦府邸中属于约克公爵理查德的一批武

财政法院

---

① 1453年，约翰·坎普大主教已经七十四岁。——原注

器。扣押约克公爵理查德财产是否合法尚不清楚，但财政法院判处托马斯·索普爵士向约克公爵理查德支付高达一千英镑的赔偿金。此外，托马斯·索普爵士被关押到弗利特监狱。直到缴纳完赔偿金，他才能出狱。如此一来，托马斯·索普爵士，这位兰开斯特家族的得力干将，至少在一段时间内不会出来阻碍约克派独掌大权。显然，约克派将托马斯·索普爵士视为劲敌。1461年，约克派将托马斯·索普爵士斩首。

1453年7月2日，英格兰议会休会，计划1453年11月12日在雷丁复会。但由于亨利六世的病情没有好转，英格兰议会决定再次休会到1454年2月。与此同时，1453年11月21日，旧式封建议会，即英格兰王室所有贵族组成的大议事会召开。在大议事会中，起初似乎有人试图不通知约克公爵理查德前来参会，但这样做实在不合法律。于是，他们又玩花样，旁敲侧击，警告约克公爵理查德的一些盟友和支持者，阻止这些人前来参会。约克公爵理查德来到威斯敏斯特宫的大议事会时，自然会抗议这种卑鄙的阴谋。所有在场的贵族们也赞同约克公爵理查德的观点。在演讲中，约克公爵理查德提到自己被排挤的朋友时，说到这些朋友"长期以来一直是他顾问班子的成员[①]"。这或许是约克公爵理查德首次公开提及约克派的存在。

约克公爵理查德的心腹诺福克公爵约翰·德·莫布雷再次提起诉讼，控告没有出席大议事会的萨默塞特公爵埃德蒙·博福特。指控的大意是"萨默塞特公爵埃德蒙·博福特的一系列行为充分坐实了先前对他的指控"。此外，诺福克公爵约翰·德·莫布雷搬来一本据称是拉布尔·德·巴塔伊的著作，煞有介事地声称要根据书中提出的[②]骑士精神审判萨默塞特公爵埃德蒙·博福特丢失加来和吉耶纳的行为。因此，1454年12月月初，萨默塞特公爵埃德蒙·博福特被捕，被关押在伦敦塔内。[③]

---

① 詹姆斯·盖尔德纳：《帕斯顿信札》，第1章附录，第336页。——原注
② 詹姆斯·盖尔那德：《帕斯顿信札》，第230篇。——原注
③ 直到1455年2月7日，萨默塞特公爵埃德蒙·博福特才被释放。在圣保罗大教堂，约克公爵理查德宣誓与萨默塞特公爵埃德蒙·博福特和解，但罗马教皇开解了这一誓言。参见约翰·维特哈姆斯蒂德：《圣奥尔本斯修道院记事簿》，第1章，第163页。——原注

时间到了1453年年底或1454年年初。显然，只有亨利六世才能阻止约克公爵理查德独揽朝政。安茹的玛格丽特王后及其支持者们试图以尚在襁褓中的威尔士亲王威斯敏斯特的爱德华唤醒亨利六世。威尔士亲王威斯敏斯特的爱德华被带到温莎，"白金汉公爵亨利·斯塔福德抱着威尔士亲王威斯敏斯特的爱德华来到亨利六世身边，恳求亨利六世祝福威尔士亲王威斯敏斯特的爱德华，但亨利六世仍无动于衷。"①

显然，唤醒亨利六世已经无望。要想遏制约克公爵理查德的势力，必须使用武力。兰开斯特家族的大贵族们开始征集各部人马，准备武器。奥蒙德伯爵詹姆斯·巴特勒和萨默塞特郡的邦维尔男爵威廉·邦维尔、约克郡西赖丁的埃克塞特公爵亨利·霍兰等人已经全部行动起来，甚至枢机主教约翰·肯普"也命令家丁备好弓箭盾牌、剑弩战衣等。"托马斯·索普爵士虽然被困在伦敦塔，但利用闲暇时间，他起草了一份反对约克公爵理查德的起诉书。为谨慎起见，萨默塞特公爵埃德蒙·博福特手下的一名官员预订了伦敦塔附近所有的空置房屋。与此同时，王后安茹的玛格丽特向英格兰枢密院提交了一份《五项条款议案》，要求成为掌控英格兰王国政府的摄政王，以索取最大权力②。

然而，约克派的力量十分强大。1454年2月14日，英格兰议会在威斯敏斯特宫复会③。约克公爵理查德受英格兰枢密院委托，以英格兰国王亨利六世的名义重启英格兰议会。英格兰议会照常处理日常事务。托马斯·索普爵士仍然被囚禁在伦敦塔里。英格兰议会重新选出英格兰议会下议院议长。④加来诉讼案的辩护被提上英格兰议会的议事日程。此时，一个冷静而明智的英格兰枢密院应运而生。1454年3月23日，坎特伯雷大主教、掌玺大臣约翰·肯普主教去世。⑤此后，约克公爵理查德的执政之路愈加顺畅。枢机主教约翰·肯普

---

① 詹姆斯·盖尔德纳：《帕斯顿信札》，第235篇。——原注
② 詹姆斯·盖尔那德：《帕斯顿信札》，第235篇。——原注
③ 英格兰议会原定在雷丁复会。——原注
④ 新任英格兰议会下议院议长为托马斯·查尔顿，详见约翰·维特哈姆斯蒂德：《圣奥尔本斯修道院记事簿》，第1章，第136页到第137页。——原注
⑤ 1452年，枢机主教约翰·坎普从约克大教区调到坎特伯雷大教区，担任大主教。——原注

是兰开斯特家族的忠实盟友。他品行端正，是一名理智诚实的教士，也是一位政治家，竭尽毕生所学为英格兰王国服务。因此，他管辖教区的事务大多由他人打理。弥留之际，枢机主教约翰·肯普担忧约克公爵理查德的狂热盟友诺福克公爵约翰·德·莫布雷对自己的武力威胁。差不多一年后，即1454年年底，意识清醒后的亨利六世得知枢机主教约翰·肯普的死讯，喟叹英格兰富有智慧的一位贵族陨落了。[①]不过，此时，温莎城堡内人们仍在努力让亨利六世恢复神智，但无济于事。因此，1453年3月27日，英格兰议会上议院不得不任命护国公，最终，他们选定约克公爵理查德，而将安茹的玛格丽特王后的诉求搁置一旁。

约克公爵理查德初次担任护国公期间，英格兰王国国内似乎一切风平浪静。因为长期以来，英格兰王国国内一直深受缺失良治之苦，所以但凡精明强干之人理政必然对英格兰王国有益。实际上，约克公爵理查德的护国公任期十分短暂。虽然在英格兰议会中实行的一些政策卓有成效，但无论就哪一方面而言，都没有划时代的意义。然而，像英格兰王国这样古老的国家，只要公共秩序维持得当，国家就必然是一幅国泰民安的景象。在短暂的护国公任期内，约克公爵理查德在维护英格兰王国国内公共秩序方面很有成效。他任护国公任期的长短取决于亨利六世的身体状况或威尔士亲王威斯敏斯特的爱德华的成长状况。此外，英格兰枢密院任命约克公爵理查德为加来总督，任期七年，取代萨默塞特公爵埃德蒙·博福特。从这时起，约克公爵理查德既掌管英格兰王国的国内政府，又管辖其海外领地。

枢机主教约翰·肯普去世后，留下的职位空缺由他人补上。掌玺大臣由索尔兹伯里伯爵理查德·内维尔接管，坎特伯雷大主教由伊利主教托马斯·鲍彻接任。但除了萨默塞特公爵埃德蒙·博福特，英格兰政府的其他大臣，似乎并没有职位变动。1454年6月9日，亨利六世的儿子威斯敏斯特的爱德华被正式册封为威尔士亲王。在英格兰的泽西岛和根西岛，岛上居民击退了法兰西王国一支舰队的入侵，并且杀死和俘虏了五百余名法兰西王国的官兵。在英格

---

① 詹姆斯·盖尔德纳：《帕斯顿信札》，第270篇。——原注

兰北部，内维尔家族与珀西家族的争端导致当地局势动荡不安。约克公爵理查德前往当地视察。珀西家族得到埃克塞特公爵亨利·霍兰的支持。埃克塞特公爵亨利·霍兰是约克公爵理查德政坛的一大对手，并且曾找过约克公爵理查德许多麻烦，包括让他难以离开威斯敏斯特的避难所。但后来，埃克塞特公爵亨利·霍兰安全待在英格兰王室的庞蒂弗拉克特城堡内。许多位高权重的法官，包括普通诉讼法院的首席大法官和王座法院的法官在内，都被派往约克郡处理刑事案件。因此，法治的触角开始延伸到达英格兰王国内部各大骚乱频发之地。①德文伯爵托马斯·德·考特尼是约克公爵理查德长期的支持者。1452年，达特福德镇起兵时，唯独他与科巴姆勋爵支持约克公爵理查德。但此

庞蒂弗拉克特城堡

---

① 詹姆斯·盖尔德纳：《帕斯顿信札》，第247篇（1454年6月8日）。——原注

时，他与邦威尔勋爵私自开战破坏和平。对此，约克公爵理查德将德文伯爵托马斯·德·考特尼逮捕。由于在达特福德镇兴兵支持约克公爵理查德，科巴姆勋爵早已锒铛入狱。但约克公爵理查德秉公执法，没有试图徇私释放科巴姆勋爵。①因为萨默塞特公爵埃德蒙·博福特未经审判就被囚于伦敦塔，所以有人指责约克公爵理查德罔顾法纪。然而，考虑到约克公爵理查德常对萨默塞特公爵埃德蒙·博福特提出的指控，以及在英格兰王国，萨默塞特公爵埃德蒙·博福特极不得人心的现状，人们不禁会想，对萨默塞特公爵埃德蒙·博福特来说，也许不审判他会是件好事。这样，他还可能保住性命。

一切照常进行。直到1454年圣诞节，亨利六世突然恢复神智。这跟他神智失常一样来得突然而神秘。1454年12月27日，虔信宗教的亨利六世命令他的施赈人员带着献祭的贡品前往坎特伯雷。1454年12月30日，安茹的玛格丽特王后带着十四个月大的威尔士亲王威斯敏斯特的爱德华来到亨利六世身旁。亨利六世问到自己儿子的名字。当王后安茹的玛格丽特说他们的儿子取名爱德华时，亨利六世举起双手感谢上帝。"他说生病那段时间发生的事，他完全没有印象。别人说什么、自己在哪里，他统统不记得。"1455年1月7日，口碑极佳的温彻斯特主教威廉·韦恩弗利特、圣约翰修道院院长觐见亨利六世，发现亨利六世的精神状况恢复如初，不禁喜极而泣。亨利六世也喜不自胜，不仅因为自己完全恢复神智，还因为自己有了继承王位的子嗣，并且"他对全世界充满仁爱之心，因此，他希望所有的大贵族拥有这样的仁爱之心"。②虽然他说得诚意满满，但实际上，他的清醒将引发英格兰王国国内各派新一轮的冲突，甚至是血腥战争。

首先，对英格兰政府，亨利六世公开进行某些整改。这些整改令约克公爵理查德立刻感到有性命之忧，甚至担心亨利六世患病前英格兰王国遭受的苦难将再次上演。因为此时，约克公爵理查德已经不再担任护国公，所以他无法提出反对意见。亨利六世的康复使约克公爵理查德护国公的任期自然结束。然

---

① 详见威廉·斯塔布斯：《英格兰宪法史》，牛津，牛津大学出版社，第3章，第173页。——原注
② 詹姆斯·盖尔德纳：《帕斯顿信札》，第270篇。——原注

而，约克公爵理查德十分警觉各种形式的变化。约克公爵理查德向他的追随者们发表了一篇演讲，清楚无遗地表明了他的担忧。两位编年史家约翰·维特哈姆斯蒂德和勃艮第的让·德·沃林以不同的文字记述了约克公爵理查德的演讲。显然，两者杜撰了记述形式，但记述演讲的要点十分接近，令人难以怀疑这次演讲的真实性。① 萨默塞特公爵埃德蒙·博福特不但从伦敦塔内被放出，而且重获亨利六世的信任并得到重用。对此，约克公爵理查德愤懑不已。那个曾经丢失英格兰、诺曼底和吉耶纳的人，现在或许将毁掉整个英格兰王国。

1455年2月7日，亨利六世释放了萨默塞特公爵埃德蒙·博福特。1455年3月，亨利六世恢复了他加来总督的头衔。亨利六世生病期间，英格兰枢密院曾任命约克公爵理查德担任加来总督一职，任期长达七年，但亨利六世对这一任命置若罔闻。约克公爵理查德授予索尔兹伯里伯爵理查德·内维尔的掌玺大臣之职同时也被亨利六世剥夺，并且改由坎特伯雷大主教托马斯·鲍彻兼任这一职位。伍斯特伯爵约翰·蒂普托夫特被逐出英格兰王国财政部，改由安茹的玛格丽特的亲信奥蒙德伯爵詹姆斯·巴特勒担任财政大臣。约克公爵理查德和萨默塞特公爵埃德蒙·博福特的争端被提交仲裁，贵族委员会将在两个月内对他们的争端做出判决。约克公爵理查德和萨默塞特公爵埃德蒙·博福特必须签订契约，即缴纳两万马克，相当于一万三千三百三十三英镑六先令八便士，作为保证金，保证接受贵族委员会的判决。对这次仲裁，约克公爵理查德并无信心。既然如此，他就不应该同意接受仲裁。显然，他没有做到绝对的诚实。当然，他也没有得到公平的待遇。尽管1454年12月，他还是英格兰王国最有权势的人，但现在他发现自己连上议事桌的资格都没有了。亨利六世立即安排以往的亲信做自己的顾问，约克公爵理查德及其支持者被排挤在外。最终，亨利六世召集上议院的大议事会在莱斯特开会。这一次，约克公爵理查德也在被召集者当中，但他担心亨利六世召见只是为谴责他。

据说此时，约克公爵理查德前往英格兰北部与沃里克伯爵理查德·内维

---

① 约翰·维特哈姆斯蒂德：《圣奥尔本斯修道院记事簿》，第1章，第164页到165页；勃艮第的让·德·沃林：《大不列颠编年史》，第266页。——原注

尔、索尔兹伯里伯爵理查德·内维尔会面,并且向他们展开上述一番谈话。这次会面的确切地点不得而知。勃艮第的让·德·沃林认为是在约克城,但几乎不大可能。索尔兹伯里伯爵理查德·内维尔及沃里克伯爵理查德·内维尔认为,约克公爵理查德要保住自己的权势除了采用武力,别无他法。因此,他们带领一帮家臣和仆役,开始了一场大冒险。他们手下约为三千人。①1455年5月21日,他们向亨利六世发出请愿书力表自己对亨利六世的信赖和忠诚,并恳求亨利六世不要偏信奸佞小人的阴险恶毒的勾当,而要承认约克公爵理查德及他们的伯爵地位。②同一天,他们从赫特福德郡的韦尔出发。据说,萨默塞特公爵埃德蒙·博福特曾阻止亨利六世看这份请愿书,但此事是真是假已经无关紧要。此时,亨利六世要顾及颜面,就无法满足约克公爵理查德的要求,除非约克公爵理查德放下武器,解散非法武装。1455年5月20日,约克公爵理查德的支持者给坎特伯雷大主教托马斯·鲍彻送去一封信。信中指出,由于亨利六世对约克公爵理查德的猜疑,约克公爵理查德才被迫拿起武器。这封信很有意思,是以英格兰教会最显要人物、国王首席法律顾问的名义,寻求舆论支持。但1455年5月21日,亨利六世及其军队从威斯敏斯特区赶赴沃特福德,并且在沃特福德过夜。1455年5月22日,亨利六世的军队前往圣奥尔本斯,并且在圣奥尔本斯镇内安营扎寨。约克公爵理查德及其军队,则在圣奥尔本斯镇外弗尔河边的科菲尔德驻扎。③

圣奥尔本斯虽然是英格兰最古老的城镇之一,但从没有像其他英格兰的自治市那样出名。④纵观整个15世纪,圣奥尔本斯隶属于圣奥尔本斯修道院,并且在圣奥尔本斯修道院院长的管辖范围内。这或许是它没有城墙或其他军事防御设施的缘故。圣奥尔本斯修道院不会让镇上的居民或"佃农"像其他城市的居民一样拥有长长的城墙,以免他们由于与外界分离而抱团意识过强。僧侣

---

① 约翰·维特哈姆斯蒂德:《圣奥尔本斯修道院记事簿》,第1卷,第167页。——原注
② 詹姆斯·盖尔德纳:《帕斯顿信札》,第282篇。——原注
③ 詹姆斯·盖尔德纳:《帕斯顿信札》,第283篇;约翰·维特哈姆斯蒂德:《圣奥尔本斯修道院记事簿》,第1卷,第167页。——原注
④ 皇家特许状由爱德华六世颁发给圣奥尔本斯镇。——原注

们期望，在富有强大的圣奥尔本斯修道院的庇护及天主教教会神圣气息的笼罩下，圣奥尔本斯可免受战争的践踏。但圣奥尔本斯修道院无法使这座小镇免于两次血腥战争，并且圣奥尔本斯修道院的存在不会减少战争带给镇上居民的灾难。圣奥尔本斯与玫瑰战争的密切关联，可参见约翰·维特哈姆斯蒂德第二次担任圣奥尔本斯修道院院长时的记事簿。这本记事簿是研究玫瑰战争最权威的资料之一。

亨利六世在圣彼得大街竖起战旗。据估计，他的军队拥有三千名士兵，还有一种说法是"超过两千名士兵"。① 约克公爵理查德的军队也在三千人左右。圣奥尔本斯的入口处设有关卡，对准约克公爵理查德的军队。亨利六世的军队与约克公爵理查德的军队从7时一直僵持到10时。双方试图再次讲和，但约克公爵理查德要求亨利六世交出萨默塞特公爵埃德蒙·博福特。因此，双方讲和破裂。亨利六世无疑拒绝交出萨默塞特公爵埃德蒙·博福特，"此时此刻，只愿上帝不是与他们，而是与我同在。今日，我将与他们开战，不是他死，就是我亡"②。

约克公爵理查德意识到要实现自己的要求必须诉诸武力。1455年5月22日11时到1455年5月22日12时，他带领自己的军队开始强攻圣奥尔本斯。但托马斯·克利福德男爵守卫在圣奥尔本斯的重要关卡，导致约克公爵理查德进攻受阻。事实上，突破亨利六世军队的防御全靠时年二十七岁、年轻力壮的沃里克伯爵理查德·内维尔。就在约克公爵理查德对圣奥尔本斯关卡的进攻完全吸引了守军注意力时，沃里克伯爵理查德·内维尔召集部下，以迅雷不及掩耳之势，冲过霍维尔大街上凯茵旅店和方格旅店间的花园。一冲进小镇内，他们就发出"沃里克！沃里克！"的呐喊，作为提醒约克公爵理查德手下士兵加大进攻力度的信号。随后，沃里克伯爵理查德·内维尔的军队与后方包抄托马斯·克利福德男爵的军队里应外合。亨利六世的军队没能抵抗多久，整场战役持续不到半小时便结束了。

---

① 詹姆斯·盖尔德纳：《帕斯顿信札》，第283篇和第284篇。——原注
② 詹姆斯·盖尔德纳：《帕斯顿信札》，第283篇。——原注

亨利六世的军队不可能顽强抵抗，否则这场战役将拖延更长时间，特别是如果亨利六世的军队深入每家每户，并且在窄巷小道中坚持巷战。但不同于迦太基古城或耶路撒冷的居民，圣奥尔本斯的居民们不会不顾一切死守家园。对他们来说，这场战役是国王带领贵族、家臣对抗大贵族领主及其家臣的斗争，即使是作战双方的士兵也没有背水一战的决心。对这场战役，圣奥尔本斯的普通老百姓似乎并不在意。战火蔓延向他们时，他们便逃离家乡。最终，整个圣奥尔本斯战役阵亡人数没有超过一百二十人。①

似乎只有贵族们才会为生死攸关的原则奋勇作战。从整场战役的死伤者的身份来看，贵族的伤亡最惨重。当然，英俊的奥蒙德伯爵詹姆斯·巴特勒带着托马斯·索普爵士落荒而逃，"丢盔弃甲，懦弱至极"。然而，其他贵族要么视死若归、血战到底，要么负伤离去。萨默塞特公爵埃德蒙·博福特更是战死沙场，其奋勇杀敌的决心远远超过亨利六世。像多数珀西家族成员一样，诺森伯兰郡伯爵亨利·珀西在自相残杀的内战中送命。作为圣奥尔本斯重要关卡的防卫者，托马斯·克利福德男爵与许多骑士和乡绅们一样英勇战死了。白金汉公爵汉弗莱·斯塔福德面部中箭，逃到了圣奥尔本斯修道院内的避难所。他的儿子约翰·斯塔福德男爵手部中箭。多塞特伯爵亨利·博福特身受重伤，不得不让人用车拉回家。亨利六世孤零零地留在圣彼得大街上，虽然颈部中箭，但即使战败也不愿逃走。最终，亨利六世躲进一间小商人的房子里，直到约克公爵理查德前来见他。

约克公爵理查德一方死伤寥寥无几，但克林顿勋爵战死，罗伯特·奥格尔爵士率领来自威尔士边境的六百名士兵冲向圣奥尔本斯的集市时不幸阵亡。约克公爵理查德在威尔士边境的军事力量令他在战斗中处于有利位置。由于当时，在整个英格兰，威尔士的轻弓箭手拥有很强的作战能力，在一定程度上，弓箭的优势减少了约克公爵理查德一方的损失。人们应该记得，多年前，理查二世便宣布马奇家族②成为他的继承人，并且曾在威尔士边境地区

---

① 詹姆斯·盖尔德纳：《帕斯顿信札》，第285篇。阵亡人数最高估计为四百人。詹姆斯·盖尔德纳：《帕斯顿信札》，第284篇。——原注
② 即约克公爵理查德的家族。——原注

训练了一批忠于他的弓箭手护卫队。威尔士弓箭手并不一定指具有威尔士血统的弓箭手,他们可能来自动荡的边境地区,如切斯特、什鲁斯伯里或赫里福德。约翰·维特哈姆斯蒂德曾记述,亨利六世的士兵大多来自东盎格利亚地区,作战比较温和。①

在第一次圣奥尔本斯战役中,约克公爵理查德的军队大获全胜。1455年5月22日的战斗中,他赌上身家性命并旗开得胜。约克公爵理查德如果选择再等一天,那么获胜的可能性会更大,尽管最终的战果不会更好。1455年5月23日,诺福克公爵约翰·德·莫布雷率军抵达圣奥尔本斯。据说,他带来了六千名士兵。紧接着到达的还有什鲁斯伯里伯爵约翰·塔尔博特、克伦威尔男爵拉尔夫·克伦威尔和斯坦利男爵托马斯·斯坦利率领的总计不少于一万名士兵的军队。

亨利六世在一家小商店避难时,约克公爵理查德前来觐见。约克公爵理查德坚称自己和手下都是亨利六世忠实的臣子,这一点苍天可鉴。对萨默塞特公爵埃德蒙·博福特之死,他向亨利六世表示祝贺,并且称萨默塞特公爵埃德蒙·博福特之死是普天同庆的好事。约克公爵理查德毕恭毕敬地护送亨利六世去镇上的王室住所下榻。1455年5月24日,他陪同亨利六世前往伦敦。在伦敦主教的府邸内,亨利六世的寝宿事宜已经被安排妥当。直到1455年五旬节结束,亨利六世都被软禁在那里。约克公爵理查德以亨利六世的名义召集英格兰议会,以便尽快在1455年7月复会。

就圣奥尔本斯而言,第一次圣奥尔本斯战役是一场无妄之灾。对约克公爵理查德手下的大部分士兵,即来自威尔士边境地区和英格兰北方边境的士兵来说,圣奥尔本斯是他们的合法战利品和应得的奖赏。如果论在战场上出生入死,那么圣奥尔本斯远远不能满足他们的战斗欲望。因此,他们无视约克公爵理查德的管束,四处掠夺。约翰·维特哈姆斯蒂德说,在对圣奥尔本斯镇的这场浩劫中,只有圣奥尔本斯修道院免遭劫掠。他解释道,这要感谢圣徒奥尔本

---

① 约翰·维特哈姆斯蒂德:《圣奥尔本斯修道院记事簿》,第1章,第169页。——原注

斯①。英格兰王室军队刚抵达圣奥尔本斯时，亨利六世并没有下榻圣奥尔本斯修道院。因此，约克公爵理查德的士兵的怒火没有殃及圣奥尔本斯修道院的僧侣们②。

在圣奥尔本斯，无论街道还是旷野，到处尸体横布。由于惧怕约克公爵理查德，当地无人敢收尸埋葬。然而，圣奥尔本斯修道院院长约翰·维特哈姆斯蒂德悲天悯人。当听到萨默塞特公爵埃德蒙·博福特、诺森伯兰伯爵亨利·珀西和托马斯·克利福德男爵横尸街头时，他勇敢地斥责约克公爵理查德，并且请求埋葬三位大贵族的尸体。经过约克公爵理查德的同意，三位大贵族的尸体被合葬在圣奥尔本斯修道院教堂的圣母堂内。

在圣奥尔本斯，约克派取得了胜利。亨利六世几乎沦为阶下囚，并且被囚禁在伦敦。英格兰议会很快复会了。可以推测选举人无论遭受怎样的压力，一般来说都不会对约克派不利。萨默塞特公爵埃德蒙·博福特已经战死。一直以来，他的死是约克公爵理查德实现和平的必需条件。那么，和平为什么没有随之而来呢？

---

① 圣徒奥尔本斯：英格兰第一位殉道者，大约在公约303年左右殉道，另一说他在公元209年殉道，圣奥尔本斯修道院即以这位圣徒的名字命名。
② 约翰·维特哈姆斯蒂德：《圣奥尔本斯修道院记事簿》，第1章，第173页到第175页。——原注

第 7 章

约克公爵理查德第二次出任护国公和
第二次圣保罗大教堂和解

精彩看点

安茹的玛格丽特四处寻求援助——约克公爵理查德重回权力巅峰——约克公爵理查德第二次出任护国公时的表现——伦敦本地商人与外地商人之争——安茹的玛格丽特与约克公爵理查德冲突加剧——亨利六世提出兰开斯特派与约克派和解——第二次圣保罗大教堂和解——英格兰地方层面的冲突——伦敦商人与伦巴第商人的冲突——法兰西王国远征军偷袭桑威治——沃里克伯爵理查德·内维尔担任加来总督——英格兰王国政府向苏格兰王国政府示弱

1456年和1457年，英格兰没有爆发公开的战争，整个英格兰王国笼罩在用武力守护的和平当中。此外，这段时间的和平要归功于心慈手软的亨利六世。亨利六世表现出自我牺牲精神，表示对约克公爵理查德的"兵谏"行为既往不咎。既然萨默塞特公爵埃德蒙·博福特已经阵亡，亨利六世就任命约克公爵理查德担任自己的顾问大臣。

与亨利六世相比，安茹的玛格丽特王后的目光更长远。在她看来，约克公爵理查德是自己丈夫亨利六世及儿子威尔士亲王威斯敏斯特的爱德华执政的绊脚石。为让年轻的威尔士亲王威斯敏斯特的爱德华顺利继承英格兰王位，安茹的玛格丽特绝不能让英格兰王国的大权落在约克公爵理查德手中。因此，她开始四处寻找援兵。最终，她已经不满足在英格兰王国国内寻找援兵，而将求助之手伸向国外。依靠亲戚关系，她找到法兰西国王查理七世。通过苏格兰国王詹姆斯二世的母亲苏格兰王太后琼·博福特这层关系，安茹的玛格丽特找到苏格兰国王詹姆斯二世。詹姆斯二世是萨默塞特公爵埃德蒙·博福特同祖父母的表兄，也是亨利六世同祖父母的表弟。

约克公爵理查德的步步高升让安茹的玛格丽特王后如坐针毡。然而，正是安茹的玛格丽特对约克公爵理查德咄咄逼人的反对加快了约克公爵理查德对抗兰开斯特家族的进程。虽然萨默塞特公爵埃德蒙·博福特的威胁已经不存在，但只要安茹的玛格丽特王后还在位一天，约克公爵理查德就永远不能幻想与亨利六世和平相处。仅靠猜疑断定现有的状况是没有意义的。接下来，约克公爵理查德的行动恰巧验证了安茹的玛格丽特王后对他的防范是必要的。当然，安茹的玛格丽特王后的重重疑心，处处防备，也可能导致了约克公爵理查德后来的行为。

亨利六世重返伦敦让约克公爵理查德在英格兰王庭的地位骤然发生变化。我们从《帕斯顿信札》中的一封信可以得知，"第一次圣奥尔本斯战役结束后第三天，即1455年5月25日，亨利六世更换了一批大臣。"[1]原萨默塞特公爵埃德蒙·博福特的势力已经倒台。约克公爵理查德被任命为当时英格兰王国的治安总管，在第一次圣奥尔本斯战役中立下赫赫战功的沃里克伯爵理查德·内维尔成为加来总督。这样，约克派既在英格兰王国国内控制了英格兰王国的军队，又控制了驻扎在海外的英格兰王国军队。由于在第一次圣奥尔本斯战役中，奥蒙德伯爵詹姆斯·巴特勒临阵脱逃，他原本财政大臣的职务将由埃塞克斯伯爵亨利·鲍彻接任。埃塞克斯伯爵亨利·鲍彻的弟弟托马斯·鲍彻已经当上坎特伯雷大主教及英格兰王国大法官。接下来的一段时间，英格兰王国各路政要各司其职，为即将召开的英格兰议会做准备，并且希望在这次英格兰议会中处理好诸多国事。亨利六世带着妻子安茹的玛格丽特王后和儿子威尔士亲王威斯敏斯特的爱德华前往赫特福德。在韦尔的修道院内，约克公爵理查德受到热情接待。沃里克伯爵理查德·内维尔携带一批俘虏及多塞特伯爵亨利·博福特在汉斯顿驻扎。沃里克伯爵理查德·内维尔的父亲索尔斯伯里伯爵理查德·内维尔则驻扎在拉伊。因此，为保存实力以备不时之需，约克派的主要军事力量并不愿远离伦敦。曾有人认定亨利六世的三名仆人计划在亨利六世的卧室中谋杀约克公爵理查德，但在审判中，亨利六世的三名仆人证明了自己的清白。

与此同时，为巩固在英格兰议会中重新获得的多数议席优势，约克派采取了大量具体措施。1455年6月8日，诺福克公爵夫人埃莉诺·鲍彻以丈夫诺福克公爵约翰·德·莫布雷的名义向约翰·帕斯顿写信，要求他利用自己的影响力确保诺福克公爵约翰·德·莫布雷的表亲约翰·霍华德与罗杰·张伯伦爵

---

① 詹姆斯·盖尔德纳：《帕斯顿信札》，第285篇。——原注

士在诺福克郡议员选举中胜出。①约翰·帕斯顿是一位没有实权的绅士，但他只要打着维护诺福克公爵约翰·德·莫布雷提名候选人的旗号，就鲜有反对声音。然而，约翰·帕斯顿显然采取了更直接的方式。他找到宫廷选举官的副官，并且跟这位副官打了招呼。但本次议员选举结束后，这位副官通知他选举的获胜者是伯尼大人、格雷大人及约翰·帕斯顿本人。尽管如此，在最终宣读的晋封名单中，诺福克公爵约翰·德·莫布雷指定的候选人约翰·霍华德和罗杰·张伯伦爵士还是晋升为诺福克郡骑士并坐在英格兰议会的议员席位上。②英格兰议会下议院还选出活跃的约克派支持者约翰·温洛克爵士担任英格兰议会下议院议长。

约翰·温洛克爵士

① 詹姆斯·盖尔德纳：《帕斯顿信札》，第288篇。——原注
② 詹姆斯·盖尔德纳：《帕斯顿信札》，第3卷，第38页注释1。——原注

这次英格兰议会的召开可谓一波三折。第一阶段会议从1455年7月9日到1455年7月31日，历时二十二天，其中一项议题是为格洛斯特公爵汉弗莱平反。1447年，由于被怀疑叛国，格洛斯特公爵汉弗莱被判处死刑。英格兰王国与法兰西王国百年战争即将结束时，作为英军统领，格洛斯特公爵汉弗莱遭到包括安茹的玛格丽特王后在内的博福特派的诘难。此时，英格兰议会公开为他平反。①其实，英格兰议会这一迟来且看似古怪的决议正是第一次圣奥尔本斯战役的获胜方约克派向安茹的玛格丽特王后示威，想以此证明他们反对安茹的玛格丽特王后早有正当先例。

为格洛斯特公爵汉弗莱平反后，英格兰议会还为近期其他反对亨利六世的人做了辩护。英格兰议会此次发布的声明除了以约克公爵理查德的名义，还以所有加入第一次圣奥尔本斯战役中的勋爵、骑士、乡绅、弓箭手等人的名义发布。这项声明证实了他们的清白，也免除了他们可能面临的法律制裁。英格兰议会将一系列祸乱的罪责推给已经去世的萨默塞特公爵埃德蒙·博福特、正因禁在伦敦塔的财政法官托马斯·索普爵士，以及亨利六世的亲戚威廉·约瑟夫爵士身上。

英格兰议会召开期间，英格兰王国政府的大臣们专门花时间讨论如何抵御法兰西王国与苏格兰王国等境外对手，特别是苏格兰王国，因为1455年，苏格兰国王"红脸"詹姆斯二世曾围攻贝里克未果。②尽管有这届英格兰议会努力维护，但英格兰王国的和平局面似乎难以改善。在亨利六世面前，约克派内的两名有头有脸的大人物，即沃里克伯爵理查德·内维尔和拉尔夫·克伦威尔男爵争论不休。沃旦克伯爵理查德·内维尔与拉尔夫·克伦威尔男爵都想推卸自己的责任，把引发战争的罪责推到对方头上。可怜的英格兰国王亨利六世只能夹在这场无休止的争论中，看着两个战争的"罪魁祸首"强调谁的罪轻一点。拉尔夫·克伦威尔男爵即使身处伦敦，可以背靠亨利六世这棵大树，也开始担心自己的安危。为保险起见，他请求将自己关入什鲁斯伯里伯爵约翰·塔

---

① 约翰·维特哈姆斯蒂德：《圣奥尔本斯修道院记事簿》，第1章，第178到第181页。——原注
② 《三部15世纪编年史》，第70页。——原注

威斯敏斯特宫

尔博特的府里。此时，沃里克伯爵理查德·内维尔及其他约克派支持者也不敢放松警惕。他们依然保持全副武装的姿态，在每天来往于自己家门与威斯敏斯特宫的船上装满武器。[①]因此，亨利六世下令禁止随身携带武器，但难以做到令行禁止。约克派贵族显然担心形势逆转，因而他们再次向亨利六世表达忠心。1455年7月31日，英格兰议会闭会。

1455年9月，亨利六世再次病倒。此时，英格兰王国地方层面的矛盾已经激化。《帕斯顿信札》曾记载在亨利六世统治期间，诺福克郡一直不太平。然而，英格兰王国其他各郡也不安宁。1455年10月，德文郡发生一起严重的纵火谋杀案件。兰开斯特派的德文伯爵托马斯·德·考特尼与约克派的邦维尔勋爵发生了争执。一天晚上，德文伯爵托马斯·德·考特尼的儿子带领一帮人放火烧了一个叫雷德福的人的住宅。雷德福正是邦维尔勋爵的朋友。此时，雷德福年事已高。被带走时，他哀求让他骑马，却遭到德文伯爵托马斯·德·考

---

① 詹姆斯·盖尔德纳：《帕斯顿信札》，第299篇。——原注

特尼儿子一伙人的拒绝。他们逼迫雷德福步行。可怜的雷德福没走多远，就惨遭德文伯爵托马斯·德·考特尼儿子一伙人割喉身亡。这只是德文伯爵托马斯·德·考特尼与邦维尔勋爵长期争斗的一个小插曲。不久，两位贵族在埃塞克特兵戎相见。双方实力都不容小觑。关于两位贵族在战场上的胜负说法不一。但最终，无论战场争斗结果如何，德文伯爵托马斯·德·考特尼都洗劫了埃克塞特大教堂。①

接二连三的打击击垮了亨利六世。在第一次圣奥尔本斯战役中，他受了惊吓，从此落下病根。虽然这次没有1454年病情严重，但亨利六世旧病复发，导致他无法处理政务。此时，亨利六世急需一位摄政大臣或护国公。因此，1455年11月12日，他重新召集了1455年7月闭会的英格兰议会。通过一系列常规会议流程后，英格兰王国的贵族们再次推选约克公爵理查德担任英格兰王国护国公一职。直到1456年2月，亨利六世再次恢复神智，约克公爵理查德一直担任英格兰王国护国公。

从某种角度来说，约克公爵理查德第二次担任护国公到内战重新爆发前的这段时间，在英格兰的历史中并不出彩。以下三个原因导致这段历史的暗淡：第一，亨利六世的和平政策受到英格兰王庭的牵制。事实上，亨利六世必须经过英格兰王庭同意才能做出决策，尽管亨利六世的努力不无成效。第二，这一时期，英格兰王国内部局部冲突及动乱持续爆发。伦敦曾发生过暴乱，地方各郡县也出现武装叛乱。第三，英格兰边境地区也不安宁。苏格兰国王詹姆斯二世撕毁1453年英格兰王国与苏格兰王国达成的休战协定。英格兰政府尽管声称要让苏格兰王国政府为其挑起战争的行为付出代价，但没有采取实际行动。更糟糕的是，曾长期遭受英格兰王国入侵的法兰西王国已经崛起。英格兰王国方面没人能阻止法兰西王国的军队踏上英格兰王国的领土，洗劫英格兰东南部五港同盟之一的桑威治港。

由于第二次担任英格兰王国护国公的任期十分短暂，约克公爵理查德并

---

① 詹姆斯·盖尔德纳：《帕斯顿信札》，第303篇及詹姆斯·盖尔德纳《帕斯顿信札》简介第166到第167页。——原注

没有太多作为，但他带来一个重大改变。那就是对约克公爵理查德的这次护国公的任命，英格兰议会下议院比上议院表现出更大的热情。然而，没过多久，亨利六世的身体恢复正常，约克公爵理查德的第二次护国公任期就此结束。1456年1月14日，英格兰议会重新召开。听到亨利六世的身体状况有所好转，约克公爵理查德和沃里克伯爵理查德·内维尔带着三百名身穿铠甲的士兵前来参加英格兰议会。①这明显是"有备而来"，而其他封建领主都没有带武装力量护卫自己。1456年2月9号，亨利六世恢复了健康。但根据以前的约定，只有亨利六世才可以解除约克公爵理查德的英格兰王国护国公一职。事实上，亨利六世希望约克公爵理查德留在英格兰政府出力，但护国公一职权力过大。因此，亨利六世比较倾向于授予约克公爵理查德"首席议员兼助理"的职位。然而，"强势而不择手段"的王后安茹的玛格丽特不能容忍自己的丈夫亨利六世的这一想法。②因此，约克公爵理查德不仅被罢免了护国公一职，也没有被安排其他任何职务。英格兰王国政府状况日趋恶化。此时，英格兰政府的常规运行已经千疮百孔，财政状况糟糕。亨利六世太无主见，导致无度挥霍。当然，亨利六世的挥霍并不是用在自己身上，而是作为各种大礼赏赐给他的朋友们，或者是捐赠给各类慈善基金会。③据此，英格兰议会推出并通过一部法案，实质是要收回亨利六世即位后曾经赏赐分封的一切，"所有的荣誉、城堡、爵位、村落、乡野、庄园、土地、寓所、荒原、森林、租地、继承权、收费权、农庄、服务、郡县收益、优先权利、大教堂、医院或免费小教堂及所有其他收入及其相关内容"。然而，这部法案从英格兰议会通过轻而易举，执行起来却举步维艰。这部法案不能实施的重要原因是其不公正性。依照法案，不但所有财产将失去保障，而且容易在握有实权的政府官员中滋生滥用职权、强取豪夺、暴力执法等恶劣现象，从而加速革命爆发。值得回顾的是两百年后，瑞典王国政府实施的"机构精简"政策也演变成官员敲诈勒索、实施暴政的工具。英格兰议会闭幕前，沃里克伯爵理查德·内维尔被确定任命为加来总督。沃里

---

① 詹姆斯·盖尔德纳：《帕斯顿信札》，第322篇。——原注
② 詹姆斯·盖尔德纳：《帕斯顿信札》，第322篇。——原注
③ 约翰·维特哈姆斯蒂德：《圣奥尔本斯修道院记事簿》，第1卷，第251页。——原注

克伯爵理查德·内维尔也是约克公爵理查德在英格兰王国政府所剩的最具实力的支持者。

英格兰政治史留存的文献寥寥无几。研究玫瑰战争的博学的历史学家们注意到，1456年1月到1457年11月，英格兰枢密院的记录竟然一片空白。^①但当时的英格兰王国的政局好过人们的预期。

尽管此时，伦敦爆发了一场当地居民与外来商人的纠纷，但1456年5月8日，在给约翰·帕斯顿的一封信中，约翰·博克提到"伦敦和平局势得以维护"。^②因此，英格兰王国国内各派政治势力都在互相观望。此时，亨利六世时而待在伦敦，时而来到申恩，时而前往考文垂。大多数时间里，约克公爵理查德待在他位于约克郡西部的桑达尔城堡。安茹的玛丽特王后则带着年幼的威尔士亲王威斯敏斯特的爱德华居住在斯塔福德郡的塔特伯里城堡[③]。显然，

塔特伯里城堡遗址

---

① 詹姆斯·盖尔德纳：《帕斯顿信札》，前言，第168页。——原注
② 詹姆斯·盖尔德纳：《帕斯顿信札》，第331篇。——原注
③ 苏格兰玛丽女王也曾囚禁在塔特伯里城堡。——原注

安茹的玛格丽特王后选择住在塔特伯里城堡是为防止约克公爵理查德重掌大权的小动作。白金汉公爵汉弗莱·斯塔福德是兰开斯特家族的忠实支持者,虽然并非全力以赴支持。白金汉公爵汉弗莱·斯塔福德曾在埃塞克斯郡的里特尔待过一段时间。那段时间,他过得很不自在,因为大多数伦敦市民都支持约克公爵理查德。沃里克伯爵理查德·内维尔审时度势,没有急于前往加来上任。1456年5月与1456年6月,沃里克伯爵理查德·内维尔安守沃里克城堡。毫无疑问,他的盔甲时刻保持锃亮,火药时刻保存在安全干燥的地方。

直到1456年年中,英格兰王国的主要政治力量还是各据一方。安茹的玛格丽特王后搬到切斯特,但约克公爵理查德留在桑达尔城堡。正如《帕斯顿信札》记载的"约克公爵理查德和王后安茹的玛格丽特都盯着对方的一举一动"。①约克公爵理查德没有忘记忠诚于他的伦敦市民,索尔兹伯里伯爵理查德·内维尔,大法官坎特伯雷大主教托马斯·鲍彻和财政大臣埃塞克斯伯爵亨利·鲍彻。1456年8月中旬,亨利六世离开伦敦,前去与王后安茹的玛格丽特会合。因此,整个英格兰王庭在米德兰地区开始慢条斯理地四处巡视。结束对各地的访问后,英格兰王庭在考文垂安顿,并且在1456年10月召开枢密院会议。②然而,会议名单中没有排除约克公爵理查德的名字,从而使他与年轻的萨默塞特公爵亨利·博福特展开了正面交锋。作为已故萨默塞特公爵埃德蒙·博福特的继承人,萨默塞特公爵亨利·博福特是约克公爵理查德坚定而强大的对手。英格兰王国的内阁人员进行了一些调整,温彻斯特主教威廉·韦恩弗利特接替坎特伯雷大主教托马斯·鲍彻担任英格兰王国大法官,什鲁斯伯里伯爵约翰·塔尔博特接替了埃塞克斯伯爵亨利·鲍彻担任英格兰王国财政大臣。然而,这些变化非但没有对约克公爵理查德不利,反倒惹恼了亨利六世的追随者白金汉公爵汉弗莱·斯塔福德。他可是鲍彻兄弟同母异父的兄长。新当选英格兰王国大法官的威廉·韦恩弗利特不属于任何派别,而什鲁斯伯里伯爵约翰·塔尔博特属于约克派。实际上,约克公爵理查德与亨利六世关系融洽。

---

① 詹姆斯·盖尔德纳:《帕斯顿信札》,第334篇。——原注
② 威廉·斯塔布斯:《英格兰宪政史》,牛津,牛津大学出版社,第3卷,第70页;詹姆斯·盖尔德纳:《帕斯顿信札》,第345篇。——原注

只要有机会，谁都愿意与他人交好。然而，王后安茹的玛格丽特不能容忍亨利六世与约克公爵理查德的和睦关系。约克公爵理查德无疑对王后安茹的玛格丽特也虎视眈眈。事实上，如果不是白金汉公爵汉弗莱·斯塔福德及时出手相助，那么约克公爵理查德会陷入危险境地，被王后安茹的玛格丽特的手下所害。1456年10月中旬，亨利六世与英格兰王庭一起来到切斯特。1456年冬及1457年春，亨利六世都是在英格兰西部一些地方度过，这可以让他脆弱的神经得到放松。1457年2月，英格兰王庭再次来到考文垂并在那里举行了一次大议会。萨默塞特公爵亨利·博福特与沃里克伯爵理查德·内维尔、索尔兹伯里伯爵理查德·内维尔达成和解。萨默塞特公爵亨利·博福特与索尔兹伯里伯爵理查德·内维尔的家族纷争，源于萨默塞特公爵亨利·博福特的父亲萨默塞特公爵埃德蒙·博福特在第一次圣奥尔本斯战役阵亡。①1457年5月，在赫里福德的审判庭上，亨利六世的出席让原本混乱的局势得到缓解。②1457年秋，英格兰王庭逐渐向伦敦方向转移并在威斯敏斯特宫召开英格兰大议会。出席英格兰大议会的有包括约克公爵理查德在内的所有贵族。这次英格兰大议会的主要议题包括对奇切斯特主教雷金纳德·皮科克涉嫌异端思想的审判。③1457年12月月底，英格兰大议会因圣诞节休会。亨利六世决定1458年1月26日再次召集英格兰议会④，调解英格兰王国境内各派势力，力求他们能和平相处。1458年1月27日，英格兰大议会复会。就这样，1457年在比较和平的局面中过去。

来之不易的和平局面让亨利六世喜不自胜，他觉得自己的祈祷终于应验，和谐的氛围只差某种公开仪式彻底确定。因此，英格兰王国国内各位有权势的贵族领主陆陆续续来到伦敦。但他们大多拖拖拉拉，对亨利六世的调解缺乏热情。事实上，贵族领主互不信任，每人都带一两百名身着各家特制号衣的精干卫兵来到。亨利六世刚刚在温莎度过圣诞节，并且在约定时间来到威斯敏斯特宫，却发现到场参会贵族寥寥无几。各大贵族领主态度冷漠，缺乏礼数，

---

① 《格雷戈里》：第203页。——原注
② 《格雷戈里》：第118页。——原注
③ 约翰·维特哈姆斯蒂：第1卷，第281页到第289页。——原注
④ 约翰·维特哈姆斯蒂：第1卷，第196页。——原注

亨利六世看到自己被当作无足轻重的人看待，内心一定深受打击。然而，有一点让亨利六世欣慰，那就是约克公爵理查德准时赴约。约克公爵理查德说话算数，就像当时信中写下套话："仅携家丁，计用马匹一百四十而已。"①显然，只带着一队强壮兵马正显示出约克公爵理查德的"深思熟虑"。无论如何，只要约克公爵理查德声称这些人马是他的家丁，他就不会公然无耻地违背禁止私党与庇荫的朝纲。沃里克伯爵理查德·内维尔的父亲索尔兹伯里伯爵理查德·内维尔在约克派中排行第三，当时他也来到会场。他带了四百多名士兵，八十名骑士和乡绅。已经担任加来总督的沃里克伯爵理查德·内维尔本应按时抵达伦敦，但因遭遇逆风迟到。兰开斯特派的贵族领主们似乎尚未准备妥当。1458年1月31日，迟到了将近一星期后，萨默塞特公爵亨利·博福特到达伦敦。直到接下来的一个星期，埃克塞特公爵亨利·霍兰才有望抵达伦敦。他是冲着建立"一个伟大而强大的伙伴关系"来的。

最终，亨利六世看到英格兰各地大部分贵族领主们已经来到伦敦，便宣布英格兰议会正式开会。在英格兰议会上，亨利六世就和平问题发表演讲，告诫各位贵族领主上帝始终是仁慈的，只有仁慈的人才能与上帝同在，得到上帝的庇护。他还表示自己讲完这番话后，将先行离开，与家人一起前往伯克翰斯特的英格兰王室庄园居住。这样，亨利六世不在场，各贵族领主们就可以畅所欲言，共商国是。伦敦这座富裕之城只剩下各地贵族领主及他们带来的成千上万无法无天的武装侍从。伦敦市政府虽然忧心忡忡，但深知如何进行自我保护。伦敦市政府似乎已经组织好一支全副武装的保安队伍。

在本次英格兰议会的会议中，各大贵族领主的讨论进展得十分顺利。亨利六世近在咫尺，希望与他交流的贵族们也都如愿以偿。多亏兰开斯特派的诺森伯兰伯爵亨利·珀西率领的三四千人马及时到达，才让亨利六世的和平倡议引发不少关注。不过，由于伦敦市民大都支持约克派，诺森伯兰伯爵亨利·珀西的人马并没有进入伦敦城内。本次英格兰议会的会议似乎不是在威斯敏斯特宫的议事大厅，而是在各派内部的会议上召开的。住在城内的约克派领主

---

① 詹姆斯·盖尔德纳：《帕斯顿信札》，第364篇。——原注

到黑衣修士会内集合，住在城外的兰开斯特派前往舰队街的白衣修士会里议事。①1458年3月15日，各派贵族就亨利六世的和平倡议达成高度共识，并且等待亨利六世与安茹的玛格丽特返回伦敦庆祝。1458年3月24日，亨利六世提出，接受封赏的各贵族领主应当和平共处、团结友爱、相互扶持，将过去的恩怨一笔勾销。为平复第一次圣奥尔本斯战役引起的争端与敌意，约克派要做出相应赔偿。认赔的一方是约克公爵理查德、沃里克伯爵理查德·内维尔和索尔兹伯里伯爵理查德·内维尔，获赔的一方是萨默塞特公爵亨利·博福特和他的寡母凯瑟琳·斯温福德，诺森伯兰伯爵亨利·珀西及他的母亲诺森伯兰伯爵夫人埃莉诺·内维尔，约翰·克利福德男爵及他的兄弟姐妹。如此，约克派与兰

白衣修士会的标志

① 詹姆斯·盖尔德纳：《帕斯顿信札》，第366篇。——原注

开斯特派得以明确区分。一派是曾在第一次圣奥尔本斯战役中赢得胜利的约克派支持者，一派是在同场战役中惨失领军人物的兰开斯特派支持者。为抚慰亡灵，约克派的领主们同意应当每年向圣奥尔本斯修道院奉献四十五英镑，为埋葬在那里的萨默塞特公爵埃德蒙·博福特、诺森伯兰郡伯爵亨利·珀西与托马斯·克利福德男爵超度亡灵。此外，约克公爵理查德将赔偿萨默塞特公爵埃德蒙·博福特的夫人凯瑟琳·斯温福德和她的儿子，即现在的萨默塞特公爵亨利·博福特五千马克，换算为三千三百三十三英镑六先令八便士。这笔费用将从亨利六世一直拖欠约克公爵理查德出任爱尔兰总督时的薪俸里支出。裁决的措辞意味着约克公爵理查德自己去筹措资金，亨利六世拖欠他的薪俸算是清偿了。与此同时，沃里克伯爵理查德·内维尔向约翰·克利福德男爵支付的一千英镑也会从亨利六世拖欠沃里克伯爵理查德·内维尔的薪俸中扣除。索尔兹伯里伯爵理查德·内维尔承担的赔付任务是要拿给诺森伯兰伯爵亨利·珀西的。最近，由于某起案件，索尔兹伯里伯爵理查德·内维尔和诺森伯兰伯爵亨利·珀西闹上约克郡的高级法庭，诺森伯兰伯爵亨利·珀西被判向索尔兹伯里伯爵理查德·内维尔支付八千马克。如果已经支付，那么现在索尔兹伯里伯爵理查德·内维尔应将八千马克退给诺森伯兰伯爵亨利·珀西。

约克派与兰开斯特派的调停将在"大额款项"法庭签字画押，以确保两派遵守这次调停。①1458年3月25日，为庆祝太平盛世的到来，各大贵族领主与亨利六世一同游行前往圣保罗大教堂。虔诚的亨利六世身着威严长袍，骑行在游行队伍最前面，为自己成为英格兰王国的和平缔造者沾沾自喜。此时，过去势不两立的仇敌按照地位高低依次排队。亨利六世后面紧跟着的是王后安茹的玛格丽特。王后安茹的玛格丽特挽着约克公爵理查德的胳膊并肩前行。看着游行的人们"可爱的面容"，所有人喜不自胜。

> 我们的国家沐浴着慈祥
> 推倒距离与猜忌的城墙

---

① 约翰·维特哈姆斯蒂德：《圣奥尔本斯修道院记事簿》，第1卷，第296页。——原注

上帝会指引我们，统治我们

向着智慧、富裕和快乐的方向

因为爱是构筑团结的力量

团结，向上，我们的领主都是这样。①

  这是伦敦圣保罗大教堂迎来的第二次和平，②也是近两年来和平或者说第一次圣奥尔本斯战役后相对和平的顶点。接下来，和平的缔造者亨利六世也能好好休息一阵子。

  1456年和1457年，在地方层面，英格兰王国虽然不能说绝对相安无事，但冲突远不及以往激烈。然而，确有一些极端事件发生。尽管亨利六世的巡访给不少地区带来安宁，但暴力冲突依然时有发生，王庭周边也未能幸免。达官贵人的侍从总跟地方官员冲突不断。职业军人如果为一己私利或者缺少强大政府的诚实指引，也会兴风作浪，作恶多端。十年来，英格兰王国软弱无能的统治让士兵们愈发横行霸道，他们如同意大利共和国军或欧洲三十年战争中的雇佣兵。③当然，英格兰的情况还没有如此糟糕。在英格兰的城市及乡村中不断壮大的中产阶级对混乱的局面起到抑制作用，贵族领主阶层的领袖也希望减少对平民的掠夺，这一点令人称道。然而，问题是有话语权的人太多，国王、各贵族领主及一些自治市的官员都要染指地区的管理。

  1456年10月，亨利六世与巡回法院还在考文垂。萨默塞特公爵亨利·博福特的手下与城市巡管发生争执。虽然这场纷争具体因何而起难以说清，但萨默塞特公爵亨利·博福特的手下难逃干系。他们在考文垂安宁的大街上为非作歹，甚至杀了两三个市民。④考文垂市内警钟敲响了，"整座城市起来反抗"。我们可以想象一下，市民们匆忙系上绗缝外衣从家中走出来，群情激

---

① 《政治诗》，第2卷，第254页。——原注
② 第一次是1452年，约克公爵理查德试图展示自己的武装力量而遭到失败，并且与亨利六世言和。——原注
③ 詹姆斯·盖尔德纳：《帕斯顿信札》，第348篇。——原注
④ 据《帕斯顿信札》记载，萨默塞特公爵亨利·博福特的手下大约杀死两三人。——原注

愤，誓要给这些人还以颜色。市民们对这帮人横行霸道已经是忍无可忍。如果不是白金汉公爵汉弗莱·斯塔福德尽力圆场，那么萨默塞特公爵亨利·博福特及其手下一时将难以收场。见到这一情形，白金汉公爵汉弗莱·斯塔福德立即下令调解双方矛盾，并且竭力营造和谐相处的氛围。

在英格兰西部，我们很难看到真正的和平。虽然约克公爵理查德在威尔士的拉德洛周围拥有不容小觑的实力，但塞文河河谷南部有一位亨利六世的坚定追随者，即贾斯珀·都铎的势力范围。贾斯珀·都铎是瓦卢瓦的凯瑟琳王太后第二段婚姻生下的儿子，也是亨利六世同母异父的弟弟。后来，贾斯珀·都铎被封为彭布罗克伯爵。正如三十年后，亨利七世在米尔福德港发现的那样，贾斯珀·都铎的家族在塞文河河谷有很强的实力。此时，里奇蒙伯爵埃德蒙·都铎①与一位威尔士酋长②爆发了一场小规模的武装冲突。③然而，这场武装冲突远远不像地方矛盾那么简单，甚至连兰开斯特派与约克派也卷入这场冲突。1457年5月1日，埃德蒙·都铎与威尔士酋长的冲突仍在继续。这起针对兰开斯特派叛乱的头领是威廉·赫伯特爵士，一位坚定的约克派成员。击败贾斯珀·都铎后，他获得彭布罗克伯爵的头衔。亨利六世与王后安茹的玛格丽特来到达赫里福德后，安抚了反叛的彭布罗克伯爵威廉·赫伯特，终止了一场叛乱。

然而，这类武装冲突不只发生在英格兰边远地区。"这种摩擦在肯特人眼中早已司空见惯。肯特人之间并不友善，任何事情都能闹出动静。"④亨利六世党人在肯特郡并不受欢迎，肯特郡的社会秩序一直存在隐忧。不过，当时，双方还算相安无事。然而，伦敦爆发了一场真正意义的冲突。这场冲突是由于经济原因而不是政治原因引起的。伦巴第人，即意大利商人在伦敦生意做得很大。他们来自商业大国威尼斯共和国和佛罗伦萨共和国。在那里，银行业与老字号商行均有悠久的历史传统。从现在的伦敦还有伦巴第街就可以想象当年伦巴第人生意的规模。但在15世纪，伦敦的意大利商人主要充当地中海沿岸

---

① 里奇蒙伯爵埃德蒙·都铎是贾斯珀·都铎的兄长。——原注
② 据记载，这位威尔士酋长名为格里菲斯·苏。——原注
③ 詹姆斯·盖尔德纳：《帕斯顿信札》，1456年6月，第334篇。——原注
④ 詹姆斯·盖尔德纳：《帕斯顿信札》，1456年6月，第334篇。——原注

国家的交易中间商。羊毛是他们的主要交易对象,当时英格兰对羊毛的需求量很大。在意大利的城市共和国中,威尼斯素有"华丽的东方收费大国"之称。1453年,尽管奥斯曼土耳其帝国军队占领君士坦丁堡,但绕道好望角的另一条航路还没有被发现。因此,意大利沿岸的城市垄断了地中海沿岸的葡萄酒,更多的是亚洲的丝绸及香料贸易,导致西欧各地在与意大利的贸易中无法摆脱负债累累的局面。随着意大利商业资本日益庞大,其影响力也随之增强。但中世纪的英格兰从来不欢迎外国商人。无论是早先致富的犹太商人,还是后来富有的意大利商人,都成为英格兰商人眼红的对象。因为尽管外来商人和英格兰商人的最终利益一致,并且伦敦的重要地位、巨额财富、长期稳定的经济发展都离不开外来商人的辛劳、资金与联络,但由于狭隘的个人私利,英格兰商人罔顾这一事实。在追逐利益的过程中,英格兰商人与外来商人矛盾四起,影响了两个相互依存团体的共同利益。

因此,第一次圣奥尔本斯战役结束与布洛希思战役爆发前的和平时期,伦敦的意大利商人与英格兰本地商人曾发生过几起严重的摩擦事件。对从事衣料生意的伦敦商人和从事布料和羊毛生意的意大利商人之间爆发的冲突,一位英格兰编年史家将其称为"大规模攻讦"。权力本应是伦敦市市长与伦敦市议员维护社会秩序的工具。但此时,权力握在伦敦当地的商人手中,导致伦巴第人遭受不公平的对待,甚至一些伦巴第人被捕入狱。一些伦巴第人吓得离开伦敦移居南安普敦或温彻斯特以求自保。在那里,伦巴第人按一贯奢靡的做派斥巨资租借老式豪宅。当地房东为能将老式豪宅出租给伦巴第人,花了很多钱维修。在考文垂的英格兰议会上,亨利六世召见了英格兰绸缎商人代表威廉·坎特洛。在亨利六世的命令下,威廉·坎特洛被当堂逮捕并被达德利男爵约翰·萨顿囚禁在达德利城堡。由于英格兰议会随后的判决没有偏袒伦敦商人,伦巴第人讨得公道。伦巴第人原本打算从伦敦迁到温彻斯特,但此时,他们发现已经没有这个必要。因此,伦巴第人取消租赁温彻斯特老式豪宅的合同,害惨了为伦巴第人的到来装修老式豪宅的房东们。①

---

① 格雷戈里:《编年史》,第199页,"造成房东们巨大的损失"。——原注

奥斯曼土耳其军队占领君士坦丁堡

英格兰王庭回到伦敦后，一场对峙差点让玫瑰战争重新爆发。兰开斯特派与约克派的战火好不容易得以避免。1457年11月，亨利六世召开英格兰大议会。约克公爵理查德和索尔兹伯里伯爵理查德·内维尔来到伦敦并住了下来。兰开斯特派的首领，即萨默塞特公爵亨利·博福特、诺森伯兰伯爵亨利·珀西父子也赶到伦敦。在圣殿门及威斯敏斯特宫之间，埃格蒙特勋爵找到住所。兰开斯特派贵族的随从们住满了圣贾尔斯教堂四周的房舍。据称，兰开斯特派贵族的随从们集结起来要打击约克公爵理查德及其支持者。沃里克伯爵理查德·内维尔急忙从加来赶来帮助约克公爵理查德和自己的父亲索尔兹伯里伯爵理查德·内维尔。然而，伦敦市市民并不希望看到伦敦市市中心发生血腥厮杀。因此，伦敦市市长杰弗里·博林组织伦敦市市民组建了一支武装力量，坚决制止任何破坏和平的行为，确保不发生暴乱。因此，1459年9月，英格兰王国再次爆发内战，但地点在遥远而动荡的威尔士边境地区。①威尔士边境地区的人对伦敦井然有序的城市生活几乎闻所未闻。

1455年，在圣奥尔本斯爆发的战争被称作英格兰王国第一次内战。1459年，在布洛希思，约克派与兰开斯特派的第二次冲突爆发。两场战役中间确实有一段比较和平的时期，这段时期也是亨利六世在位时英格兰王国状况最好的时期之一。尽管如此，如上所述，由于英格兰王国政府的管理不力，亨利六世倡导的和平氛围屡屡遭到破坏。此外，即使沃里克伯爵理查德·内维尔作为总督镇守加来，也没能为英格兰的海域带来安宁。英格兰王国不再是英吉利海峡的霸主。英格兰王国与法兰西王国的百年战争期间，英军曾数次入侵法兰西。如今，法兰西王国的军队却反击突袭英格兰王国的肯特沿岸。这并非法兰西王国军队贸然出击。真正令人反感的是在这一期间，王后安茹的玛格丽特的态度。她竟然里通卖国，与法兰西王国的入侵者暗中往来。

1457年8月28日，桑威治遭到法兰西王国军队的突袭。此次突袭的领导者是诺曼底公国的治安总管皮埃尔·德·布雷泽和埃弗勒堡场的罗贝尔·德·弗洛凯。据称1457年8月25日，两个人以应王后安茹的玛格丽特的邀请为借口，

---

① 《三部15世纪编年史》，第71页。——原注

集结其他诺曼底公国的领主,率领四千人,携带大量火炮离开阿夫勒尔。①他们沿着萨塞克斯和肯特郡的海岸航行。最终,在距桑威治六英里的地方,他们找到合适的登陆地点。1457年8月28日6时,皮埃尔·德·布雷泽与八百士兵成功登陆。随后,皮埃尔·德·布雷泽将八百名士兵分成三支队伍,并且亲自率军步行,尽可能与法兰西王国在海上的游弋战舰保持联系。起初,阻碍法兰西王国士兵前行的唯一阻碍是糟糕的路况。也许是软弱无能,也许是麻木不仁,英格兰政府仿佛尽其所能向法兰西王国军队的行军提供便利。不过,法兰西王国军队很快就遭到一些真正的抵抗。法兰西王国军队的行军道路为沟渠所阻。英格兰王国守军向这些沟渠内注满了水,还将渠内挖出泥土堆成堤坝。经过激战,法兰西王国军队占领堤坝,英军只能退守桑威治。法兰西王国军队趁势继续前行,并且行军队伍的首尾增加哨兵观察,一路保持警戒。法兰西王国军队抵达桑威治时,遭到当地居民安置在港口内的一艘大型商船及三艘战舰的猛烈炮击。但皮埃尔·德·布雷泽扬言,如果桑威治的居民继续炮击法兰西王国军队,那么他会派兵将这些舰船全部烧毁。这一威胁果然奏效,桑威治当地居民的舰船安静下来,不再阻挠法兰西王国军队前行。随后,皮埃尔·德·布雷泽向自己率领的军队下达严格命令,要求所有士兵不得抢劫教会财产,不得侮辱妇女,不得肆意烧杀。据记载,法兰西王国士兵严格遵守了命令。随着法兰西王国军队进入桑威治,法兰西战舰也驶入桑威治港。然而,进入桑威治简单,攻克桑威治就难了。法兰西王国军队在桑威治城内进行了数小时的激战。桑威治城中的居民奋力保卫城中的每一条街道。一条街道失守,他们就跑到另一条街道继续顽强抵抗。中世纪小镇的街道狭窄蜿蜒,房屋高大密集,这一特点十分有利于开展巷战防御。相比之下,现代城镇的广场巨大空旷,街道笔直宽阔。这一建筑风格是为防止在居民区内发生任何非常规战争。1457年8月28日17时前,法兰西士兵已经筋疲力尽,尽管很多士兵受伤,但似乎无人阵亡。与此同时,桑威治的守军多有负伤,少数身亡。英军的援兵正源源不断向桑威治赶来。毫无疑问,如果相信法兰西王国军队入侵英格兰,那么从英格兰的其

---

① 详见詹姆斯·盖尔德纳:《帕斯顿信札》,第1卷引言第175页。——原注

他地方一定会有更多的人赶来参战。得知法兰西王国军队入侵的消息，英格兰的援兵一边行军一边表示一定要眼见为实。最终，大量英格兰援兵赶到桑威治，目睹了法兰西王国军队入侵英格兰的事实，并且与法兰西王国军队展开正面交锋。1457年8月28日17时，皮埃尔·德·布雷泽发现战斗僵持不下，并且他手下的士兵在恶劣的海况下横渡过来，身体多有不适，不在最佳战斗状态。因此，皮埃尔·德·布雷泽下令撤退。法兰西王国军队撤回海上的战舰内，伤亡并不严重，只有十二名士兵死守着桥上的三柱门与英军对峙。最终桥上木板断裂，其中九个人落入水中淹死。此外，还有几名法兰西士兵找到好酒，喝得酩酊大醉。所幸最终，他们成功逃到船上。因此，1457年8月28日晚，法兰西士兵乘船返回他们最初登陆英格兰的地点，这里距他们的海上补给船很近。1457年8月29日，法兰西王国军队整天都待在登陆点。岸边的英军不断向他们开炮，令法兰西王国军队十分苦恼。然而，在海上，法兰西王国军队没有遭到任何侵袭。1457年8月30日，法兰西王国军队带着在桑威治港俘获的三艘战舰乘船返回阿夫勒尔。到达阿夫勒尔后，法兰西王国军队将囚犯以赎金的形式拍卖，战利品合理分给首领和士兵。①这趟远征是按计划进行的，法兰西王国军队把握了时机。英格兰的居民虽然英勇无畏，但英格兰的海防形同虚设。这种入侵在英格兰历史上虽然并不鲜见，但只发生英格兰王国国力孱弱之时，如理查二世与亨利四世早期统治时期。

1458年，大法官法庭裁定埃克塞特公爵亨利·霍兰获得一千英镑补偿，但他不再担任英格兰王国海军大臣。英格兰王国海军大臣由加来总督沃里克伯爵理查德·内维尔接替。②更换领导后，英格兰王国海军的发展形势开始好转。沃里克伯爵理查德·内维尔更是新官上任三把火，采取多种新措施，振兴英格兰王国的海军。在他眼中，加来一直受到法兰西王国的威胁，可以说更多来自勃艮第公爵腓力三世的威胁。勃艮第公爵腓力三世一直将加来看作自己的领土。加来本应是重要粮食产地，但一直没有发挥好这一功用，没能向英军提

---

① 勃艮第的让·德·沃林：《大不列颠编年史》，第385页到第388页；《三部15世纪编年史》：第70页、第71页、第153页。——原注
② 詹姆斯·盖尔德纳：《帕斯顿信札》，第366条。——原注

供大量军粮。对此，沃里克伯爵理查德·内维尔采取大量措施填上这个漏洞，如呼吁坎特伯雷和桑威治的爱国人士供奉粮食。沃里克伯爵理查德·内维尔率领八百士兵，突袭布洛奈加斯，并且用船劫走一批昂贵的科尼酒。①1458年5月28日，沃里克伯爵理查德·内维尔接到报告，二十八艘西班牙王国的战舰进犯英格兰王国的海域。随即，他率领五艘大型"前桅船"，三艘帆船及四艘舰载艇在内共十二艘战舰离开加来港迎敌。西班牙王国的舰队有十六艘"前桅船"，但沃里克伯爵理查德·内维尔的舰队只有五艘类似的军舰。1458年5月29日4时，沃里克伯爵理查德·内维尔与西班牙王国的舰队交火。这场战役虽然不能说是英格兰王国海军持续时间最长，但可能是最艰难的一场战役。沃里克伯爵理查德·内维尔手下的军官约翰·杰文汉姆率先跳上一艘重达三百吨的西班牙王国海军的军舰，并且俘获二十三名西班牙王国海军的士兵。然而，令人没有想到的是，接下来，约翰·杰文汉姆反被西班牙王国海军的士兵擒获，成为对方的俘虏，并且被关押长达六个小时。最终，这场看起来远远不止四十分钟就能结束的战役以西班牙王国海军的战败告终。西班牙王国海军共有六艘舰船被英格兰王国海军俘获，二百四十名官兵阵亡，五百名官兵受伤②。英格兰王国海军共有八十名官兵阵亡，二百名官兵受伤。这场战役为英格兰王国海军控制英吉利海峡奠定了坚实基础。此外，这场战役让英格兰王国海军重新获得英吉利海峡的控制权，巩固了沃里克伯爵理查德·内维尔在加来及英吉利海峡的统帅地位，对接下来几年约克派的成败起到关键作用。这场战役结束后不久，沃里克伯爵理查德·内维尔又袭击了一支来自吕贝克的商船队。面对悬挂英格兰旗的军舰，吕贝克的船队竟然拒绝接受稽查。沃里克伯爵理查德·内维尔一举捕获十七艘装满盐的吕贝克大小商船。③

　　由于政局不稳，英格兰王国与苏格兰王国的战争得以避免。当时，英格兰王国政府的一个显著特征是没有明确的外交使者。1456年2月25日，约克公爵理查德结束第二次护国公的任期。但1456年7月，有人发现约克公爵理查德

---

① 勃艮第的让·德·沃林：《大不列颠编年史》，第390页。——原注
② 詹姆斯·盖尔德纳：《帕斯顿信札》，第369页。——原注
③ 《三部15世纪编年史》，第71页。——原注

以英格兰王国政府的名义向苏格兰国王詹姆斯二世发送了一封信,似乎在向对方下最后通牒。此前,苏格兰国王詹姆斯二世拒绝延长1453年的停战协议。显然,约克公爵理查德虽然不在政府任职,但他发出的声音依然代表英格兰王国官方。约克公爵理查德发出的声音铿锵有力,严正声明任何人不得破坏英格兰边境地区的和平。1456年8月,约克公爵理查德向詹姆斯二世寄去另一封信。在这封信中,约克公爵理查德指出苏格兰国王詹姆斯二世公然无视自己寄出的前一封信,进攻英格兰王国北部地区。对此,约克公爵理查德将以亨利六世的名义对苏格兰王国宣战。这是恰当的处理方式,面对对方的挑衅,永远不要只是口头警告。一旦口头警告无效,就要拿出实际行动。但在紧要关头,英格兰政府突然改变政策,立即紧急向詹姆斯二世寄出另一封信,声称要收回上一封对苏格兰王国威胁的信,并且称向苏格兰王国宣战并没有得到亨利六世的授权。这件事真假暂且不论,但充分说明英格兰政府内部组织涣散,还证明英格兰政府对这次外交事件的处理失当。①

---

① 详见詹姆斯·盖尔德纳:《帕斯顿信札》,第1卷引言,第170页。——原注

第 8 章

布洛希思战役与约克派公权被剥夺

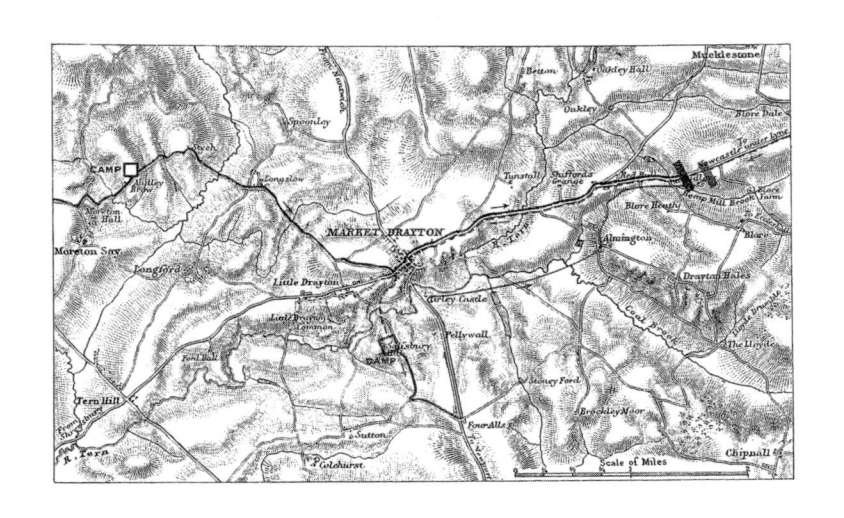

精彩看点

沃里克伯爵理查德·内维尔重整英格兰海防——约克派支持者安全受到威胁——布洛希思战役爆发——亨利六世的优势——拉德福德桥溃败——约克派领导人逃离英格兰——亨利六世剥夺约克派支持者公权

1458年3月25日，圣保罗大教堂第二次大和解后的两年，英格兰王国的历史一波多折。曾经长达十八个月对外关系的风平浪静突然被打破。紧接着，1459年9月23日，在斯塔福德郡的布洛希思爆发了交战双方都有几千人参与的武装冲突。最终，英格兰王国一度陷入四分五裂的状况。虽然这场战役结束后，英格兰王国还处在亨利六世的统治下，但约克公爵理查德失去公权，逃到爱尔兰避难。沃里克伯爵理查德·内维尔将加来改造成一个占地面积不大、战斗力不容小觑的海边军事重镇。1460年7月2日，在分裂局面即将结束时，约克派支持者从加来大本营返回英格兰，开始一段漫长而时断时续的复兴之路。

　　1458年到1460年，沃里克伯爵理查德·内维尔将自己打造成骁勇善战的英雄。他精力旺盛，作战能力超群。在当时英格兰王国动荡的政局中，他的英勇神武将浪漫与冒险完美结合起来。沃里克伯爵理查德·内维尔身为海军上将，虽然没有得到亨利六世的青睐，但英格兰王国最好的水手都闻风赶来，投奔到他麾下。与此同时，身为英军驻加来的统领，沃里克伯爵理查德·内维尔保护加来不受法兰西王国军队与勃艮第公国军队的侵略，使加来成为流亡的约克派支持者的避难所。一些英格兰王国的官员开动军舰几次想与沃里克伯爵理查德·内维尔作战，但都无功而返。离开英格兰前，沃里克伯爵理查德·内维尔的军队与这些官员发生争斗。随后，他的军队安全抵达加来。沃里克伯爵理查德·内维尔再次横越英吉利海峡，准备回击这些官员，却发现前往伦敦的道路畅通无阻。一路上，沃里克伯爵理查德·内维尔的军队所向披靡。

1458年原本要悄然走向尾声,但在伦敦突发的一起争斗差点让沃里克伯爵理查德·内维尔丧命。①沃里克伯爵理查德·内维尔原计划参加在威斯敏斯特宫召开的英格兰议会,并且打算为自己以前在海上的攻击行为,特别是对一些吕贝克商人的攻击行为,做出相应的解释。然而,就在他要离开王宫并返回寓所时,他手下的一名随从与威斯敏斯特宫的工作人员发生冲突。很快,这起冲突升级为沃里克伯爵理查德·内维尔的手下与英格兰王室支持者的混战。沃里克伯爵理查德·内维尔杀出一条血路才逃回自己的船上,随后与自己的手下从水路仓皇出逃。有人怀疑这场冲突是兰开斯特派的首领为除掉一位有力的对手有意为之。②逃回稳固的加来据点后,沃里克伯爵理查德·内维尔才心神稍定。

然而,留在英格兰的约克派支持者发现身处险境。返回加来前,沃里克伯爵理查德·内维尔抽空拜访过他的父亲索尔兹伯里伯爵理查德·内维尔和约克公爵理查德。为保障各自的安全,他们三人共同协商准备采取行动,以遏制在英格兰王室占主导地位的政治派别,但他们一致同意不对亨利六世使用暴力。③此时,王后安茹的玛格丽特及其支持者已经开始为战争做准备。因此,我们很难说1459年9月,哪一派打破了英格兰的和平,因为兰开斯特派与约克派都已经摩拳擦掌,跃跃欲试。1457年和1458年,英格兰王庭对英格兰西部各郡的巡视初见成效。人们发现在切斯特郡,安茹的玛格丽特王后势力强大,在赫里福德和格洛斯特也是这种状况。切斯特郡的许多绅士都接受年幼的威斯敏斯特的爱德华的威尔士亲王标牌。这是一块刻有银色天鹅的徽章。这些绅士以此表示拥护威斯敏斯特的爱德华。甚至有传闻说,王后安茹的玛格丽特建议此时,亨利六世让位给威尔士亲王威斯敏斯特的爱德华。这也许是愚蠢的举动,因为约克派并没有反对亨利六世,他们反对的是王后安茹的玛格丽特及其支持者。④

---

① 记录时间有分歧,一说是1458年11月,一说是1459年2月。——原注
② 勃艮第的让·德·沃林:《大不列颠编年史》,第272页。——原注
③ 勃艮第的让·德·沃林:《大不列颠编年史》,第273页。——原注
④ 详见伊迪斯·汤普森:《约克与兰开斯特之战》,第58页。引自戴维斯:《英格兰编年史》。——原注

亨利六世并不是没有行动。1459年4月，亨利六世给他信任的大臣们发送了一封加盖御印的信函，通知他们1459年5月10日前往莱斯特参加会议，①但这次会议似乎没有成果。1459年6月与1459年7月，安茹的玛格丽特王后在切斯特城发放大量徽章。约克公爵理查德似乎一直住在拉德洛，因为那里有他的城堡、大量财产、朋友及租客。索尔兹伯里伯爵理查德·内维尔住在英格兰北部约克郡的米德尔赫姆。沃里克伯爵理查德·内维尔在加来。据说1458年9月，他成功驱逐了西班牙王国与热那亚共和国的舰队。②三位约克派的领导人一直保持联系。其实，兰开斯特派与约克派都在暗中积蓄自己的武装力量。两派互不信任，很难推测出谁将先出手。1459年9月月初，索尔兹伯里伯爵理查德·内维尔带领三千名士兵③从米德尔赫姆向南移动。在拉德洛，索尔兹伯里伯爵理查德·内维尔与约克公爵理查德的军队会合。亨利六世与王后安茹的玛格丽特也决定派自己手中的王牌军队。亨利六世在伍斯特有一队人马。在遥远的英格兰北方，奥德利男爵詹姆斯·塔切特召集切斯特和什鲁斯伯里的民兵和绅士，奉亨利六世之命捉拿索尔兹伯里伯爵理查德·内维尔。1459年9月23日，奥德利男爵詹姆斯·塔切特的军队在斯塔福德郡的布洛希思遭遇索尔兹伯里伯爵理查德·内维尔的军队，一场大战一触即发。索尔兹伯里伯爵理查德·内维尔军队的人数是奥德利男爵詹姆斯·塔切特军队人数的三倍。然而，布洛希思树林茂密，易守难攻。奥德利男爵詹姆斯·塔切特的军队占据了有利地形，阵地一侧为树林，他们用推车和货物堆成路障。与此同时，为抵御索尔兹伯里伯爵理查德·内维尔的部队从后方偷袭，奥德利男爵詹姆斯·塔切特的军队挖了一条战壕，并且"按照英格兰兵法"在战壕前面插满木桩。④激烈的拼杀从1459年9月23日13时一直持续到1459年9月23日17时。随后，由于奥德利

---

① 詹姆斯·盖尔德纳：《帕斯顿信札》，第377篇。——原注
② 约翰·维特哈姆斯蒂德：《圣奥尔本斯修道院记事簿》，第1卷，第330页。然而，詹姆斯·盖尔德纳的《帕斯顿信札》前言，第178页注释认为这是发生在1458年5月的海战。——原注
③ 约翰·维特哈姆斯蒂德：《圣奥尔本斯修道院记事簿》第1卷，第338页。对双方兵力数字记载不同，但在格雷戈里第204页与《三部15世纪编年史》第72页均记载兰开斯特派的兵力是约克派的三倍。——原注
④ 勃艮第的让·德·沃林：《大不列颠编年史》，第320页。——原注

男爵詹姆斯·塔切特阵亡，兰开斯特派的军队只能溃退。因此，索尔兹伯里伯爵理查德·内维尔的军队占领了布洛希思。

然而，获得布洛希思战役的胜利并不意味着索尔兹伯里伯爵理查德·内维尔的军队获得了绝对安全。这场短暂的胜利只是为他们赢得了喘息的机会。一支斗志昂扬的英格兰王室军队正向他们袭来。安茹的玛格丽特王后的一支军队就在他们五英里外的埃克尔肖尔。亨利六世所在的军队距离布洛希思也只有十英里。由于担心一觉醒来被两支英格兰王室的军队夹击，索尔兹伯里伯爵理查德·内维尔吓得整晚不敢在布洛希思逗留。然而，他如果马上离开布洛希思前往拉德洛，那么会被决意铲除他的安茹的玛格丽特王后的军队追上，这比按兵不动还要对他不利。因此，索尔兹伯里伯爵理查德·内维尔十分机智地组织自己的军队撤退，正巧躲过英格兰王室将领们的追击。英格兰王室的将领们还以为在一场战役结束后，索尔兹伯里伯爵理查德·内维尔的军队一定会在布洛希思停留。1459年9月23日晚，索尔兹伯里伯爵理查德·内维尔率军撤离，尽量不发出声响。他留下火炮及一名叫奥斯汀的修道士。1459年9月23日整晚，一名叫奥斯汀的修道士一直在发射火炮，导致兰开斯特派的军队以为索尔兹伯里伯爵理查德·内维尔还在布洛希思扎营。1459年9月24日清晨，英格兰王室的军队来到布洛希思时，发现那里除了一名修道士外别无他人。当被问及为什么会出现在布洛希思时，修道士回答说他由于害怕离开，一整晚都待在那里。[①]显然，这名修道士以一己之力牵制了一万五千名士兵，既机智幽默，又勇气可嘉。

就这样，索尔兹伯里伯爵理查德·内维尔及其手下安全抵达拉德洛。随后，沃里克伯爵理查德·内维尔也赶到拉德洛。约克派的三位领导人聚齐了。沃里克伯爵理查德·内维尔安排自己的叔叔肯特伯爵威廉·内维尔留守加来要塞，自己带领二百人组成的"长矛军"[②]及四百名弓箭手[③]前往英格兰。沃里克伯爵理查德·内维尔在肯特郡登陆后，许多人加入他的军队并跟随他前往伦

[①] 格雷戈里：《编年史》，第204页。——原注
[②] "长矛军"的每名士兵都全副武装。——原注
[③] 勃艮第的让·德·沃林：《大不列颠编年史》，第273页到第274页。——原注

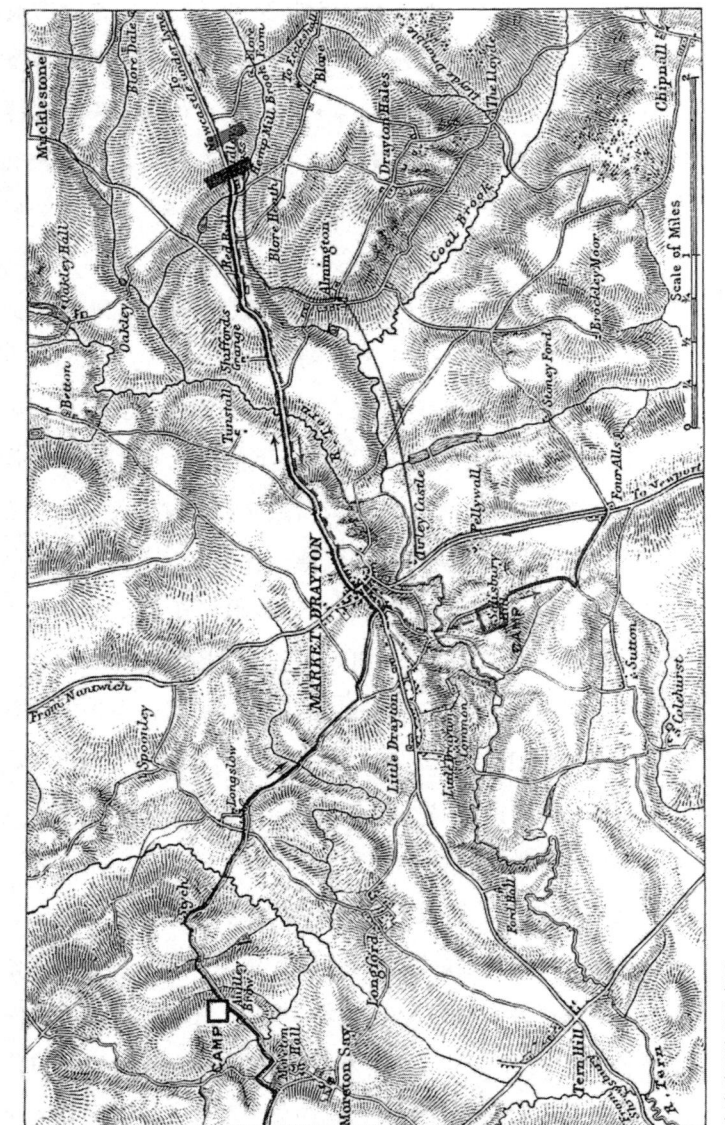

布洛希思战役示意图

敦。在伦敦,他可谓所向披靡,因为亨利六世及安茹的玛格丽特王后及其所有武装还在斯塔福德郡。沃里克伯爵理查德·内维尔本可以以约克公爵理查德的名义占据伦敦,但他没有在伦敦逗留,而是穿过米德兰,越过考文垂附近的科尔斯希尔。此时,在考文垂,还有萨默塞特公爵亨利·博福特及其手下的兵马。但十分幸运,沃里克伯爵理查德·内维尔的军队与萨默塞特公爵亨利·博福特的军队没有遭遇。① 因此,沃里克伯爵理查德·内维尔及其手下顺利抵达拉德洛,与他的父亲索尔兹伯里伯爵理查德·内维尔及约克公爵理查德会合。

亨利六世拥有大量兵力。虽然如此,他依然不希望看到内战蔓延。因此,他派人向在拉德洛的约克公爵理查德一行送去和平休战帖。但约克公爵理查德一行回复称亨利六世身边有佞臣存在,他们清楚这样的宽恕形同虚设。约克公爵理查德一行强调约克家族成员一直被拒绝参加英格兰议会,并且不久前,沃里克伯爵理查德·内维尔奉诏前往威斯敏斯特宫参加英格兰议会时遭到袭击,差点丧命。与此同时,约克公爵理查德一行重申对亨利六世的尊敬。②

亨利六世看到约克公爵理查德面对自己停战倡议竟是这番托词,深为不快,立刻挥师前往讨伐。当靠近拉德洛时,亨利六世收到约克公爵理查德的另一封回信。这封回信重申了他们对亨利六世的敬重,并且声明他们无意伤害亨利六世。为避免冲突,他们已经从一个郡撤退到另一个郡,一退再退。现在,他们已经撤退到英格兰最西面,已经退无可退了。因此,他们正谦卑等待亨利六世到来,希望亨利六世带来的是支和平之师。

一般说来,双方矛盾到了这般地步,很难分清孰是孰非。约克公爵理查德一行认为只要亨利六世还信任萨默塞特公爵埃德蒙·博福特、奥蒙德男爵詹姆斯·巴特勒、埃克塞特公爵约翰·霍兰及其他与约克家族为敌的佞臣,亨利六世就不会让他们安全离开这里。而亨利六世那边,他如果想坐稳英格兰王位,就不能轻易放弃自己的武装力量,俯就约克公爵理查德及其他支持约克派

---

① 格雷戈里:《编年史》,第205页。——原注
② 约翰·维特哈姆斯蒂德:《圣奥尔本斯修道院记事簿》,第1卷,第340页。——原注

贵族的要求。此时，亨利六世与约克公爵理查德同时解散自己的军队是召开和平会议及商讨解决方案的最好前提，但此时，双方都失去了信心，因为一旦事情落入摇摆不定的情形，似乎只有战斗到底才是唯一出路。

事实证明，此时，亨利六世还能掌控全局。亨利六世有两大优势。首先，他是国王，所有的臣民都臣服于他。如果约克家族及其支持者执意与亨利六世开战，就与民心相违背。其次，亨利六世握有实权，兰开斯特家族实力衰弱是因为亨利六世领导力不强。然而，亨利六世曾经展现过他的领导力。接连几个月，他都以坚决的勇气与坚定的决心准备与约克家族的战争。他已经发挥了一个国王的所有潜力，这也是每个国王全力以赴的最佳证明。

在拉德洛附近蒂姆河畔的拉德福德桥，约克公爵理查德已经下令设置一个防御阵地。他的手下挖了一条沟渠，引入蒂姆河河水，并且用手推车及木桩围成一道防护栏。防护栏后面是他安排的炮兵。炮兵随时准备与英格兰王室的军队开战。①1459年10月12日，约克家族的军队与英格兰王室的军队分立在蒂姆河两岸，双方只相距半英里，但当天双方没有开战。亨利六世宣布任何投靠英格兰王室军队并恳求宽恕的对方士兵都会获得赦免。这个消息在约克派的军营中传播开来。1459年10月12日晚，在安德鲁·特罗洛普的带头下，约克派军营中一场大规模的叛逃开始了。近期，安德鲁·特罗洛普跟随沃里克伯爵理查德·内维尔从加来赶来。②看到安德鲁·特罗洛普离开，大多数从加来赶来的士兵都叛逃了。事实上，沃里克伯爵理查德·内维尔做了另一手准备，他也许带领最不信任的士兵来到英格兰，留下对自己最忠诚的士兵驻守加来。约克公爵理查德就这样看着自己的机会丧失。据说，除了被迫跟随自己且没有武装的士兵，亨利六世手下还有三万名全副武装的士兵。③约克家族这边，安德鲁·特罗洛普等人叛逃后，军队人数只剩下不超过四五千。1459年10月13日天亮前，④约克家族的军队毁掉了自己的营地，借着夜色撤退。因此，除了在约

---

① 格雷戈里：《编年史》，第205页。——原注
② 勃艮第的让·德·沃林：《大不列颠编年史》，第273页。——原注
③ 格雷戈里：《编年史》，第205页。——原注
④ 《三部15世纪编年史》，第168页。——原注

克家族军队营帐前的几声炮响,英格兰王室军队与约克家族的军队没有发生任何武装冲突。

1459年10月13日清晨,亨利六世赶来,发现约克家族的军队已经逃走,便率领军队火速追击,占领了拉德洛及约克公爵理查德在这一地区的其他小镇。随后,英格兰王室军队回到伍斯特。亨利六世听从英格兰枢密院的建议并发出公告,宣布1459年11月20日,自己将在考文垂重新召开英格兰议会,并且在会上讨论采取哪些措施应对近期英格兰王国国内的混乱状态。①

与此同时,约克派的各位首领们正使出浑身解数逃离英格兰。约克公爵理查德带领包括自己二儿子拉特兰伯爵埃德蒙在内的一小部分人,逃往威尔士。为确保安全脱险,在逃跑途中,凡通过一座桥,他们就摧毁一座桥。②依靠这种方式,他们一路逃到爱尔兰。最终,约克公爵理查德带着自己的小部分人来到都柏林。由于以前担任爱尔兰总督,在都柏林的达官贵人心中,约克公爵理查德一直"值得尊敬、充满善意、满怀热情"。都柏林的达官贵人正满怀期望地等着约克公爵理查德到来。③

沃里克伯爵理查德·内维尔及其父亲索尔兹伯里伯爵理查德·内维尔,约克公爵理查德的长子爱德华四世和另一位约克派的支持者约翰·温洛克爵士④南下进入德文郡。他们希望从德文郡出发,返回加来。在德文郡,受当地一位叫约翰·德纳姆爵士的帮助,他们购买了一艘小船,并且雇了几名水手向海峡南岸的海港出发。然而,除了英格兰沿海岸的航线,这几名水手对其他航线一无所知。得知这一情况,几位约克派的贵族都惊得目瞪口呆。但沃里克伯爵理查德·内维尔让几位贵族放心,称他会在上帝及圣乔治的指引下,带领他们安全到达加来港口。因此,沃里克伯爵理查德亲自掌舵,下令扬帆启航。一路上,他们顺着风驶向根西岛,并且在根西岛等待合适的风向。1459年10月21

---

① 约翰·维特哈姆斯蒂德:《圣奥尔本斯修道院记事簿》,第1卷,第345页。拉德福德战役前,亨利六世签发了宽恕文书。参见查尔斯·欧曼:《英格兰政治史》,第384页的注释。——原注
② 格雷戈里:《编年史》,第205页。——原注
③ 约翰·维特哈姆斯蒂德:《圣奥尔本斯修道院记事簿》,第1卷,第367页,"如同弥赛亚降临"。——原注
④ 1455年,约翰·温洛克爵士曾担任英格兰议会下议院议长。——原注

圣乔治

日，命运之神降临，他们驾船驶向加来。在加来，肯特伯爵威廉·内维尔及驻守当地的士兵一起高兴地接待了他们。①

1459年11月20日，随着在考文垂英格兰议会的召开，布洛希思战役及拉德福德桥战役告一段落。这次，英格兰议会决定剥夺约克派领导者的财产权与公权。除了约克公爵理查德，索尔兹伯里伯爵理查德·内维尔，沃里克伯爵理查德·内维尔及克林顿勋爵，英格兰王国的所有贵族都被召集到英格兰议会上议院。约克派中大多数没有参与叛乱的贵族，如诺福克公爵约翰·德·莫布雷、邦维尔勋爵、约翰·斯托顿男爵，都勇敢前来参加这次英格兰议会。在

---

① 勃艮第的让·德·沃林：《大不列颠编年史》，第277页、第278页。——原注

多数情况下，各郡的骑士由兰开斯特派的大领主提名，无须选举，各郡郡首即可任命。因此，英格兰议会无力阻挡亨利六世下达的命令。发动叛乱时，杰克·凯德曾提过一部法案，批评约克公爵理查德的违宪行为。在这次英格兰议会中，被剥夺公权的有约克公爵理查德、索尔兹伯里伯爵理查德·内维尔、沃里克伯爵理查德·内维尔及其两位弟弟托马斯·内维尔爵士和蒙塔古侯爵约翰·内维尔、鲍彻勋爵的两个儿子、克林顿勋爵、波伊斯的格雷勋爵理查德、约克派的一些骑士，以及索尔兹伯里伯爵夫人爱丽丝·蒙塔丘特。对他们的判罚，亨利六世拥有赦免权。①事实上，亨利六世并没有处决任何人。唯一一位被剥夺公权的贵族是被亨利六世抓捕的波伊斯的格雷勋爵。波伊斯的格雷勋爵主动前来请求亨利六世宽恕。亨利六世免他一死，但没收了他的全部财产。约克公爵夫人塞西莉·内维尔也来请求亨利六世宽恕，亨利六世将她交给白金汉公爵汉弗莱·斯塔福德，即她姐夫看管。因此，这次叛乱并没有发生后面几场战役中出现的血腥屠杀。②此时，约克派的首领们已经逃之夭夭，留下来的只是约克派的一些小头目。他们早就身着衬衣，脖上挂着绳子，来到亨利六世面前负荆请罪。亨利六世饶了他们性命，恩赐他们四肢健全。此外，剩下一些原本依据《剥夺爵位及财产议案》要受处罚的人也得到亨利六世的宽恕。

这次英格兰议会解散前，英格兰王国各位宗教的和世俗的封建领主要像为期一个月的英格兰议会所做的那样，宣誓效忠亨利六世，并且宣誓坚决拥护威尔士亲王威斯敏斯特的爱德华继承英格兰王位。然而，不到一年时间，他们就忘记了誓言。

---

① 约翰·维特哈姆斯蒂德：《圣奥尔本斯修道院记事簿》，第1卷，第367页。——原注
② 格雷戈里：《编年史》，第207页。——原注

第 9 章

约克派支持者的流亡岁月

精彩看点

约克派控制的区域——约克公爵理查德重回爱尔兰——沃里克伯爵理查德·内维尔控制加来——萨默塞特公爵埃德蒙·博福特占领圭斯尼——沃里克伯爵理查德·内维尔打退兰开斯特派的进攻——沃里克理查德·内维尔突袭桑威治——约克派首领商议重返英格兰——兰开斯特家族统治面临的问题

1459年10月到1460年6月，约克派各大贵族领主都在流亡生活中颠沛流离。他们无时无刻不渴望东山再起。①不过，他们的状况并不悲惨，因为尽管他们在逃亡，但实际上并没有真正离乡背井。他们四周都是英格兰人，头顶还飘扬着英格兰王国国旗。唯一把他们隔开的是一道浅浅的海峡。在晴朗的日子里，对岸英格兰的陆地甚至依稀可见。此外，约克派各大贵族领主在英格兰还有众多朋友不断传话鼓励他们。对约克家族的流亡者来说，他们速来速去一趟英格兰并非不可能。他们曾经全副武装回过英格兰，并且不是空手而归。另外，他们不是一贫如洗。虽然是"逃亡者"，但他们成功统治流亡地区，并且这些地方的收入归他们管辖。

　　约克派支持者占据战略优势，从两面控制英格兰王室力量的薄弱地带。约克公爵理查德掌管着都柏林附近的英格兰属地，沃里克伯爵理查德·内维尔掌管着加来地区及此处大部分英格兰属地。沃里克伯爵理查德·内维尔凭借强大的海军力量基本上掌握了制海权。因此，整个英格兰王国对外贸易的航线都掌握在约克派手中。他们可以轻易切断整个英格兰王国的对外贸易。他们如果心情变好，那么会保护英格兰王国的贸易活动，让英格兰王国变得自由繁荣。

---

① 约翰·维特哈姆斯蒂德：《圣奥尔本斯修道院记事簿》，第1卷，第371页。——原注

"忏悔者"爱德华统治时期遭流放的戈德温家族,无论从佛兰德斯还是从爱尔兰都掌控了局势。现在的约克派也是同样的情况。因此,对约克派来说,返回英格兰只是时间问题。

事实上,对约克公爵理查德来说,回到爱尔兰等于回到自己的地盘。一方面是因为十年前,在爱尔兰,约克公爵理查德已经是一名了不起的领导人,深得当地人民爱戴。爱尔兰民众一直渴望他回来。实际上,约克公爵理查德与爱尔兰的渊源更久远,即约克家族世代扎根在爱尔兰。约克公爵理查德的母亲安妮·德·莫提默是马奇家族继承人伊丽莎白·德·伯格的孙女。在与克拉伦登公爵安特卫普的莱昂内尔成婚时,伊丽莎白·德·伯格也为克拉伦登公爵安特卫普的莱昂内尔的家族带来阿尔斯特伯爵的头衔及一大笔遗产。因此,从出生、财富及个人经历来看,约克公爵理查德不但是一位伟大的英格兰贵族,而且是一位伟大的爱尔兰贵族。他的二儿子拉特兰伯爵埃德蒙是个极具魅力的年轻人,称得上"爱尔兰最年轻有为的公爵之一"。此外,他还是阿尔斯特及拉特兰伯爵。因此,拉德福德桥惨败后,约克公爵理查德带上二儿子拉特兰伯爵埃德蒙来到爱尔兰,并且让他的大儿子马奇伯爵爱德华前往加来。

1459年10月中旬,约克公爵理查德抵达都柏林,或许他来到都柏林的时间更晚一些。刚抵达爱尔兰,约克公爵理查德就被爱尔兰的英格兰属地的英格兰人推选为爱尔兰的领主与总督。约克公爵理查德即刻上任管理爱尔兰政务。此时,英格兰王国政府由于事务繁多,无暇顾及爱尔兰。对约克公爵理查德重新担任爱尔兰总督,爱尔兰人感到十分欣喜。奥蒙德伯爵詹姆斯·巴特勒是安茹的玛格丽特王后的主要支持者,也是奥蒙德郡和威尔特郡的首领。1458年10月30日,奥蒙德伯爵詹姆斯·巴特勒被任命为英格兰王国财政大臣。因此,奥蒙德伯爵詹姆斯·巴特勒出现在兰开斯特派的阵营。巴特勒家族的宿敌是菲茨杰拉德家族,这确保约克公爵理查德可以得到盎格鲁-诺曼贵族中的菲茨杰拉德家族的支持。

约克公爵理查德治理爱尔兰的八个月,即1459年10月到1460年5月,当地一片欣欣向荣的景象。对约克公爵理查德治理爱尔兰的情况,英格兰政府知之甚少，只听说"他在都柏林，深得当地贵族与佃户的信赖"。①亨利六世想罢免约克公爵理查德，只能以英格兰枢密院的名义给爱尔兰当地首领写信，劝说他们打破僵局，入侵英格兰王国在爱尔兰的属地，与爱尔兰的英格兰人决战。②这个政策怂恿爱尔兰人反击宿敌英格兰王国，宣扬爱尔兰人即将进攻英格兰王国在爱尔兰的属地并试图在当地制造恐慌。英格兰王国在爱尔兰属地社会环境大体稳定，兰开斯特家族没有机会赢得当地民心。然而，约克公爵理查德用实力证明他可以保卫英格兰王国在爱尔兰的属地，令亨利六世软弱无能又蛮不讲理的反对约克公爵理查德的政策显得苍白无力。约克公爵理查德召集了一个爱尔兰议会。据历史记载，爱尔兰议会通过了许多"法规"。约克公爵理查德铸造钱币，发行一种新的格罗特币。发行的新货币一面是英格兰王冠，另一面是十字架。③1460年3月或1460年4月的某段时间，沃里克伯爵理查德·内维尔从加来乘船前往爱尔兰拜访约克公爵理查德。在爱尔兰，沃里克伯爵理查德·内维尔受到热烈欢迎。见面后，约克公爵理查德与沃里克公爵理查德·内维尔商量重返英格兰的时间。最终，1460年年底，他们顺利返回英格兰。

约克公爵理查德在爱尔兰取得成功的同时，沃里克伯爵理查德·内维尔在加来也做得"风生水起"。英格兰王国在加来属地地如其名，是英格兰王国最后一大片位于欧洲大陆的海外领地，大约二十平方公里。与此同时，加来属地受到英军严密的防守，加来属地周围不但有加来、圭斯尼、哈姆等屏障，还有一连串曲折运河和水道。这样，英格兰王国在加来的守军就可以抵御对手的入侵，可以借水势让入侵者无路可走。加来本身的防御体系十分出色，在陆上，加来不仅有坚固的城墙和塔楼，还有水塘和水道。从海上夺取加来也是困难重重，这一方面因为加来的自然障碍，另一方面因为加来港坚固的防御工事，如坐落在阿盖岛的雷斯班克塔。然而，即使有坚固的塔楼和城墙，也不足以保护加来的任何一处地方。要成功防守加来，还需要合理的人

---

① 詹姆斯·盖尔德纳：《帕斯顿信札》，第399篇。——原注
② 见詹姆斯·盖尔德纳：《帕斯顿信札》，前言及第189页。——原注
③ 格雷戈里：《编年史》，第205页。——原注

员配置、足够有战斗力的舰船及获得这一切的基础——财富。在经济方面，加来还算富足。加来曾是以捕捞鲱鱼为业的小镇。此时，加来成了英格兰王国对外贸易的重地。在加来，斯特普尔公司实力强大，垄断了英格兰王国的羊毛出口贸易。富有的佛兰德斯商人都来到加来从事商业活动。凡是经过加来的羊毛，加来的地方政府都要征收关税。尽管许多商人都在逃避关税，但英格兰王国驻加来属地的政府还是可以借征收关税大赚一笔。每年，英格兰王国驻加来属地的政府大约有两万英镑的收益。然而，尽管在15世纪，这笔收入十分可观，但不足以维持英格兰王国在加来驻军的军费。此外，为攫取丰厚的商业利益，沃里克伯爵理查德·内维尔还通过加来控制英吉利海峡。这一做法有助于防御加来。

虽然沃里克伯爵理查德·内维尔加来总督的官职已经被依法剥夺，但实际上，他仍然控制着加来要塞。在拉德福德桥溃败前，萨默塞特公爵亨利·博福特被任命为加来总督。与此同时，埃克塞特公爵亨利·霍兰被授予英格兰王国海军上将一职。但1459年10月月底，沃里克伯爵理查德·内维尔及其朋友在逃离英格兰，乘小船驶入加来港时，并没有遇到什么阻碍。沃里克伯爵理查德·内维尔仍然以加来总督的身份进入加来，依然像英格兰海军上将那样控制着英吉利海峡。

为坚定自己的立场，萨默塞特公爵亨利·博福特尽其所能跟随亨利六世，但他发现沃里克伯爵理查德·内维尔已经捷足先登。离开英格兰前，萨默塞特公爵亨利·博福特已经提前派人前往加来通知当地的英格兰王国驻军自己即将抵达加来，并且要求英格兰王国驻加来军队做好迎接准备。但萨默塞特公爵亨利·博福特的信使抵达加来的时间太晚了。他到达加来前一天晚上，沃里克伯爵理查德·内维尔已经先他一步乘船到达加来，并且在加来受到热烈欢迎。[1]

萨默塞特公爵亨利·博福特的信使只得返回伦敦，将沃里克伯爵理查德·内维尔已经抵达加来的消息报告给萨默塞特公爵亨利·博福特。萨默塞特

---

[1] 勃艮第的让·德·沃林：《大不列颠编年史》，第279页。——原注

公爵亨利·博福特听到消息后如坐针毡，发誓要夺回加来的管理权。因此，他听从投诚者，即原沃里克伯爵理查德·内维尔手下的老将安德鲁·特罗洛普的建议，带着一小队人马出发，准备先夺下圭斯尼。萨默塞特公爵亨利·博福特与其手下乘船先在维桑登陆，①但强劲的海风将他乘坐的船与其手下乘坐的船吹散了，导致其他船逐渐远离加来海岸。出发前，萨默塞特公爵亨利·博福特的信使报告说沃里克伯爵理查德·内维尔已经控制加来。对这一点，萨默塞特公爵亨利·博福特的手下心知肚明。因此，有些士兵宁愿风刮得更猛烈些，好把他们吹入加来港。

然后，萨默塞特公爵亨利·博福特带着随从步行前往圭斯尼，进入圭斯尼镇内并在那里坚固的城墙下驻扎。接下来，圭斯尼的守卫熟知加来的头号守卫安德鲁·特罗洛普来到圭斯尼城堡内，并且告诉圭斯尼的守卫，亨利六世已经派富有的萨默塞特公爵亨利·博福特前来担任加来及圭斯尼的将领，驱逐了叛国者沃里克伯爵理查德·内维尔。对这一消息，圭斯尼的治安官有所耳闻，又加上看到安德鲁·特罗洛普带着许多加来士兵，②便放萨默塞特公爵亨利·博福特进入了圭斯尼堡垒。因此，萨默塞特公爵亨利·博福特得以在圭斯尼城堡内设防。虽然兵力不足，但对已经成功驻扎加来的沃里克伯爵理查德·内维尔，萨默塞特公爵亨利·博福特还是发动了数次有力的进攻。

事实上，萨默塞特公爵亨利·博福特需要十足的勇气来面对接踵而至的坏消息。在圭斯尼安营扎寨后，与萨默塞特公爵亨利·博福特一同从英格兰出发，但在登陆时吹散的船已经抵达加来。这些船除了有萨默塞特公爵亨利·博福特及其手下的行李和战斗物资，还有萨默塞特公爵亨利·博福特的手下奥德利男爵约翰·塔切特。奥德利男爵约翰·塔切特的父亲奥德利男爵詹姆斯·奥德利在布洛希思战役中被杀。在加来港抛锚后，沃里克伯爵理查德·内维尔立即赶来，盘问这一行人携带的物资。一行人中的一位首领，也就是"圣三一"号的船长回答自己带来了马具与战马，沃里克伯爵理查德·内维尔一定很乐

---

① 勃艮第的让·德·沃林：《大不列颠编年史》，第279页。——原注
② 拉德福德桥战役溃败时，不少加来士兵选择投奔安德鲁·特罗洛普。——原注

意见到这些东西。听此答复，沃里克伯爵理查德·内维尔便让这一行人卸下货物。面对一群希望进入加来的士兵，沃里克伯爵理查德·内维尔又询问他们来到加来的目的。这一行人称为亨利六世效劳。根据这一行人的回答，沃里克伯爵理查德·内维尔将他们分为两部分。一部分人本无任何义务效忠他。最终，沃里克伯爵理查德·内维尔解散了这一部分人，并且对他们说，他们应当效忠亨利六世。①另一部分人是沃里克伯爵理查德·内维尔原来的部下，并且发誓要效忠他。当晚，这一部分士兵被关进监狱。第二天早上，这些人被拉出来，在沃里克伯爵理查德·内维尔及其他人面前以违反誓言为由遭斩首。②

听到自己部下在加来的遭遇，萨默塞特伯爵亨利·博福特暴跳如雷，发誓要为自己的部下报仇。因此，他率军与沃里克伯爵理查德·内维尔的部下在加来与圭斯尼间的沼泽地发生多次激战。1459年的下半年危机四伏，祸乱四起。很快，1459年就要过去了，萨默塞特公爵亨利·博福特不但没能赶走沃里克伯爵理查德·内维尔，反倒让沃里克伯爵理查德·内维尔趁机在肯特郡得到大批支持者，并且在桑威治港停泊了一艘战船。1460年1月月初③，亨利六世派里弗斯伯爵理查德·伍德维尔及其长子里弗斯伯爵安东尼·伍德维尔前往桑威治，以清缴沃里克伯爵理查德·内维尔的支持者，俘获其战船。里弗斯伯爵理查德·伍德维尔轻而易举地攻入桑威治，占领桑威治的城镇与港口。一名富绅受里弗斯伯爵理查德·伍德维尔指派乘一艘小帆船前往加来侦察，但这位名义上效忠里弗斯伯爵理查德·伍德维尔的富绅曾经是马奇伯爵的手下。随即，他向沃里克伯爵理查德·内维尔告诉桑威治的状况。因此，沃里克伯爵理查德·内维尔得知，桑威治人绝不会向沃里克伯爵理查德·内维尔的手下动武，并且会突袭里弗斯伯爵理查德·伍德维尔，沃里克伯爵理查德·内维尔失去的战舰也能失而复得。沃里克伯爵理查德·内维尔组建了一支三百人的突击队，由约翰·乌纳姆带领，准备突袭桑威治。突击队的队员曾经帮助沃里克伯爵理查德·内维尔逃出英格兰。他们伪装成木材运输商，

---

① 也就是说这一部分士兵可以投奔沃里克伯爵理查德·内维尔。——原注
② 勃艮第的让·德·沃林：《大不列颠编年史》，第280页到第281页。——原注
③ 威廉·伍斯特：《布里斯托尔史》，第771页。——原注

驾船驶向桑威治。傍晚时分，他们遇到有利洋流，并且驾船驶入桑威治港。约翰·乌纳姆及其手下登陆时，桑威治镇发生了一些小骚乱。里弗斯伯爵安东尼·伍德维尔手臂上挂着护胸甲，正匆忙从自己住处内走出。他希望前往父亲里弗斯伯爵理查德·伍德维尔居住的修士家。此时，突然有十二个人走上前盘问里弗斯伯爵安东尼·伍德维尔。这伙人不分青红皂白便开始动手殴打里弗斯伯爵安东尼·伍德维尔，甚至差点杀了他。当认出被打的是里弗斯伯爵安东尼·伍德维尔时，这伙人便拷问他父亲里弗斯伯爵理查德·伍德维尔的下落。得知里弗斯伯爵理查德·伍德维尔的下落后，这伙人一同来到修士家，抓获了里弗斯伯爵理查德·伍德维尔。出于对沃里克伯爵理查德·内维尔的热爱，桑威治的市民很高兴地接待了约翰·乌纳姆率领的突击队。随后，约翰·乌纳姆的突击队收缴了沃里克伯爵理查德·内维尔的战船，并且带着俘虏返回加来。①

　　里弗斯伯爵理查德·伍德维尔和他的儿子里弗斯伯爵安东尼·伍德维尔被关在加来的城堡里。在那里，这对父子还遇到同样沦为沃里克伯爵理查德·内维尔阶下囚的奥德利男爵约翰·塔切特。对背叛自己的士兵，沃里克伯爵理查德·内维尔严惩不贷，既坚决又冷酷。与此同时，沃里克伯爵理查德·内维尔与他的父亲索尔兹伯里伯爵理查德·内维尔，以及支持他们的马奇伯爵爱德华都对伍德维尔父子心存怨恨，因为这对父子曾经污蔑他们叛国。然而，战后屠杀无辜被俘者还没有开始。伍德维尔父子只能忍受针对他们的污言秽语，毫无反抗之力。俘虏哪有话语权可言。首先，索尔兹伯里伯爵理查德·内维尔声讨里弗斯伯爵理查德·伍德维尔，骂他是无赖的儿子，竟如此粗鲁无礼地称沃里克伯爵理查德·内维尔及其支持者为叛徒。沃里克伯爵理查德·内维尔贬低里弗斯伯爵理查德·伍德维尔的父亲，说他的父亲只是一个跟国王亨利五世一起长大的乡绅，他的爵位全拜婚姻所赐。其次，轮到马奇伯爵爱德华向伍德维尔父子发难。他用差不多的言辞痛斥了里弗斯伯爵理查德·伍德维尔一番。②对里弗斯伯爵理查德·伍德维尔的声讨

---

① 勃艮第的让·德·沃林：《大不列颠编年史》，第282页到第284页。——原注
② 詹姆斯·盖尔德纳：《帕斯顿信札》，第400篇。——原注

结束后，三人转而声讨、责骂里弗斯伯爵理查德·伍德维尔的儿子里弗斯伯爵安东尼·伍德维尔。据说，对这些辱骂，伍德维尔父子并没有回应。极具讽刺意味的是，尽管此时三人对里弗斯伯爵理查德·伍德维尔的出身嗤之以鼻，但几年后，马奇伯爵爱德华统治期间，马奇伯爵爱德华对自己能成为里弗斯伯爵理查德·伍德维尔的女婿激动不已。马奇伯爵爱德华驾崩前，向忠诚的里弗斯伯爵安东尼·伍德维尔托付了自己的两个儿子。由于试图保护两个外甥免受马奇伯爵爱德华的弟弟理查三世的伤害，里弗斯伯爵安东尼·伍德维尔失去了生命。

沃里克伯爵理查德·内维尔在加来的势力与日俱增。他在英吉利海峡的船给他及加来人民带来了大量财富。① 确实，虽然萨默塞特公爵亨利·博福特一直从圭斯尼主动发起进攻，使沃里克伯爵理查德·内维尔的军队无法从英格兰王国在加来属地的其他地方获得足够的食物供给，但幸亏沃里克伯爵理查德·内维尔与勃艮第公爵腓力三世之间友好往来，使沃里克伯爵理查德·内维尔可以使用现金换取充足的物资补给。② 沃里克伯爵理查德·内维尔的身上有种专属于英格兰冒险家的气质。在伦敦，对约克派及其支持者，兰开斯特家族采取了严厉的惩治措施。1460年2月，圣殿的律师理查德·内维尔被绞死。与理查德·内维尔同时被处死的还有八名试图逃到加来的伦敦商人。抓捕他们时，他们手中还拿着弓弦和尖锐的箭矢。八名伦敦商人遭到斩首，头颅被挂在伦敦桥上示众。③ 然而，极端的惩治措施只会使沃里克伯爵理查德·内维尔重返伦敦之路变得更顺利。萨默塞特公爵亨利·博福特仍在寻找机会从圭斯尼开战，但1460年4月23日，在通往英格兰王国在加来属地的主要水道的纽纳姆桥上，萨默塞特公爵亨利·博福特遭到袭击，最终惨败。④

此时，即1460年复活节⑤前一个月，形势似乎向着对约克派有利的方向发展。因此，沃里克伯爵理查德·内维尔留下马奇伯爵爱德华、索尔兹伯里伯爵理

---

① 约翰·维特哈姆斯蒂德：《圣奥尔本斯修道院记事簿》，第1卷，第369页。——原注
② 勃艮第的让·德·沃林：《大不列颠编年史》，第282页。——原注
③ 《三部15世纪编年史》，第73页。——原注
④ 威廉·伍斯特：《布里斯托尔史》，第772页。——原注
⑤ 勃艮第的让·德·沃林：《大不列颠编年史》，第287页。——原注

查德·内维尔与肯特伯爵威廉·内维尔等人驻守加来,自己动身前往爱尔兰拜访约克公爵理查德,共商重返英格兰的大计。约克公爵理查德见到沃里克伯爵理查德·内维尔十分欣喜,因为从拉德福德桥溃败后,沃里克伯爵理查德·内维尔就音讯全无。一见面,约克公爵理查德与沃里克伯爵理查德·内维尔就对重返英格兰的计划一拍即合。此时,他们应当开始着手进军英格兰的计划。加来的沃里克伯爵理查德·内维尔将在肯特郡登陆。在肯特郡,他有许多好友。约克公爵理查德将在威尔士北部登陆,穿过其领地,挺进英格兰的米德兰。

1460年复活节前几天,沃里克伯爵理查德·内维尔带着母亲索尔兹伯里伯爵夫人爱丽丝·蒙塔丘特离开爱尔兰准备返回加来。沃里克伯爵理查德·内维尔的母亲索尔兹伯里伯爵夫人爱丽丝·蒙塔丘特曾随约克公爵理查德流亡爱尔兰。1459年,在考文垂的英格兰议会,索尔兹伯里伯爵夫人爱丽丝·蒙塔丘特被判犯有叛国罪。得知沃里克伯爵理查德·内维尔的航行计划后,兰开斯特家族政府派遣新任海军上将埃克塞特公爵亨利·霍兰拦截。埃克塞特公爵亨利·霍兰有一艘名为"拉·格雷丝·迪厄"号的大型战舰,两艘大型帆船及其他几艘装备精良的战舰,共十四艘军舰停泊在康沃尔附近海岸。与埃克塞特公爵亨利·霍兰相比,沃里克伯爵理查德·内维尔更像一名谨小慎微的海军上将。沃里克伯爵理查德·内维尔下令让一艘名为"拉·图克"的小型帆船行驶在自己船队前方,进行侦察工作,负责随时注意埃克塞特公爵亨利·霍兰舰队的动向。因此,临近1460年复活节,沃里克伯爵理查德·内维尔的舰队航行还算顺利。突然,前方的侦察船发现一艘大型军舰,并且立即报告行驶在最前方的沃里克伯爵理查德·内维尔所在战舰的舰长。沃里克伯爵理查德·内维尔立即下令舰队的所有舰船集结,直到摸清对方是敌是友。与此同时,侦察船遇到一艘渔船,并且从渔民那里得知,对面突如其来的大型军舰属于埃克塞特公爵亨利·霍兰的舰队。接下来,这些渔民被带到沃里克伯爵理查德·内维尔面前,向他详细描述埃克塞特公爵亨利·霍兰舰队的情形。

沃里克伯爵理查德·内维尔召集手下各舰舰长前来商量对策。舰长们意见一致,主张迎战。因此,沃里克伯爵理查德·内维尔舰队的所有船开始做战争准备。舰长们发号施令，驾驶各舰借着顺风迎上埃克塞特公爵亨利·霍兰的舰队，但埃克塞特公爵亨利·霍兰的舰队没等到开战。埃克塞特公爵亨利·霍兰看到沃里克伯爵理查德·内维尔的舰队一步步逼近，竟下令后撤，让自己的舰队一路后退到达特茅斯。沃里克伯爵理查德·内维尔的舰队继续向加来进发。①埃克塞特公爵亨利·霍兰突然做出撤退的决定应该是他对其部下不够信任造成的。无论在兵力上占多大优势，埃克塞特公爵亨利·霍兰手下的士兵毕竟要向他们的前将领沃里克伯爵理查德·内维尔开战。在英格兰王国的海军中，"沃里克"这个名字有着神奇的震慑力。

  与此同时，萨默塞特公爵亨利·博福特每天都在圭斯尼向加来发动攻势②。英格兰王国政府决定再次支持萨默塞特公爵亨利·博福特，并且征集五百名士兵交由奥斯伯特·蒙特福德差遣。奥斯伯特·蒙特福德曾出征法兰西战场，是一位身经百战的指挥官，对英格兰王国在加来的属地更是了如指掌。1460年，奥斯伯特·蒙特福德及其部下到达桑威治，准备横渡英吉利海峡。此时，人们已经忘记里弗斯伯爵理查德·内维尔讨伐大军的悲惨结果。沃里克伯爵理查德·内维尔曾对桑威治发起突袭，并且大获全胜。此时，他不会故伎重演了吧。然而，意外还是发生了。约翰·德纳姆爵士，即上次突袭桑威治的英雄，带着一支包括约翰·温洛克爵士在内的精兵，穿越英吉利海峡再次进入桑威治，打散了英格兰王室的军队，并且俘虏了奥斯伯特·蒙特福德。然而，这次突袭不像上次那样轻而易举。奥斯伯特·蒙特福德及其部下进行了顽强抵抗。③约翰·德纳姆爵士被炮弹击中腿部，受了重伤。这次偷袭结束后，战俘被带回加来。1460年6月25日，或许是由于曾经效力在沃里克伯爵理查德·内维尔的麾下，奥斯伯特·蒙特福德及其他两名战俘违背从军誓言，落得在雷斯班克塔④斩首的下场。

---

① 勃艮第的让·德·沃林：《大不列颠编年史》，第287页到第289页。——原注
② 格雷戈里：《编年史》，第206页。——原注
③ 威廉·伍斯特：《布里斯托尔史》，第772页；约翰·维特哈姆斯蒂德：《圣奥尔本斯修道院记事簿》，第1卷，第379页。——原注
④ 雷斯班克塔在加来港对面。——原注

约克派流亡者重返英格兰的时机成熟了。兰开斯特家族的统治每况愈下。英格兰王室好不容易组建的讨伐大军尚未踏出国门，就在英格兰本土遭到约克派武装的阻击，讨伐大军的主要成员也悉数被俘。此时，英格兰王国的主要属地爱尔兰和加来都掌握在约克派手中。对此，英格兰政府的唯一办法就是煽动英格兰的敌对势力。在爱尔兰，英格兰政府鼓动当地豪强对抗约克公爵理查德，打击约克公爵理查德在爱尔兰的势力。在加来，萨默塞特公爵亨利·博福特还在死守圭斯尼。想要让加来不受沃里克伯爵理查德·内维尔把控，那么除了将加来献给勃艮第公爵的继承人沙罗莱伯爵查理，萨默塞特公爵亨利·博福特想不出别的办法。但沙罗莱伯爵查理的父亲勃艮第公爵腓力三世权衡再三后，谢绝了萨默塞特公爵亨利·博福特的好意。①

沙罗莱伯爵查理

---

① 勃艮第的让·德·沃林：《大不列颠编年史》，第291页到第292页。——原注

在英格兰政府内部，兰开斯特家族的情况并不乐观，不但失去了在桑威治的统治，而且亨利六世和安茹的玛格丽特王后①很清楚，加来无法满足沃里克伯爵理查德·内维尔的胃口，但他们似乎没有采取特别预防措施保卫英格兰东南部海岸。事实上，亨利六世面临的困难远远超出他能力的掌控范围。此时，面对来自爱尔兰与加来的两面夹击，亨利六世只能集结兵力，待在米德兰地区。此外，亨利六世向其他各郡首领发放佣金，以备危难时刻能征召他们为自己效力。但1460年6月22日，②亨利六世军队的军需官朱迪在圣奥尔本斯外围地区运送大炮时被杀。因此，对亨利六世来说，英格兰的中心地区也不安全。

1460年6月26日，即奥斯伯特·蒙特福德在沃里克郡的雷斯班克塔被处决的第二天，沃里克伯爵理查德·内维尔、马奇伯爵爱德华及索尔兹伯里伯爵理查德·内维尔带领两千名士兵离开加来启程返回英格兰，③随行的还有1460年1月被俘的奥德利男爵约翰·塔切特。从被俘那时起，奥德利男爵约翰·塔切特就转投约克派。此时，桑威治已经被约翰·德纳姆爵士率领的一支军队占领。就是这支队伍早先俘虏了奥斯伯特·蒙特福德。

因此，返回英格兰时，沃里克伯爵理查德·内维尔的军队一路畅通。此时，兰开斯特家族既无资金又无名声，也无法维持埃克塞特公爵亨利·霍兰的舰队。因此，对沃里克伯爵理查德·内维尔来说，重返英格兰意味着从加来返回桑威治。

---

① 詹姆斯·盖尔德纳：《帕斯顿信札》，第403篇。——原注
② 《三部15世纪编年史》，第73页。——原注
③ 格雷戈里：《编年史》，第207页；威廉·伍斯特：《布里斯托尔史》，第772页。——原注

第 **10** 章

北安普顿战役

精彩看点

约克派争取教会支持——沃里克伯爵理查德·内维尔率军攻入伦敦——北安普顿战役——约克派重新控制亨利六世——安茹的玛格丽特寻求英格兰北方势力的支持——伦敦塔守军投降——托马斯·德·斯凯尔斯男爵被害——约克公爵理查德仍然留在爱尔兰

回到英格兰时，沃里克伯爵理查德·内维尔和同行的另外两位约克派贵族似乎胜券在握。他们明白，至少在英格兰东南部，舆论还是支持他们的。离开加来前，他们已经向大主教送去一封信，一针见血指出兰开斯特家族统治的种种错误行径。从某种程度上来说，这些批评都很公正。譬如，沃里克伯爵理查德·内维尔等人指出英格兰教会受到压迫，亨利六世以不正当方式收税，亨利六世用人不当，没有选择最适合的人做顾问，英格兰王国军队防御境外对手的能力有待提升①。这些对兰开斯特家族的指控引发许多人的共鸣。当然，这封信避而不谈兰开斯特家族统治时采取的正确措施，即国王谋求和平的善意、对学校教育的提倡及为遏制豪强野心的努力。然而，通盘考虑后，英格兰王国真实存在的致命弱点是国王缺少果断的决策及可靠的顾问。

　　显然，沃里克伯爵理查德·内维尔返回英格兰前，已经拉拢了英格兰议会的议员。特里尼主教弗朗切斯科·科皮尼是教皇庇护二世的使者。1459年，弗朗切斯科·科皮尼访问了英格兰王国，并且与亨利六世共同商讨，希望英格兰王国派代表前往曼托瓦参加教会总理事会。这一决定主要是为反对奥斯曼土耳其帝国向欧洲进军。杰出的平信徒代表与神职人员代表已经选举产生，但当时，英格兰王国国内的糟糕状况使这些代表无法参会。②因此，这些代表只能

---

① 拉斐尔·霍林谢德：《编年史》，第3卷，第652页到第653页。——原注
② 约翰·维特哈姆斯蒂德：《圣奥尔本斯修道院记事簿》，第1卷，第331页到第336页；威廉·伍斯特：《布里斯托尔史》，第772页。——原注

从加来返回意大利。在加来,特里尼主教弗朗切斯科·科皮尼与沃里克伯爵理查德·内维尔会面,进行了一番交谈。看到此时,英格兰王国已经四分五裂,特里尼主教弗朗切斯科·科皮尼无法从兰开斯特家族那里得到帮助。然而,他又想到可以从沃里克伯爵理查德·内维尔那里获得亨利六世不能给予他的。1415年,沃里克伯爵理查德·内维尔的岳父即上一代沃里克伯爵理查德·比彻姆曾参加过康斯坦斯的教会总理事会。特里尼主教弗朗切斯科·科皮尼希望沃里克伯爵理查德·内维尔能与他的岳父一样,前往曼托瓦参加教会总理事会,给曼托瓦带来同样的好运。最终,特里尼主教弗朗切斯科·科皮尼和沃里克伯爵理查德·内维尔一起回到英格兰。这样,沃里克伯爵理查德·内维尔就可以打着普世教会的旗帜重回英格兰。

英格兰教会一直站在对英格兰民众有利的立场。沃里克伯爵理查德·内维尔等人沿着肯特,从桑威治经过坎特伯雷,到达罗切斯特,一路上沃里克伯爵理查德·内维尔部队的人数不断递增。到达布莱克希思时,他的军队人数已经上升到两万人。在萨瑟克,伊利主教威廉·格雷和沃里克伯爵理查德·内维尔的弟弟埃克塞特主教乔治·内维尔会见了他们。在伦敦,这些主教有许多追随者。他们聚集在一起,从萨瑟克一拥而上,挤到桥的北边。人群中有三百人不幸跌倒。由于武器沉重,人员密集,三百人无法再站起来,被活活踩死。此时,坎特伯雷大主教托马斯·鲍彻及伦敦、林肯和索尔兹伯里等教区的主教也在伦敦。虽然他们以前曾在圣保罗大教堂宣誓对亨利六世忠心耿耿、至死不渝,但此时,他们正在欢迎沃里克伯爵理查德·内维尔率军到来。整个伦敦都处在这些主教的掌控下,只有伦敦塔还由托马斯·德·斯凯尔斯男爵、约翰·洛维尔男爵、亨格福德勋爵及托马斯·索普爵士为亨利六世守护着,以及托马斯·索普爵士为亨利六世看守的另一块地方。①

沃里克伯爵理查德·内维尔不能留下围攻伦敦塔,因为亨利六世正带领一支强大的军队横穿米德兰地区,向伦敦进发。1460年7月3日和1460年7月4

---

① 约翰·维特哈姆斯蒂德:《圣奥尔本斯修道院记事簿》,第1卷,第369页;《三部15世纪编年史》,第153页。——原注

日，英格兰南方联盟成员及其市政当局举行了会议，最终安排索尔兹伯里伯爵理查德·内维尔、科巴姆勋爵及在肯特郡加入的约翰·温洛克爵士留下来，同伦敦市市长与市议员组建军队封锁伦敦塔。科巴姆勋爵带着许多郡长的手下在伦敦塔北边对准塔楼布置火炮。

约翰·温洛克爵士率领另一支由名为约翰·哈罗的绸缎商人组织的人马在圣凯瑟琳教堂附近，沿着河边埋伏。因为伦敦塔塔楼的驻军也有炮兵，所以交战双方伤亡惨重。为防止塔楼驻军与外界联络，围攻者在河边巡逻。直到有一天，一名约克派骑士被塔楼驻军在河上抓获。被带入塔楼时，这名约克派骑士的四肢被打断。[1]

与此同时，沃里克伯爵理查德·内维尔率领一大队人马迎击亨利六世。沃里克伯爵理查德·内维尔的军队沿着大北路前进，一路得到许多增援。到达圣奥尔本斯时，四百名来自兰开夏郡的弓箭手自愿加入沃里克伯爵理查德·内维尔的队伍。虽然当时天气多雨，但丝毫没有影响沃里克伯爵理查德·内维尔军队的行军速度。为防止其他人加入亨利六世的军队，沃里克伯爵理查德·内维尔一路快马加鞭，带着不断壮大的队伍尽快追上英格兰王室的军队。1460年7月8日，沃里克伯爵理查德·内维尔的队伍距离英格兰王室军队的驻扎地北安普敦仅有六英里。1460年7月10日前，他的步兵赶上来与骑兵会合。沃里克伯爵理查德·内维尔身边都是志同道合的人。在伦敦时，这些人投奔了沃里克伯爵理查德·内维尔。为避免无谓的流血，沃里克伯爵理查德·内维尔派索尔兹伯里主教理查德·比彻姆前去说服亨利六世，希望他能安抚英格兰王室的军队。但沃里克伯爵理查德·内维尔很难给出可以让双方都放下武器、和平共处的条件。亨利六世不可能抛弃国王的尊严，与全副武装的叛军谈条件。最终，索尔兹伯里主教理查德·比彻姆连亨利六世的面都没见着，就回来了[2]。

1460年7月10日，沃里克伯爵理查德·内维尔发起进攻。尽管很难测算双方的兵力，但显然，约克派的兵力应该略占上风。亨利六世的军队在北安普敦

---

[1] 《三部15世纪编年史》，第74页、第153页。——原注
[2] 勃艮第的让·德·沃林：《大不列颠编年史》，第298页。——原注

亨利六世的营寨

郊外的纽菲尔德草地安营扎寨。纽菲尔德草地在嫩河南面，周围有河流。因此，亨利六世的军队三面环水，前面是一条壕沟，占据防御的有利地形。①

正式开战前，沃里克伯爵理查德·内维尔下令，在战斗中放过普通士兵，只杀领主、骑士和乡绅，因为这些人才是导致战争爆发的罪魁祸首。②紧接着，沃里克伯爵理查德·内维尔开始发起进攻。约克派的军队主要分为三部分，马奇伯爵爱德华率领一队人打前锋，中间部队由沃里克伯爵理查德·内维尔亲自率领，肯特伯爵威廉·内维尔率领后卫部队殿后。马奇伯爵爱德华率领的部队抵达亨利六世军队的战壕。战壕由一条沟渠和一座长长的土堆组成，上面钉的木桩与灌木丛很难逾越。就在马奇伯爵爱德华犹豫是否跨过战壕

---

① 约翰·维特哈姆斯蒂德：《圣奥尔本斯修道院记事簿》，第1卷，第373页；《三部15世纪编年史》，第74页。比较查尔斯·欧曼：《英格兰政治史》，第392页。——原注
② 戴维斯编：《英格兰编年史》，第97页。——原注

时，亨利六世的一个部下——肯特伯爵埃德蒙·格雷及其下属从土墩上方伸出双手。① 显然，他们要帮助约克派的军队攻入亨利六世的营地。因此，没过多久，约克派的军队就越过了土堆，并且继续前进，赶走妄图抵抗的亨利六世军队的士兵。肯特伯爵埃德蒙·格雷等人的背信弃义让亨利六世军队获胜的可能性变得微乎其微。开战前，沃里克伯爵理查德·内维尔对发生这样的事情不可能不知情。

尽管由于大量英格兰王室军队的士兵临时倒戈，沃里克伯爵理查德·内维尔取得这次战役的全面胜利，但双方只有三百人阵亡。② 其中，一些人是在战斗中被杀的，另一些人是在逃跑时淹死在沟渠或河里的。亨利六世帐下一员大将白金汉公爵汉弗莱·斯塔福德曾是英格兰王室军队的指挥官。在此次战斗中，他在自己的帐篷旁被杀。他是一个无私的人，赢得许多人的尊重。因此，他是辅佐亨利六世的不二人选。但在这个混乱的时代，他的才能不足以指挥好一支军队。此外，什鲁斯伯里伯爵约翰·塔尔博特、约翰·博蒙特子爵和埃格雷蒙特勋爵在战斗中阵亡。英格兰王室军队的溃败为一些人解决个人恩怨提供了良机。住在北安普敦附近的威廉·露西爵士听到枪声，立即赶去勤王。约克派的威尔特郡伯爵约翰·斯塔福德曾看上威廉·露西爵士的妻子。看到情敌过来，威尔特郡伯爵约翰·斯塔福德立即迎上前杀了威廉·露西爵士。不久，威尔特郡伯爵约翰·斯塔福德娶了威廉·露西爵士的遗孀。③

战斗结束后，沃里克伯爵理查德·内维尔、马奇伯爵爱德华及肯特伯爵威廉·内维尔一起走向亨利六世的帐篷。进入帐篷后，他们发现亨利六世正"孤零零坐在那里"。亨利六世似乎既没有积极参战，也没有打算战败后逃跑。沃里克伯爵理查德·内维尔等三人见到亨利六世，立即俯伏在地，向亨利六世说了许多恭敬与安慰的话。最终，亨利六世缓了过来，长舒了一口气。沃里克伯爵理查德·内维尔三人又毕恭毕敬、风风光光地将亨利六世护送到北安普敦。第二天，即1460年7月10日，亨利六世和沃里克伯爵·内维尔等三人一

---

① 约翰·维特哈姆斯蒂德：《圣奥尔本斯修道院记事簿》，第1卷，第373页。——原注
② 威廉·伍斯特：《布里斯托尔史》，第773页。——原注
③ 格雷戈里：《编年史》，第207页。——原注

北安普敦战役中的亨利六世

北安普敦战役

起参加了弥撒与圣礼。随后，他们一同骑马前往伦敦。返回伦敦途中，亨利六世受到市民与神职人员的热烈欢迎。他的一边是马奇伯爵爱德华，另一边是手持国王宝剑的沃里克伯爵理查德·内维尔。最终，亨利六世住在伦敦主教府邸里。1455年5月，在第一次圣奥尔本斯战役中被捕后，亨利六世回到伦敦时住的就是这座房子。但后来，为防止亨利六世逃到王后安茹的玛格丽特那里，在监视下，亨利六世被送往埃瑟姆和格林尼治去打猎解闷。这种状态一直延续到英格兰议会召开。①

　　北安普敦战役中，约克派的劲敌并没有出现。安茹的玛格丽特王后带着年幼的威尔士亲王威斯敏斯特的爱德华在斯塔福德郡的埃克尔肖尔。一听到战败的消息，安茹的玛格丽特王后就收拾行李，带着威尔士亲王威斯敏斯特的爱德华向切斯特逃去。德比伯爵托马斯·斯坦利的侍从约翰·克莱格拦住了她，并且试图抓住她，但她还是逃脱了。安茹的玛格丽特的仆人竟昧着良心背叛了她，还偷走了她的金银珠宝。②安茹的玛格丽特王后带着儿子威尔士亲王威斯敏斯特的爱德华逃到威尔士。在那里，贾斯珀·都铎已经攻下登比城堡，可以为安茹的玛格丽特王后母子提供避难场所。在登比城堡，安茹的玛格丽特王后一直待到1460年秋，并且召集到一批兰开斯特派的支持者，其中包括埃克塞特公爵亨利·霍兰③。1460年年底，安茹的玛格丽特前往苏格兰，并且得到苏格兰王国政府的友好接待。苏格兰王室也是兰开斯特派博福特家族的一支。为与苏格兰王国结盟，安茹的玛格丽特王后不惜允诺将贝里克镇及其要塞移交给苏格兰王国。

　　由于兰开斯特派的其他大贵族领主不在北安普敦，沃里克伯爵理查德·内维尔发起进攻时，亨利六世没能集合所有的部队。萨默塞特公爵亨利·博福特、奥蒙德伯爵詹姆斯·巴特勒、诺森伯兰伯爵亨利·珀西和约翰·克利福德男爵都是兰开斯特派内实力强大的贵族领主，但没能赶来支援亨利六世。

---

① 詹姆斯·盖尔德纳：《帕斯顿信札》，第419篇。——原注
② 威廉·伍斯特：《布里斯托尔史》，第773页。格雷戈里：《编年史》，第208页。——原注
③ 詹姆斯·盖尔德纳：《帕斯顿信札》，第419篇。——原注

1460年7月18日，托马斯·德·斯凯尔斯男爵在伦敦塔投降。他投降的条件是他本人及亨格福德勋爵能获得自由，其余人接受审判。曾效力于埃克塞特公爵亨利·霍兰帐下的七名驻伦敦塔士兵被公民陪审团定罪，并且在泰伯恩行刑场被斩首。七人的罪责是在沃里克伯爵理查德·内维尔担任海军上将时效忠于他，但当沃里克伯爵理查德·内维尔的海军上将职务被取代时，他们又倒向埃克塞特公爵亨利·霍兰。因为前英格兰议会下议院兰开斯特派的议长托马斯·索普爵士曾保卫过伦敦塔，所以这次他沦为阶下囚。后来，他试图逃跑，并且已经逃走。然而，他又被抓获，并且被剃了个大光头，依旧关在伦敦塔里。1460年7月20日，防守伦敦塔失利后，托马斯·德·斯凯尔斯男爵乘货船，被送往威斯敏斯特宫，那里有新的看守人约翰·温洛克爵士与绸缎商人约翰·哈罗。因此，威斯敏斯特宫将成为托马斯·德·斯凯尔斯男爵新的避难所。但还没抵达威斯敏斯特宫，托马斯·德·斯凯尔斯男爵就被沃里克伯爵理查德·内维尔与马奇伯爵爱德华手下的水手截获。托马斯·德·斯凯尔斯男爵被带回岸边，在温彻斯特主教威廉·韦恩弗利特房子的墙根下被杀害。萨瑟克的奥弗里的圣玛丽教堂附近有一块墓地，①威廉·伍斯特在那块墓地里发现了托马斯·德·斯凯尔斯男爵的尸体。托马斯·德·斯凯尔斯男爵已经被扒光了所有衣服，赤裸地躺在墓地里。他的尸体像是已经被放了几个小时，像一条地上的虫子。②最终，马奇伯爵爱德华与沃里克伯爵理查德·内维尔下令将他体面地埋葬了。处理完托马斯·德·斯凯尔斯男爵被杀一事，沃里克伯爵理查德·内维尔立即跑到伦敦塔，随后发布公告，要求任何人不能杀人、盗窃或预谋杀人，违者处以死刑。③这条公告传遍整个伦敦，但公告发布得太晚了，托马斯·德·斯凯尔斯男爵已经惨遭毒手。沃里克伯爵理查德·内维尔一定清楚自己的水手有多么凶狠残忍，他早就应该采取预防措施保障俘虏的安全。谋害托马斯·德·斯凯尔斯男爵与1450年肯特郡水兵谋害兰开斯特派萨福克公爵威廉·德·拉·波尔的事件如出一辙。

---

① 威廉·伍斯特：《布里斯托尔史》，第773页、第774页。——原注
② 格雷戈里：《编年史》，第211页。——原注
③ 《三部15世纪编年史》，第74页。——原注

约克派已经赢得想要的一切。虽然约克公爵理查德还在爱尔兰，但沃里克伯爵理查德·内维尔一人足以解决一切问题。在英格兰，沃里克伯爵理查德·内维尔重立声望，重新建立起自己的政治派别。对他来说，唯一迫在眉睫的事情就是改变以前亨利六世的内阁成员。因此，两名约克派支持者接任了英格兰王国政府重要的职位。埃克塞特主教乔治·内维尔，也是沃里克伯爵理查德·内维尔的弟弟担任英格兰议会议长，埃塞克斯伯爵亨利·鲍彻成为英格兰王国财政大臣。①

约克派已然挑选了自己派别的政府内阁。可以预料，他们接下来就要着手清除或者降服英格兰政府中残存的兰开斯特派的势力，并且将兰开斯特派赶下台。随后，约克派将用自己的强势武装支持亨利六世，保证英格兰王国的和平稳定。但此时，约克公爵理查德还没从爱尔兰赶回来。直到1460年10月7日，英格兰议会才召开。约克派掌控英格兰王国的最终目标还没有达成。

---

① 威廉·伍斯特：《布里斯托尔史》，第773页。——原注

第 11 章

角逐英格兰王位

精彩看点

苏格兰王国军队骚扰英格兰北部边境——英格兰议会通过有利于约克派议案——英格兰王国的局势——约克公爵理查德觊觎英格兰王位——亨利六世同意约克派继承英格兰王位——约克公爵理查德登上英格兰王位面临的问题

约克公爵理查德没有与沃里克伯爵理查德同时到达英格兰。约克公爵理查德迟到的原因可想而知，他刻意等到沃里克伯爵理查德·内维尔控制大部分英格兰王国的国土时再返回英格兰。1460年9月2日，[①]约克公爵理查德大约在兰开夏郡的雷德克里夫登陆。与此同时，对约克派来说，局势发展并非一帆风顺。实际上，安茹的玛格丽特在苏格兰王国找到一位支持者詹姆斯二世。詹姆斯二世看准机会，试图抢夺罗克斯堡。罗克斯堡虽然在英格兰王国与苏格兰王国边界苏格兰王国一侧，但掌握在英格兰军队手中。1460年8月3日，在围攻罗克斯堡时，苏格兰王国军队的一门大炮走火，炸死了近旁的詹姆斯二世。[②]即使这样，苏格兰王国的领主们继续围攻罗克斯堡，并且在1460年8月5日攻占了罗克斯堡。但苏格兰国王詹姆斯二世的意外身亡使抢夺罗克斯堡战役无法长久地打下去。因此，在短暂突破英格兰王国与苏格兰王国边界后，苏格兰王国军队撤回苏格兰。鉴于英格兰北部民众倾向于支持兰开斯特派，沃里克伯爵理查德·内维尔更愿意将防卫苏格兰王国军队的工作留给当地的兰开斯特领主们。

　　沃里克伯爵理查德·内维尔更担心加来的命运。萨默塞特公爵亨利·博福特的军队还在圭斯尼，这对加来的约克派势力来说是一大威胁。但沃里克伯

---

① 格雷戈里：《编年史》，第208页；威廉·伍斯特：《布里斯托尔史》，第774页。——原注
② 威廉·伍斯特：《布里斯托尔史》，第774页。——原注

迪耶普

爵理查德·内维尔控制着加来附近的海域，萨默塞特公爵亨利·博福特估计很难支撑下去。1460年8月5日，亨利六世通过颁布法令恢复了沃里克伯爵理查德·内维尔加来总督一职。没过多久，沃里克伯爵理查德·内维尔乘船渡海时，在纽纳姆桥遇见萨默塞特公爵亨利·博福特。两人互致吻面礼，萨默塞特公爵亨利·博福特主动表示同意自己的军队撤离圭斯尼。他率军退到迪耶普，并且在那里待了两个月，以等待合适机会投奔身在威尔士[①]的王后安茹的玛格丽特。沃里克伯爵理查德·内维尔将母亲索尔兹伯里伯爵夫人爱丽丝·蒙塔丘特带回英格兰，并且在1460年10月7日召开英格兰议会。

---

① 威廉·伍斯特：《布里斯托尔史》，第774页。——原注

这一次，英格兰议会谨慎详细地监督下议院的选举。在组建本次英格兰议会时，英格兰议会下议院很少有议员对约克派的主张提出反对意见。1430年通过的法律限制了土地达到四十英亩的自耕农的特许选举权，从而大大减少了拥有合法选举权的选民，并且让有势力的权贵们更容易影响英格兰议会的选举。随后颁布的一项法令规定只有骑士才有资格当选郡议员。此外，许多人认为，只有沃里克伯爵理查德·内维尔和约克公爵理查德才能带给英格兰王国一个井然有序的政府。约翰·布雷克利修士曾致信约翰·帕斯顿："如果所有事务都能交给沃里克伯爵理查德·内维尔就好了，否则英格兰王国只能被毁，这也是上帝不容许的。"①约翰·帕斯顿也出席了本次英格兰议

---

① 威廉·伍斯特：《布里斯托尔史》，第774页。——原注

会。他的朋友鼓动他支持约克派。约翰·布雷克利修士写道，"你们有这么多好的祷告者、修道院、城市与乡村。"自治市内应该也有很多约克派支持者，如伦敦就有约克派的支持者。与此同时，为带给英格兰王国和平，英格兰王国的其他城镇也渴望支持这个强大到足够支撑自己信念的政治派别。因此，约克公爵理查德唯一需要面对的困难就是其他贵族领主，因为他们不会在意一个国家的和平与安宁，只会遵循家族世世代代的传统，支持他们曾经发誓效忠的君主。尽管所有贵族已经被召集，但还在世的兰开斯特派的大贵族领主们不愿意出席本次英格兰议会。因为在他们眼中，约克派曾经与亨利六世交战过，所以只要亨利六世还被软禁，英格兰议会中就没有自由可言。北安普敦战役夺走了亨利六世的一些主要支持者，特别是白金汉公爵汉弗莱·斯塔福德与什鲁斯伯里伯爵约翰·塔尔博特的生命。在迪耶普，萨默塞特公爵亨利·博福特正谋划如何与安茹的玛格丽特王后一起改变现有局势。其他兰开斯特派的大领主也各据一方。埃克塞特公爵亨利·霍兰和安茹的玛格丽特王后在威尔士，奥蒙德伯爵詹姆斯·巴特勒与修士们在奥特利，诺森伯兰伯爵亨利·珀西、约翰·克利福德男爵与内维尔勋爵还在英格兰北方[①]进行着不屈不挠的抗争。1460年10月7日，约克派的贵族领主们全员出席英格兰议会。毋庸置疑，约克派获得教会的支持。1460年7月，沃里克伯爵理查德·内维尔登陆肯特郡时，当时的坎特伯雷大主教托马斯·鲍彻、索尔兹伯里主教理查德·比彻姆、埃克塞特主教乔治·内维尔和伊利主教威廉·格雷已经站在约克派这边。有了这些人的拥护，再加上教皇庇护二世的支持，约克公爵理查德轻易获得了英格兰教会几位主要主教的认可。通过英格兰议会程序，约克公爵理查德成为英格兰王国的最高领导者，合法战胜了所有对手。然而，此时，约克公爵理查德只是控制了半个英格兰。1460年年底，他在英格兰的土地上被击败，甚至性命不保。

在雷德克里夫登陆后，约克公爵理查德直接前往他在拉德洛的城堡。他率领五百名身着蓝白相间制服的士兵向伦敦进发。在赫里福德，他与妻子约

---

① 詹姆斯·盖尔德纳：《帕斯顿信札》，第419篇。——原注

克公爵夫人塞西莉·内维尔见面。北安普敦战役结束后，约克公爵夫人塞西莉·内维尔才打破层层封锁，收到约克公爵理查德的来信赶往伦敦。他的长子马奇伯爵爱德华也加入父亲约克公爵理查德的军队中。约克公爵理查德经过拉德洛、什鲁斯伯里、赫里福德、莱斯特、考文垂，一路从亨利六世那里接受的"各种奇特任命"让他开庭伸张正义。在牛津附近的阿宾登，他在自己的旗帜上使用英格兰王室纹章。1460年10月10日，即英格兰议会开幕后第三天，约克公爵理查德声势浩荡地来到威斯敏斯特宫。他没有耽搁，直接迈入英格兰议会上议院。大臣们正在议事，亨利六世不在，英格兰王位空着。约克公爵理查德走到英格兰王座旁，摸了一下英格兰王座的垫子，似乎要将英格兰王位占为己有。随后，他转过身来看着参加英格兰议会上议院会议的大臣们。坎特伯雷大主教托马斯·鲍彻向他致敬，问他是否要觐见亨利六世。约克公爵理查德回答："我不记得英格兰王国还有人需要我和我的部下觐见，我只记得别人应该来觐见我。"坎特伯雷大主教托马斯·鲍彻退下，并且向已经住到安茹的玛格丽特王后寓所内的亨利六世禀告了这件事。①约克公爵理查德"选择"在亨利六世的寓所内住下。②

在英格兰议会上议院，约克公爵理查德意欲坐上王位的举动③没有获得议员们的支持。即使在几乎都是他的支持者的集会上，对他试图登上英格兰王位的举动，他的支持者们既没有鼓掌，也没有鼓励。④圣奥尔本斯修道院院长威廉·维特哈姆斯蒂德称约克公爵理查德由着性子提出如此狂妄的主张，甚至没有同沃里克伯爵理查德·内维尔商量。1460年10月16日，约克公爵理查德采取进一步行动。这一天，约克公爵理查德再次进入英格兰议会上议院，并且向英格兰议会上议院议长提交了一份书面声明，要求登上英格兰王位。

众所周知，约克公爵理查德登上英格兰王位与约克家族的血统声明有关。这一声明指出，按严格的继承顺序，从母亲这一边推算，约克公爵理查德

---

① 约翰·维特哈姆斯蒂德：《圣奥尔本斯修道院记事簿》，第1卷，第376页、第377页。——原注
② 《三部15世纪编年史》，第170页。——原注
③ 威廉·伍斯特：《布里斯托尔史》，第774页。——原注
④ 约翰·维特哈姆斯蒂德：《圣奥尔本斯修道院记事簿》，第1卷，第378页。——原注

比亨利六世离太祖爱德华三世的血缘更近，因为约克公爵理查德是阿尔斯特女伯爵菲莉帕的直系后代。阿尔斯特女伯爵菲莉帕是爱德华三世第二个儿子克拉伦斯公爵安特卫普的莱昂内尔唯一的女儿。亨利六世是爱德华三世第三个儿子冈特的约翰的直系男性后代。英格兰王位并不是只可以传给男性继承人，传给女性继承人也不是没有可能。虽然1406年通过的法案确实规定英格兰王位只能传给男性①，但亨利六世将这部法案废除了。因此，我们可以肯定英格兰王位也可以传给女性。②

事实上，根本没有必要从法律角度刨根问底，事实已经摆在眼前。1399年，理查二世被废黜时，英格兰王室只剩下两个分支。一个分支是历史比较悠久的马奇家族，③另一个分支是历史稍短的兰开斯特家族。《英格兰议会法案》将英格兰王位传给兰开斯特家族，并且将马奇家族排除在英格兰王位继承权之外。这部由理查二世在位时，英格兰王国的合法议会颁布的法案具有很好的法律效力。经过六十年的考验，这部法案依然适用。如果说在1460年的英格兰议会上，亨利六世同意废除1399年的法案，代之以新的法案，即同意将英格兰王位传给约克家族，那么新的法案既然合法，约克家族就能合理登上王位。

此时，约克公爵理查德必须认清一个事实，即1399年以来，英格兰王位的更替必须经过英格兰议会的同意。因此，他如果希望自己要求英格兰王位的诉求得到落实，那么必须征得亨利六世及英格兰议会的同意。对此，法官们拒绝发表意见，英格兰王室的法律顾问也三缄其口。随后，英格兰议会上议院讨论约克公爵理查德继承英格兰王位的问题，并且起草了一份备忘录。备忘录这样写道，首先，英格兰议会上议院宣誓效忠亨利六世。其次，英格兰议会上议院通过的法案明确认定兰开斯特家族拥有英格兰王位头衔。最后，1460年10月25日，英格兰议会宣布了讨论结果。英格兰议会效忠亨利六世的誓言不可违

---

① 威廉·斯塔布斯：《英格兰宪法史》，牛津，牛津大学出版社，第3卷，第58页。——原注
② 通过兰开斯特家族的布兰奇，亨利四世直接从亨利三世继承王位，证明兰开斯特家族也持此观点。——原注
③ 随后，马奇家族与约克家族合并。——原注

兰开斯特家族的标志——盾形徽章

背，只要亨利六世活着，他就是英格兰国王。与此同时，在宪法允许的范围内，废除有关支持兰开斯特家族继承英格兰王位的法案，并且通过另一部法案确立亨利六世去世后，约克公爵理查德的王位继承权。1460年10月31日，经过亨利六世的同意后，备忘录上的三条相关规定开始实施。①

王位更迭要在合理的法律框架内进行，但人们相信只有通过隐性的暴力威胁才能达到目的。编年史学家格雷戈里说："通过强大的武力，约克公爵理查德才被迫将亨利六世扣押在威斯敏斯特宫。直到害怕性命不保，亨利六世才将英格兰王位让给他，因为一个没有头脑的人总是很惧怕死亡。"尽管格雷戈

---

① 详见威廉·斯塔布斯：《英格兰宪法史》，牛津，牛津大学出版社第3卷，第191页、第192页。——原注

里认为亨利六世没有必要惊恐，因为"没有人会伤害他"。①然而，还有一个人始终不愿承认自己的儿子已经被剥夺继承权。这个人就是安茹的玛格丽特王后。此时，她还在威尔士。此前，萨默塞特公爵亨利·博福特已经赶到威尔士与她会合。诺森伯兰伯爵约翰·珀西、约翰·克利福德男爵，内维尔勋爵、戴克男爵理查德·法因斯等北方诸郡兰开斯特派的贵族领主正在谋划支持安茹的玛格丽特。

---

① 格雷戈里：《编年史》，第208页。——原注

第 12 章

韦克菲尔德战役

精彩看点

约克公爵理查德拖延讨伐兰开斯特派——兰开斯特派军队重组——韦克菲尔德战役——兰开斯特派开处决战俘的恶例——约克派主要首领遭处决——约克公爵理查德从权力巅峰跌落

此时，约克公爵理查德似乎得到了他想得到的一切。实际上，他还没有加冕成为英格兰国王，尽管他打算1460年11月1日戴上英格兰王冠。[①]不过，他与自己的支持者恢复了公权，并且公权也得到保障。约克公爵理查德废除了1459年考文垂议会通过的针对约克派的不合理法案。与此同时，他罢免了受到亨利六世器重但与自己作对的大臣，重用支持自己的人。此时，约克公爵理查德站在英格兰王国权力的巅峰，成功废除亨利六世亲生儿子威尔士亲王威斯敏斯特的爱德华的英格兰王位继承权，成为公认的英格兰王位继承人。约克公爵理查德的地位神圣不可侵犯，任何反对他的行为都会按叛国罪惩处。他是整个英格兰王国的护国公。登上英格兰王位前，他已经是英格兰王国的实际统治者。此外，他将被授予威尔士亲王及切斯特伯爵的封号，每年有一万马克的专项收入，以保障他履行职责，维护王储尊严[②]。

然而，约克公爵理查德得到的一切即将化为乌有。此时，约克公爵理查德还没有掌控整个英格兰王国，却为获得空头衔一直拖延。约克派还没有完全征服英格兰北方地区，但约克公爵理查德借用法律手段，花大量时间诋毁兰开斯特派，吹捧自己。因此，这为兰开斯特派提供了许多准备机会反击约克派。还没有被约克派征服的兰开斯特派各贵族领主正在积聚力量，共商反击约克派

---

① 详见威廉·斯塔布斯：《英格兰宪法史》，牛津，牛津大学出版社，第3卷，第192页。——原注
② 威廉·斯塔布斯：《英格兰宪法史》，牛津，牛津大学出版社，第3卷，第192页；格雷戈里：《编年史》，第208页。——原注

大计。这是约克公爵理查德犯下的一大致命失误。以前,约克公爵理查德向英格兰民众展示了自己的强大与自制力。但此时,约克公爵理查德毁在不分轻重缓急,只顾追求无谓的头衔,没能及时在战场上对兰开斯特派给予致命一击。1460年7月到1460年9月,在北安普敦战役及兰开斯特郡登陆之间,约克公爵理查德一直待在爱尔兰,错失彻底打败兰开斯特派的宝贵时机。1460年10月,英格兰议会期间,为了一己私欲,约克公爵理查德急忙制定毫无用处的法律。他待在伦敦就是在耗费自己的宝贵时间。当他决定北上清剿兰开斯特派的残存势力时,兰开斯特派已经势不可当。因此,尽管北安普敦战役后,约克派的实力确实占据上风,但等待约克公爵理查德的只有灭亡。此时,约克派只需要在法律及战场上对兰开斯特派给予致命一击,就可以毕其功于一役,获得英格兰王国的绝对统治权。这一推断还要等"莫蒂默十字"战役胜利后,年轻的马奇伯爵爱德华立马称王时才得到印证。北安普敦战役胜利后,约克公爵理查德如果不是等待英格兰议会召开,而是立即率军从爱尔兰返回,那么会给当时还留在战场的兰开斯特派一次沉重的打击。接下来,他就能放心地将剩余事务交给英格兰议会处理。但他不愿意推迟在法律层面上对自己的认可。约克公爵理查德首先想确立英格兰国王继承权的法律地位,然后才想到战斗。因此,我们常常感叹,多年来,一个人用自己强大的自制力默默等待时机。然而,就在万事俱备时急于求成,他所有的准备毁于一旦。

诺森伯兰伯爵亨利·珀西、约翰·克利福德男爵及戴克男爵理查德·法因斯聚在一起。在约克郡,他们举行了一次会议,并且集结各自手下的军队。他们派出一队人马抢夺约克公爵理查德及索尔兹伯里伯爵理查德·内维尔的所有财产。①接下来,大约在1460年10月底,萨默塞特公爵亨利·博福特、安德鲁·特罗洛普及从圭斯尼出发的一支军队从迪耶普跨过多塞特,进入科夫城堡。在那里,萨默塞特公爵亨利·博福特收到还在威尔士的安茹的玛格丽特王后的来信。安茹的玛格丽特王后要求萨默塞特公爵亨利·博福特集结佃农,并且率领佃农前往约克郡,加入英格兰北方兰开斯特派各贵族领主的军队。德

---

① 威廉·伍斯特:《布里斯托尔史》,第774页。——原注

科夫城堡遗址

文伯爵托马斯·考特尼也收到一封类似的信。①此时，约克派的军队还滞留在伦敦。因此，萨默塞特公爵亨利·博福特与德文伯爵托马斯·考特尼有机会率领英格兰西部的武装穿过巴斯、赛伦塞斯特、伊夫舍姆、考文垂，进入约克郡。②到达英格兰后，萨默塞特公爵亨利·博福特和德文伯爵托马斯·考特尼发现与约克派开战已经万事俱备。此前，安茹的玛格丽特王后一直向她的所有朋友及支持者们发出命令。通过精心策划，兰开斯特派的反抗行动秘密开展，让约克派的首领们措手不及。③普通民众虽然早有传闻，但并不愿意相信兰开斯特派会开展武装反抗。他们会说："你说的对，但他们在哪里呢？"表面上一副不以为然的样子。此时，兰开斯特派已经集结至少一万五千名士兵。为兰开斯特派武装反抗出谋划策的安茹的玛格丽特王后前往苏格兰，静待反抗行动开展。

最终，约克公爵理查德采取行动。1460年12月9日，④他带领二儿子拉特兰伯爵埃德蒙，会同索尔兹伯里伯爵理查德·内维尔一道率军前往英格兰北方。约克公爵理查德有一支由骑士和乡绅组成的军队，以及约翰·哈罗统领的庞大的伦敦市市民组成的军队。约翰·哈罗本是一名绸布商人，曾在围攻伦敦塔的行动中表现突出。在北伐军队中，与约翰·哈罗在一起的还有一位叫詹姆斯·皮克林的绸布商人。约克公爵理查德的军队差不多有六千名士兵，⑤他们受亨利六世的委托前往镇压英格兰北方的"反叛者"。沃里克伯爵理查德·内维尔与亨利六世待在伦敦。在威尔士边境的什鲁斯伯里，约克公爵理查德的长子马奇伯爵爱德华指挥与北威尔士的兰开斯特派贵族进行的战斗。在贾斯珀·都铎的带领下，兰开斯特派贵族经常"作乱"。

约克公爵理查德的大军向北推进时，在沃克索普，他率领的突击队与萨默塞特公爵亨利·博福特手下的一支部队遭遇。一场激战过后，约克公爵理查

---

① 格雷戈里：《编年史》，第209页。——原注
② 威廉·伍斯特：《布里斯托尔史》，第775页。——原注
③ 格雷戈里：《编年史》，第210页。——原注
④ 《三部15世纪编年史》，第76页。——原注
⑤ 威廉·伍斯特：《布里斯托尔史》，第775页。——原注

德的先锋部队遭受重创。①这场遭遇战应该发生在1460年12月16日。1460年12月21日，约克公爵理查德的主力部队抵达桑达尔城堡。桑达尔城堡是约克公爵理查德的主要根据地之一，距离韦克菲尔德有两英里。在桑达尔城堡，约克公爵理查德的部队度过了圣诞节。萨默塞特公爵亨利·博福特与诺森伯兰伯爵亨利·珀西则在庞蒂弗拉克特度过圣诞节。在神圣的节日期间，交战双方很可能默认不能发生战争。1460年12月30日，韦克菲尔德战役打响了。

我们很难还原这场战役。显然，萨默塞特公爵亨利·博福特的军队实力强大，他旗下有埃克塞特公爵亨利·霍兰，诺森伯兰伯爵亨利·珀西、托马斯·德·罗斯男爵、内维尔勋爵、约翰·克利福德男爵在内的兰开斯特派的大贵族领主。此外，在萨默塞特公爵亨利·博福特的部队中，级别较低的军官有经验丰富的统领安德鲁·特罗洛普，他从圭尼斯就跟随萨默塞特公爵亨利·博福特。此时，约克派需要派人四处筹集粮草。因此，五位权威历史学家都声称当时应当有个明确的休战时间。②圣奥尔本斯修道院院长约翰·维特哈姆斯蒂德甚至说当时已经开始谈判，确定了双方的开战时间。显然，这种说法不太可能。交战双方派别意识强烈，都不愿意放弃占据上风的机会。战争如果被视作一场巡回比赛，让使者和随从按部就班安排妥当，那么等于坐失战机。

此时，至少韦克菲尔德战役的形势已经明朗。1460年12月30日傍晚，约克公爵理查德手下的士兵寻找粮草回来，还没有回到位于桑达尔城堡附近的军营内，就遭到实力强大的兰开斯特派军队的突袭。③这次突袭没有持续很久，约克派的军队完全处于劣势。激战结束后，据说约克派军队阵亡两千五百人，兰开斯特派军队只损失两百人。

显然，兰开斯特派军队并没有像沃里克伯爵理查德·内维尔在北安普敦

---

① 威廉·伍斯特：《布里斯托尔史》，第775页。——原注
② 约翰·维特哈姆斯蒂德：《圣奥尔本斯修道院记事簿》，第1卷，第381页；《三部15世纪编年史》，第154页、第171页；勃艮第的让·德·沃林：《大不列颠编年史》，第325页、第326页，把约克派的这次失败归咎于安德鲁·特罗洛普的诡计。安德鲁·特罗洛普带领沃里克伯爵理查德·内维尔的四百名残兵败将虚张声势欺骗了约克派。《政治诗》，第2卷，第257页，描写约克公爵理查德，"本是甜蜜的和平，却突遭武力毁灭"。——原注
③ 《三部15世纪编年史》，第171页"一败涂地，命丧沙场"。——原注

韦克菲尔德战役

韦克菲尔德战役

战役中那样,下令只处决贵族,而放过平民和士兵。事实上,从长远角度来看,对贵族和平民与士兵不加区分处置可能更好,因为只有士兵战斗到底才能解决争端。但这不能成为赢得战争胜利后,一律不加宽恕,过度残忍屠杀战俘的借口。在韦克菲尔德战役中,许多人丧生,包括约克公爵理查德、索尔兹伯里伯爵理查德·内维尔之子托马斯·内维尔、伦敦绸布商人约翰·哈罗和詹姆斯·皮克林。此时,约翰·克利福德男爵的军队正向韦克菲尔德进发,准备追杀落荒而逃的约克派军队。约克公爵理查德十八岁的儿子拉特兰伯爵埃德蒙混在约翰·克利福德男爵的队伍中试图逃脱。约翰·克利福德男爵认出拉特兰伯爵埃德蒙。尽管拉特兰伯爵埃德蒙跪在韦克菲尔德的桥上①乞求饶命,但

约克公爵理查德战死

① 威廉·伍斯特:《布里斯托尔史》,第775页。——原注

约翰·克利福德男爵还是用匕首刺穿了拉特兰伯爵埃德蒙的心脏。约翰·克利福德男爵边刺边喊："你的父亲约克公爵理查德以上帝之名杀害我父亲托马斯·克利福德男爵，我也会杀了你和你所有的亲人。"从这一番话中，我们可以看到玫瑰战争反映出的突出问题，即世仇宿怨。在第一次圣奥尔本斯战役与约克派军队作战时，约翰·克利福德男爵的父亲托马斯·克利福德男爵同萨默塞特公爵亨利·博福特的父亲萨默塞特公爵埃德蒙·博福特都被约克派军队杀死。同样，其他兰开斯特派的贵族领主也有仇要报。因此，从韦克菲尔德战役开始，直到战斗结束后，紧接着发生的都是获胜方贵族处决或谋杀世仇的场面。战后寻报世仇的做法究竟由哪一方开始已经没有争论的必要，但韦克菲尔德战役是第一个典型的例子。在加来和伦敦，沃里克伯爵理查德·内维尔处决

约翰·克利福德男爵杀害拉特兰伯爵埃德蒙

的更多的是身份低微的战俘。旷日持久的战争会给任何一个国家带来恶劣的影响。在民族战争或保卫祖国的战争中,美德、勇气、忠诚和自我牺牲精神往往会逐渐升华,但可能在为摆脱长期内乱的战争中,这些优秀品质堕落成贪婪、仇恨和背叛。尽管玫瑰战争没有表现出突出的正义与人道主义思想,但正是这两种品质让英格兰大叛乱及美国内战中的交战双方互相尊重。然而,玫瑰战争中的交战各方并非没有原则,至少还有许多忠于本方将领的士兵跟追将领血战到死。

索尔兹伯里伯爵理查德·内维尔从韦克菲尔德战场顺利逃走,但在1460年12月30日晚,他被安德鲁·特罗洛普的手下抓获,随后被带到庞蒂弗拉克特。1460年12月31日,索尔兹伯里伯爵理查德·内维尔就被"埃克塞特[①]的一个冷血无情的家伙"白金汉公爵的私生子杀害。约克公爵理查德、拉特兰伯爵埃德蒙、索尔兹伯里伯爵理查德·内维尔的首级与其他六人的人头被挂在约克城的显要位置。

兰开斯特派取得巨大的成功。安茹的玛格丽特王后召集残兵散勇,重建了一支锐不可当的军队,显示了她强大的个人能力。因为韦克菲尔德战役开战时,安茹的玛格丽特王后待在苏格兰南部,所以兰开斯特派在韦克菲尔德战役胜利的荣耀要送给萨默塞特公爵亨利·博福特。无论叛国罪名是真是假,在这场战役中,正如在圭斯尼与沃里克伯爵理查德·内维尔的对战中表现的那样,萨默塞特公爵亨利·博福特展现出力量、决心与才能。

在达到人生巅峰时,伟大的约克公爵理查德突然一落千丈。他在1460年英格兰议会中获得的成功似乎夺走了他一向的谨慎。他是一个足智多谋的政治家,如果约克公爵理查德取得韦克菲尔德战役的胜利,那么对英格兰来说是个并不坏的结果。他比自己的儿子,后来当上英格兰国王的爱德华四世更克制,更有尊严,也更温和。宫廷的使者称约克公爵理查德为"善意之花",有人或许认为这种说法过于夸张。时年五十岁的约克公爵理查德手中握剑丧命之际,论其所作所为,他没有给世人留下邪恶的印象,确实令人惊奇。

---

① 威廉·伍斯特:《布里斯托尔史》,第775页。——原注

第13章

"莫蒂默十字"战役与第二次圣奥尔本斯战役

精彩看点

爱德华四世获得"莫蒂默十字"战役的胜利——爱德华四世处决兰开斯特派战俘——爱德华四世与沃里克伯爵理查德·内维尔会师——沃里克伯爵理查德·内维尔麾下大军的组成——第二次圣奥尔本斯战役——安茹的玛格丽特派军偷袭约克派大营——亨利六世册封威斯敏斯特的爱德华为威尔士亲王——兰开斯特派没有选择进入伦敦——兰开斯特派的顾忌

韦克菲尔德战役的大溃败并没有摧毁约克派，但约克派的一些主要将领丢了性命。如果约克公爵理查德早点亡故，那么玫瑰战争的一大诱因将不存在。然而，事到如今，玫瑰战争不但关系到约克公爵理查德的地位，而且关系到亨利六世对其大臣的信任。玫瑰战争的爆发在于英格兰王国统治阶级内部的一部分人对兰开斯特家族及其治国理念深恶痛绝。因此，尽管丰功伟绩的约克公爵理查德英年早逝，但约克派的势力依然存在。然而，不难预料，群龙无首的约克派会变得势孤力薄，最多只能牵制兰开斯特派，并且与兰开斯特派处于僵持状态。因此，全面有序的统治愈发遥不可及。拉德福德桥溃败和韦克菲尔德大溃败后，约克派能迅速取胜，证明反对派内心的不满远比表面看起来的强烈，也证明了在英格兰，有一大批人支持约克派。这批人虽然没有参加这些战役，但彼此心照不宣。单凭足智多谋的沃里克伯爵理查德·内维尔，以及风华正茂、坚忍不拔的马奇伯爵爱德华，不能让约克派迅速反败为胜。但有了英格兰各城镇及比较安定地区的暗中支持，具有优秀品质的马奇伯爵爱德华和沃里克伯爵理查德·内维尔才能成就约克派的大业。

父亲约克公爵理查德在韦克菲尔德被杀时，马奇伯爵爱德华正在什鲁斯伯里的威尔士边境地区，率部准备迎战贾斯珀·都铎的部队。听到父亲约克公爵理查德在韦克菲尔德兵败，兰开斯特派的军队向南开拔前往伦敦后，马奇伯爵爱德华决定立即离开边境地区，并且率领旗下所有部队火速挺进英格兰米德

马奇伯爵爱德华

兰地区，在那里与沃里克伯爵理查德·内维尔的部队会合。抵达伦敦前，兰开斯特派的军队可能已经遭遇马奇伯爵爱德华和沃里克伯爵理查德·内维尔率领的约克派联军。但突然间，其他情报传来，贾斯珀·都铎和奥蒙德伯爵詹姆斯·巴特勒集结了一支精锐之师，包括来自法兰西、布列塔尼和爱尔兰的士兵①正全力以赴北上，已经到达威尔士边境地区。而马奇伯爵爱德华率军进入了英格兰米德兰地区。此时，他的军队正在赫里福德。因此，马奇伯爵爱德华立即命令自己的军队掉转方向。在威尔士边境地区拉德洛和赫里福德中间的"莫蒂默十字"，马奇伯爵爱德华率军遭遇了贾斯珀·都铎率领的精锐之师。

---

① 《三部15世纪编年史》，第77页。——原注

1461年2月2日，约克派与兰开斯特派再次爆发大规模武装冲突。在兵力上，约克派的军队似乎占据上风。战役开始前，据说，东方天空似乎出现三个太阳。三个太阳先彼此独立，后又合为一体。看到这一景象，马奇伯爵爱德华跪下祷告，感谢上帝。①"不久，他便精神抖擞，气宇轩昂。他立刻与兰开斯特派的军队开战，直到打得兰开斯特派的军队落荒而逃。最终，马奇伯爵爱德华的军队歼敌三千人，并且抓捕、斩首了一些兰开斯特派军队的将领，但贾斯珀·都铎和奥蒙德伯爵詹姆斯·巴特勒从战场上逃走。他们乔装改扮，仓皇逃离'莫蒂默十字'。"对"莫蒂默十字"战役，人们知之甚少。如果三千名兰开斯特

"莫蒂默十字"战役

---

① 《三部15世纪编年史》，第77页。——原注

派的士兵被杀，那么兰开斯特派的军队一定是一败涂地。在威尔士边境地区，约克派贵族拥有众多庄园，他们名下的佃户不太可能窝藏庇护逃犯。

马奇伯爵爱德华率军大获全胜后，便开始心狠手辣地对待重要俘虏。显然，他效仿了韦克菲尔德战役后兰开斯特派贵族领主的做法。这些要犯包括贾斯珀·都铎的父亲欧文·都铎。欧文·都铎是伟大的都铎家族的创始人。他娶了亨利五世的遗孀瓦卢瓦的凯瑟琳为妻。瓦卢瓦的凯瑟琳曾为亨利五世带来一份贵重的遗产，即半个法兰西。在赫里福德集市，欧文·都铎被枭首示众，他的头颅被挂在集市的十字架上。直到最后一刻，看到斧头和垫头木，欧文·都铎都无法相信自己会被处决。"他身着紧身上衣，盼望赦免死罪，直到他红色天鹅绒紧身上衣的衣领被撕破。他悲叹：'我的头颅将靠在垫头木上，再不能靠在瓦卢瓦的凯瑟琳的大腿上。'他开始全身心默念上帝，安心受死。"[①]欧文·都铎身首异处后，一个疯女人梳理了他的头发，并且将他脸上的血污洗净。然后，这个疯女人拿起蜡烛摆在欧文·都铎遗体的周围，约一百支烛火在摇曳。

经过休整后，马奇伯爵爱德华立即班师穿越米德兰地区，与沃里克伯爵理查德·内维尔的部队会师。会师前，在约克派曾经高奏凯歌的地方，即圣奥尔本斯，沃里克伯爵理查德·内维尔的部队被兰开斯特派的军队打得溃不成军。

韦克菲尔德战役结束后，[②]安茹的玛格丽特王后从苏格兰回到英格兰，并且加入位于约克郡的兰开斯特派军队。这支军队召开将领会议，决定立即向伦敦进军，帮助亨利六世摆脱约克派的控制。向伦敦进军的计划显现出安茹的玛格丽特的过人胆识和充沛精力。据说，此时，兰开斯特派的军队中有来自苏格兰、威尔士及英格兰北方的士兵。他们越过特伦特河向南挺进，走的路线与现代英格兰大北方铁路的线路大致相同。兰开斯特派军队经过之处只留下一座座被洗劫一空的城镇，因为他们大言不惭地声称，他们有权在特伦特河以南任

---

① 格雷戈里：《编年史》，第211页。——原注
② 威廉·伍斯特：《布里斯托尔史》，第775页。——原注

何地方烧杀掳掠，为所欲为。①接下来，格兰瑟姆、斯坦福、彼得伯勒、亨廷登、墨尔本、罗伊斯顿等地，都留下兰开斯特派军队洗劫破坏的痕迹。②1461年2月16日，在邓斯特布尔，兰开斯特派军队遇到一支据说由该镇一位屠夫率领的约克派军队。③安茹的玛格丽特王后指挥兰开斯特派军队打败了这支约克派军队，约克派军队战死近两百人，羞愧难当的屠夫上吊自尽。

沃里克伯爵理查德·内维尔率领一支庞大军队，士兵主要从伦敦和肯特郡募集。与沃里克伯爵理查德·内维尔同行的还有亨利六世、诺福克公爵约翰·德·莫布雷、阿伦德尔伯爵威廉·菲茨阿伦、埃克塞斯伯爵亨利·鲍彻、威廉·邦维尔男爵。当安茹的玛格丽特率军抵达圣奥尔本斯时，沃里克伯爵理查德·内维尔已经在圣奥尔本斯北端一块叫"巴尼特荒原"的地方安营扎寨，设兵布防。④此外，他安排一批弓箭手驻守在圣奥尔本斯的中心，靠近大十字架附近。沃里克伯爵理查德·内维尔的军队阵营强大，因为他拥有一支精良的炮兵部队。这支炮兵部队受精心制作的网格栅栏系统保护，上面布满刺钉。⑤从友好同盟佛兰德斯伯国那里，沃里克伯爵理查德·内维尔得到一批勃艮第"火枪手"。对勃艮第"火枪手"，我们几乎难以用一个现代词语形容，因为每位"火枪手"都必须将炮管搁在炮架上，这些笨重的武器很可能损己利敌。在随后的战斗中，这一点确实一语成谶，大风迎面向火枪手们吹来，炮管内的火焰吹到他们脸上，十八名火枪手被活活烧死。⑥

1461年2月17日下午，第二次圣奥尔本斯战役打响。⑦参战双方势均力敌，各有五千名士兵⑧。安茹的玛格丽特王后的军队由萨默塞特公爵亨利·博福特统领。他经验老到，领导有方。兰开斯特派的军队主要由北方贵族领主的

---

① 威廉·维特哈姆斯蒂德：《圣奥尔本斯修道院记事簿》，第1卷，第234页。——原注
② 《三部15世纪编年史》，第155页。——原注
③ 格雷戈里：《编年史》，第212页。——原注
④ 约翰·维特哈姆斯蒂德：《圣奥尔本斯修道院记事簿》，第391页。——原注
⑤ 格雷戈里：《编年史》，第213页。——原注
⑥ 《三部15世纪编年史》，第155页。——原注
⑦ "战斗结束后，夜幕降临，不得不停止追击溃军，故这场战斗不可能持续太久。"参见约翰·维特哈姆斯蒂德：《圣奥尔本斯修道院记事簿》，第392页。——原注
⑧ 格雷戈里：《编年史》，第212页。——原注

家臣组成。他们分别隶属各自的贵族领主,每人佩戴着各自贵族领主的徽章,"这样,通过佩戴的徽章,每人就可知晓自己所属的贵族领主。"①他们还佩戴同行的安茹的玛格丽特的儿子威尔士亲王威斯敏斯特的爱德华的徽章。这枚徽章有黑红相间的"绑结",以及鸵鸟羽毛图案。老兵安德鲁·特罗洛普率领兰开斯特派军队的突击队。

显然,出乎约克派军队的意料,他们遭到兰开斯特派的突袭。约克派的侦察兵或者警戒队铸成大错。"约克派的侦察兵没有带回任何消息,或者报告安茹的玛格丽特王后的具体位置。只有一名侦察兵回来,禀报说安茹的玛格丽特王后的军队在九英里开外。"②因此,一切都"为搜索对手方位而乱了套"。兰开斯特派的突击队进入圣奥尔本斯,但被驻防在大十字架附近的弓箭手击退并四处逃窜。与此同时,安茹的玛格丽特率领军队的余部向北推进,并且袭击了约克派军队的主营地。沃里克伯爵理查德·内维尔的手下惊慌之余,竟不曾使用阵中的大炮回击。约克派军队的将领试图改变作战队形,以便更好地迎敌。但在弃旧换新,即旧阵形解散,新阵形布置完成的关键时刻,安茹的玛格丽特王后的军队扑了上来。③

据说,约克派的军队有人背信弃义,叛徒无疑是所谓的"肯特郡首领"洛夫莱斯。战斗正酣之际,亨利六世逃脱,回到安茹的玛格丽特王后身边。如果沃里克伯爵理查德·内维尔军中没有叛徒里应外合,那么亨利六世绝没有机会逃脱。据说,亨利六世逃走实乃言而无信,但很难把责任全部归咎于他。沃里克伯爵理查德·内维尔和诺福克公爵约翰·德·莫布雷侥幸逃出生还,但他们手下大概一半士兵战死沙场。④

为庆祝兰开斯特派军队旗开得胜及与家人团聚,亨利六世册封时年未满八岁的儿子威斯敏斯特的爱德华为威尔士亲王,还封加来老兵安德鲁·特罗洛

---

① 格雷戈里:《编年史》,第212页。——原注
② 格雷戈里:《编年史》,第213页。——原注
③ 格雷戈里:《编年史》,第212页,第213页。——原注
④ 格雷戈里认为,这场战斗中,三千五百人被杀,参见格雷戈里:《编年史》,第212页。威廉·伍斯特曾指出,约克派军队被杀人数有可能为两千人。参见威廉·伍斯特:《布里斯托尔史》第776页。——原注

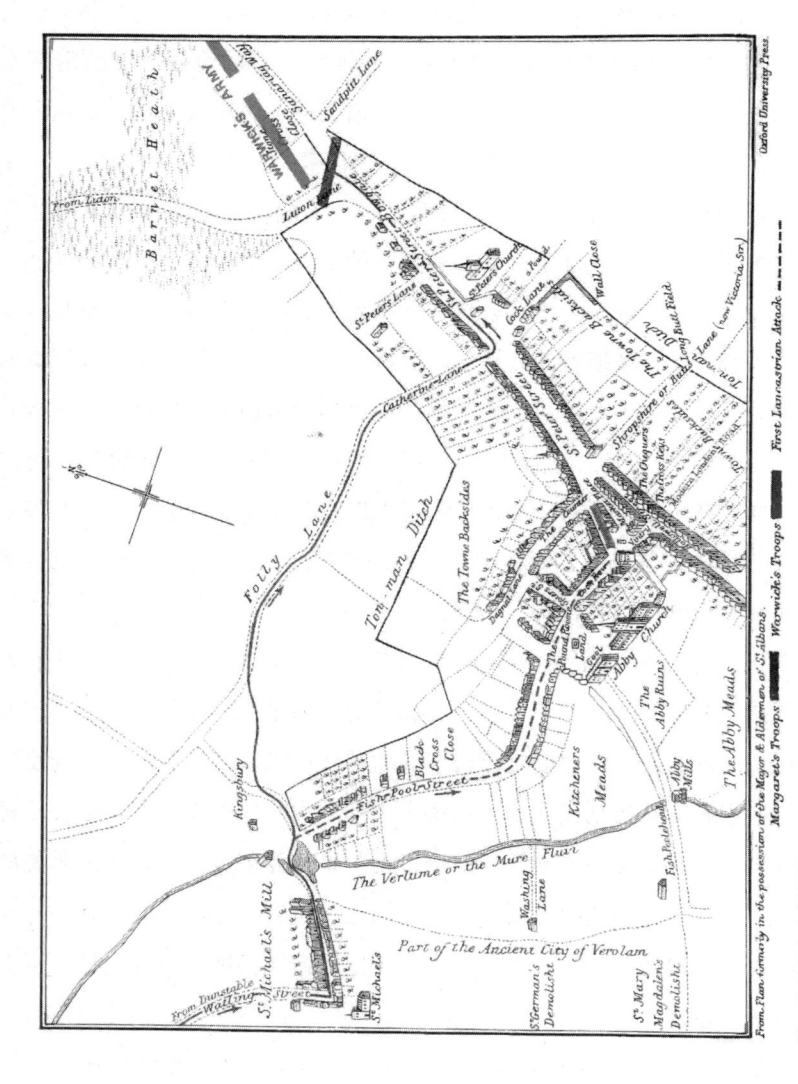

第二次圣奥尔本斯战役

普为骑士。在拉德福德桥战役时，安德鲁·特罗洛普投奔亨利六世。从那以后，他一直在圭斯尼与萨默塞特公爵亨利·博福特并肩作战。此时，在韦克菲尔德战役及第二次圣奥尔本斯战役中，他为兰开斯特派带来了好运。由于脚部受伤，安德罗·特罗洛普几乎无法行动。虽然只是一介武夫，但为感谢被册封为骑士，安德鲁·特罗洛普对威尔士亲王威斯敏斯特的爱德华的致辞倒也得体。他说："殿下，我受之有愧，因为我只杀了十五名对方士兵。我站在原地没动，约克派的士兵杀过来，全被我杀得动弹不得。"①

兰开斯特派大捷后的另一续幕却不那么令人愉快，这表现出英格兰战争礼制的崩溃。任何一方获胜后，处决战败方的要犯似乎已经变得理所当然。但特别令人反感的是，处决约克派要犯竟然当着安茹的玛格丽特王后及其八岁的儿子威尔士亲王威斯敏斯特的爱德华的面进行。据说，威尔士亲王威斯敏斯特的爱德华甚至被教唆下令处决犯人。据勃艮第的让·德·沃林讲述，安茹的玛格丽特王后问威尔士亲王威斯敏斯特的爱德华："好儿子，你看那边两位骑士，该怎样处死他们？"这两位骑士是托马斯·克里爵士父子。威尔士亲王威斯敏斯特的爱德华答道："应该砍了他们的头。"②另一位约克派的重要将领威廉·邦维尔男爵也命丧黄泉。

安茹的玛格丽特王后的胜利庆典总算落幕。约克派军队被打得七零八散，伦敦向兰开斯特派敞开了大门。正如历史不断重演的那样，又一个问题摆在兰开斯特派的面前，即他们是否应该立即勇敢挺进首都伦敦。坎尼战役后的汉尼拔、布赖滕费尔德战役后的古斯塔夫·阿道夫、埃吉希尔和布伦特福德战役后的查理一世，都面临过同样的问题。伦敦富贵尊荣，是约克派最重要的基地。此时，安茹的玛格丽特王后与伦敦之间已经没有约克派军队的阻挡。安茹的玛格丽特身后跟随一支大军，由于大战告捷而精神抖擞，气势如虹，至少当时许多人这样认为。

第二次圣奥尔本斯战役结束后，伦敦市政府表示乐意见到安茹的玛格丽

---

① 格雷戈里：《编年史》，第214页。——原注
② 勃艮第的让·德·沃林：《大不列颠编年史》，第330页。——原注

特王后。于是，伦敦市市政府立即派出两位贵族夫人，即贝德福德公爵夫人卢森堡的雅克塔和白金汉公爵夫人安妮·内维尔前来调停，准备迎接安茹的玛格丽特王后。由于估计安茹的玛格丽特王后随时可能抵达伦敦，两位约克派的重要神职人员，坎特伯雷大主教托马斯·鲍彻和埃克塞特主教乔治·内维尔，仍在坎特伯雷静候事态发展。然而，兰开斯特派没有选择进入伦敦。相反，他们从圣奥尔本斯撤到邓斯泰布尔，"亨利六世和安茹的玛格丽特王后的这一撤退决定简直是自取灭亡。"①

此时，人们普遍认为，亨利六世和安茹的玛格丽特王后没有率军进入伦敦是希望伦敦市市民不再惶惶不安，担忧兰开斯特派军队将伦敦洗劫一空。"因为伦敦市市民认为，如果兰开斯特派军队的士兵进入伦敦，那么残暴成性的他们一定会疯狂劫掠。"②威廉·伍斯特认为，伦敦城防守薄弱，伦敦市市民毫无斗志。"如果亨利六世和安茹的玛格丽特王后携军队进入伦敦，那么其梦寐以求的一切将唾手可得。"③在先前的战斗中，伦敦市市民并没有显示出任何抵抗兰开斯特派军队的意向。但有迹象表明，兰开斯特派军队如果不武力强攻伦敦，就无法进入伦敦。伦敦市市长及市议员运送一部分物资，即"面包和食物"，以及一定数额金钱前去安抚安茹的玛格丽特王后。然而，伦敦市市民截获了这批物资，并且将其据为己有。此外，安茹的玛格丽特王后派出由鲍德温·富尔福德爵士指挥的一支军队前去占领威斯敏斯特宫，但这支军队遭到伦敦市市民的围攻，寸步难行。

一位伦敦编年史家认为亨利六世不敢轻易攻城。"亨利六世和安茹的玛格丽特王后打算来到伦敦，处死反对安茹的玛格丽特王后的人，但伦敦的普通市民既不允许反对安茹的玛格丽特王后的人，也不允许安茹的玛格丽特王后的任何手下进入伦敦。因此，亨利六世和安茹的玛格丽特北上了。"④据称，马奇伯爵爱德华正率军从威尔士赶来。因此，即使亨利六世能进驻伦

---

① 威廉·伍斯特：《布里斯托尔史》，第776页。——原注
② 格雷戈里：《编年史》，《编年史》，第214页。——原注
③ 威廉·伍斯特：《布里斯托尔史》，第776页。——原注
④ 《三部15世纪编年史》，第76页。——原注

敦，处境也十分尴尬。亨利六世将面临骚动不安的伦敦市市民和在"莫蒂默十字"战役中获胜的约克派大军。因此，英格兰王室的军队撤到了约克郡。正如伊丽莎白一世时期的编年史家拉斐尔·霍林谢德所说："安茹的玛格丽特王后对埃塞克斯郡心存疑虑，对肯特郡东猜西疑，对伦敦缺乏信心……她从圣奥尔本斯启程回到英格兰北方。英格兰北方各郡才是她的根基，会对她施以援手，提供庇护。"①

---

① 拉斐尔·霍林谢德：《编年史》，第3卷，第661页。——原注

第 14 章

爱德华四世登基

精彩看点

爱德华四世进入伦敦——爱德华四世开始享用英格兰王室尊号——爱德华四世率军北上——爱德华四世强渡弗雷桥——陶顿战役爆发——兰开斯特派军队的防御阵势——约克派军队冲破兰开斯特派军队右翼——兰开斯特派惨败——爱德华四世来到约克——约克派清缴兰开斯特派残余势力——爱德华四世加冕——英格兰王室巡游——英格兰议会倾向爱德华四世——英格兰议会确认约克家族王位继承权——《剥夺公权法案》通过

第二次圣奥尔本斯战役激战正酣时，承袭了父亲、已故约克公爵理查德爵位的马奇伯爵爱德华，带着募集到的所有兵力从格洛斯特郡赶来圣奥尔本斯战场。在这场约克派遭受惨败的战役中，马奇伯爵爱德华来不及增援沃里克伯爵理查德·内维尔，但他在牛津郡与遭受惨败的沃里克伯爵理查德·内维尔会合。会合地点很有可能是奇平诺顿，①从格洛斯特郡绵延而来的道路在科茨沃尔德地区一路下行至泰晤士河河谷。从威尔士边境地区，马奇伯爵爱德华带来许多乡绅，以及八千名士兵，但他囊中羞涩，大部分手下都是自掏腰包追随他。②沃里克伯爵理查德·内维尔虽然没有带来任何兵马钱财，但他可以让马奇伯爵爱德华吃下一颗定心丸，即他保证伦敦欢迎约克派，并且能为马奇伯爵爱德华的军队提供丰富的物资保障。此时，安茹的玛格丽特王后率领的军队还在圣奥尔本斯附近徘徊。这支军队掠夺成性，不得民心。③趁伦敦仍对自己敞开怀抱时，马奇伯爵爱德华决定进驻伦敦。1461年2月26日，第二次圣奥尔本斯战役结束后九天，马奇伯爵爱德华进入伦敦。安茹的玛格丽特王后的军队尽管有可能冒险一搏，截住马奇伯爵爱德华，但最终，他们选择向北撤离。如果

---

① 威廉·伍斯特：《布里斯托尔史》，第77页；格雷戈里：《编年史》，第215页，写到"伯福德荒原"在更偏南的路上。——原注
② 格雷戈里：《编年史》，第215页。——原注
③ 约翰·维特哈姆斯蒂德：《圣奥尔本斯修道院记事簿》，第1卷，第401页。——原注

在伦敦城外，马奇伯爵爱德华遭到阻击，约克派接连遭受三次惨败，那么他很可能永远无法成为英格兰国王。但结果是，马奇伯爵爱德华一路畅行无阻来到伦敦，"那时，伦敦全城欢呼雀跃，感谢上帝……人们称颂道：'让我们携手并肩，走进一座崭新的葡萄园。1461年的阳春三月，马奇伯爵爱德华这朵美丽无瑕的白玫瑰将带领我们将伦敦变成一座其乐融融的乐园。'"①

接下来的一星期，马奇伯爵爱德华留在了属于约克家族的巴纳德城堡。②与此同时，约克派的主要领导人与伦敦市首席市民正在举行会谈。鉴于大势所趋，约克派的主要领导人与伦敦市首席市民商定，不但应该宣布马奇伯爵爱德华为英格兰王位继承人，而且应该直接确认他为英格兰真正的国王。圣奥尔本斯大捷后，安茹的玛格丽特王后迅速处决了被俘的约克派贵族，获胜的兰开斯特派军队还洗劫了圣奥尔本斯，等于向所有支持马奇伯爵爱德华的人表明，他们绝无可能与安茹的玛格丽特王后讲和。此时，约克派不但事实上成为英格兰王位的争夺者，而且是法律层面的叛国者。亨利六世心甘情愿地支持安茹的玛格丽特王后，所有反对他和安茹的玛格丽特的人都是叛国者。因此，除了推翻兰开斯特家族统治，建立一个新王朝，拥护一位新国王，并且将他视为公平正义之本，没有其他方法使约克派的地位合法化。

马奇伯爵爱德华抵达伦敦后的第一个星期日，一大批伦敦市民及士兵共三千到四千人聚集在克勒肯维尔外围的空地上。他们全部列队等候。英格兰王国大法官埃克塞特主教乔治·内维尔宣布了马奇伯爵爱德华的头衔，以及获得英格兰和法兰西王冠的权利。威廉·伍斯特出席了这次会议，听闻宣告，他随着人群一起回到伦敦。③1461年3月3日，约克派的主要领导人在巴纳德城堡举行了一次会议。参会的有坎特伯雷大主教托马斯·鲍彻、索尔兹伯里主教理查德·比彻姆、埃克塞特主教乔治·内维尔、诺福克公爵约翰·德·莫布雷、沃

---

① 格雷戈里：《编年史》，第215页。——原注
② "泰晤士河畔，紧邻圣保罗大教堂下方，有一块土地被称为'巴纳德'，这块土地以一位贵族的名字命名。这位贵族曾与'征服者'威廉进入此地。"参见坎宁安：《伦敦手册》，第39页。——原注
③ 威廉·伍斯特：《布里斯托尔史》，第777页。——原注

巴纳德城堡

里克伯爵理查德·内维尔、费茨沃尔特勋爵、费勒斯勋爵、彭布罗克伯爵威廉·赫伯特及其他一些并不威名远扬的人。他们决定拥戴马奇伯爵爱德华为英格兰国王。①1461年3月4日，爱德华四世骑马来到威斯敏斯特宫，拿到"忏悔者"爱德华的王冠和权杖。三个月后，即1461年6月28日，爱德华四世的加冕礼正式举行。又过了四个月，即1461年11月4日，英格兰议会才正式宣布马奇伯爵爱德华为英格兰国王，但所有的法律文书都将爱德华四世开始统治的时间注明为1461年3月4日。1461年3月4日，爱德华四世骑马抵达威斯敏斯特宫，开始享有英格兰国王的领土、封号和显赫的地位。②

此时，战场上仍然活跃着一支实力强大的兰开斯特派军队。根据相关历史记录，爱德华四世"身材高大""处于精力充沛的年龄，十分适应行军打仗"，③并且未做任何耽搁。1461年3月13日，爱德华四世动身前往约克郡，参加被编年史家称为"英格兰南方对战英格兰北方"系列战役中的一场④。此时，英格兰似乎暂时分裂成两个王国，特伦特河以南由"新国王"爱德华四世统领，但"旧国王"亨利六世⑤仍然固守英格兰北方地区。兰开斯特派与约克派的军队旗鼓相当，它们的军力都很强大。编年史家约翰·维特哈姆斯蒂德保守估计双方各有两万士兵⑥，但即使这个保守的估计也可能有夸张之嫌。然而，为了赢得这次战役，兰开斯特派与约克派都派出大规模军队。因此，这次战役的结果举足轻重，甚至能一锤定音。

第二次圣奥尔本斯战役后，兰开斯特派的军队已经撤回英格兰北方。爱德华四世取道东盎格利亚，一路向东，从英格兰东部各郡集结兵力，追击兰开斯特派军队。1461年3月28日，菲茨沃尔特勋爵率领的约克派先遣部队在亚耳河的费里桥上与兰开斯特派狭路相逢。此时，爱德华四世及其主力部队还在庞

---

① 马奇伯爵爱德华登基后为爱德华四世。
② 尼古拉：《历史年代记》，第305页。——原注
③ 《克罗伊兰编年史续集》（译著），伦敦，1893年，第424页、第425页。——原注
④ 威廉·维特哈姆斯蒂德：《圣奥尔本斯修道院记事簿》，第1卷，第408页；《克罗伊兰编年史续集》，第425页；威廉·伍斯特：《布里斯托尔史》，第777页。——原注
⑤ 格雷戈里：《编年史》，第216页。——原注
⑥ 威廉·维特哈姆斯蒂德：《圣奥尔本斯修道院记事簿》，第1卷，第408页。——原注

蒂弗拉克特。

第二次圣奥尔本斯战役约克派大获全胜后，兰开斯特派的军队无疑有些自乱阵脚。无论向南挺进还是往北撤退，只要在特伦特河南侧，兰开斯特派军队就大肆劫掠，以致军纪败坏。然而，安茹的玛格丽特王后的军队还是令人望而生畏。这支军队几乎囊括了所有兰开斯特派的贵族及扈从，以及身经百战的将领，如安德鲁·特罗洛普。如果兰开斯特派的军队实行合理防御措施，那么依靠河阔水深的天堑亚耳河，任何强大的对手都无法越过。

1461年圣枝主日前夕，沃里克伯爵理查德·内维尔和菲茨沃尔特勋爵组成的约克派突击队，试图强夺约翰·克利福德男爵率军把守的费里桥。但约克派突击队强袭未果，菲茨沃尔特勋爵阵亡，沃里克伯爵理查德·内维尔腿部也受了箭伤，费里桥仍由兰开斯特派守军牢牢控制。此时，约克派军队的主力从庞蒂弗拉克特赶来增援。最终，经过六个小时的浴血奋战，约克派军队一举拿下费里桥。据说，约克派能成功拿下费里桥应该归功于肯特伯爵威廉·内维尔的得力助攻。肯特伯爵威廉·内维尔带领一小队人马，从亚耳河上游三英里的卡斯尔福德渡过亚耳河，迂回包抄到费里桥边的兰开斯特派守军①。为在激战中行动更灵活，约翰·克利福德男爵脱下护喉甲胄。因此，他的喉咙暴露在外。在战斗中，他中了致命一箭，战死沙场。1461年3月28日晚，约克派军队全部渡过费里桥，在冰天雪地中等待着1461年3月29日清晨的到来。②

1461年3月29日，圣枝主日，一场大决战正式开始。现在，这场大决战统称为陶顿战役。陶顿是萨克斯顿教区内的一座小镇，距离塔德卡斯特三英里。此外，这场战役也称作费里桥战役③或舍本战役。④兰开斯特派的军队占据着"横亘在陶顿和萨克斯顿间的一大片平原。"⑤战场西侧是萨克斯顿-陶顿

---

① 拉斐尔·霍林谢德：《编年史》，第3卷，第664页。勃艮第的让·德·沃林认为1461年3月28日中午，费里桥争夺战打响开始。1461年3月28日18时，费里桥争夺战结束。勃艮第的让·德·沃林：《大不列颠编年史》，第340页。——原注
② 勃艮第的让·德·沃林：《大不列颠编年史》，第338页。——原注
③ 约翰·维特哈姆斯蒂德：《圣奥尔本斯修道院记事簿》，第1卷，第410页。——原注
④ 格雷戈里：《编年史》，第217页。——原注
⑤ 拉斐尔·霍林谢德：《编年史》，第3卷，第664页。——原注

路,东侧是弗雷桥-塔德卡斯特大道。战场前方,兰开斯特派军队和约克派军队中间有一座小山谷。山谷的古英语名称"丁丁代尔"别具一格。 因此,在这场战役中,兰开斯特派军队占据了极佳的地理位置。他们前方是山谷,左侧是弗雷桥-塔德卡斯特大道,右侧是萨克斯顿-陶顿路,可谓进退自如。如果兰开斯特派军队撤退,那么公鸡涧将给它们的撤退带来麻烦。公鸡涧流向东北,汇入沃夫河,截断了塔德卡斯特和兰开斯特派军队阵地之间的两条道路。

据说,1461年3月29日9时[1],陶顿战役爆发。依据惯例,约克派军队兵分三路。肯特伯爵威廉·内维尔指挥前锋部队,他还为前锋部队配备了一支强大

陶顿战役中的沃里克伯爵理查德·内维尔

---

[1] 拉斐尔·霍林谢德:《编年史》,第3卷,第664页。——原注

陶顿战役中的亨利六世与一位丧子的父亲

的弓箭手。爱德华四世与沃里克伯爵理查德·内维尔一起指挥中军。约翰·温洛克爵士和约翰·德纳姆爵士指挥后卫部队。进攻开始前，约克派军队宣布对兰开斯特派军队的俘虏格杀勿论。此时，两派都赞同对俘虏格杀勿论的做法。在兰开斯特派军队中，诺森伯兰伯爵亨利·珀西和安德鲁·特罗洛普指挥前锋部队，盘踞在兰开斯特派军队阵地中心。亨利六世和萨默塞特公爵亨利·博福特很可能指挥右翼部队。

根据传统描述，[①]肯特伯爵威廉·内维尔率领约克派突击队一马当先。此时，雨雪簌簌落下，向兰开斯特派军队迎面吹来。当接近兰开斯特派军队时，或者兰开斯特派军队处在射程内时，肯特伯爵威廉·内维尔命令弓箭手射出一批箭雨。然后，这些弓箭手静止不动。顿时，兰开斯特派军队感到箭如雨下。

---

① 约翰·维特哈姆斯蒂德：《圣奥尔本斯修道院记事簿》，第409页。——原注

陶顿战役

陶顿战役

由于雨雪交加，兰开斯特派军队误判了自己与约克派军队距离。他们以为约克派军队已经近在咫尺，便迅速行动，向肯特伯爵威廉·内维尔的军队疯狂射箭。但由于正值逆风，箭无法射远，只能落在肯特伯爵威廉·内维尔率领的突击队的前方。肯特伯爵威廉·内维尔命令手下捡起射过来的箭矢。兰开斯特派军队的箭矢射完后，肯特伯爵威廉·内维尔下令弓箭手再次推进到射程以内，并且命令弓箭手不仅要射出他们自己的箭，还要射出捡拾到的从兰开斯特派军队射来的箭。箭射完后，约克派军队的士兵便用各式刀斧、匕首、木槌或狼牙棒围攻兰开斯特派军队①。当整个约克派军队冲锋陷阵时，爱德华四世以其坚毅果敢脱颖而出。经过十个小时的浴血奋战，约克派军队击溃负隅顽抗的兰开斯特派军队。最终，兰开斯特派军队一溃千里，试图逃向塔德卡斯特桥。但他们中的大多数士兵没能抵达塔德卡斯特桥，即使个别士兵到了塔德卡斯特桥桥边，也过不了这座桥。兰开斯特派军队的许多将士必定被约克派军队杀死，或者溺死在虽然窄，但十分深的公鸡涧里，或死在更宽的沃夫河里。传闻，对兰

陶顿战役中，约克派军队的弓箭手

① 约翰·维特哈姆斯蒂德：《圣奥尔本斯修道院记事簿》，第409页。——原注

开斯特派将士的屠杀惨绝人寰。公鸡涧里尸体堆积如山,甚至都可以过人了。一些兰开斯特派军队的逃兵从那条令人毛骨悚然的公鸡涧死人堆砌的河堤上逃走了,甚至从陶顿流出的河水都染成了红色。①

与此同时,多名兰开斯特派贵族阵亡。诺森伯兰伯爵亨利·珀西、内维尔勋爵、茅利勋爵、莱昂内尔·德·韦尔斯男爵和英勇不屈的骑士安德鲁·特罗洛普都血染沙场。爱德华四世宣布对俘虏格杀勿论。有四十二名兰开斯特派的骑士被俘,并且很快遭到处决。年纪轻轻的德文伯爵托马斯·考特尼成为俘虏后也遭到处决。约克派军队虽然伤亡惨重,但没有一位贵族战死。

陶顿战役或许是玫瑰战争中最具决定性的战役。在力量最强大时,兰开斯特派军队却一败涂地,四散而逃。不久前,在韦克菲尔德及南边的圣奥尔本斯,兰开斯特派军队接连取得大捷。然而,他们没想到陶顿大战的惨败彻底扭转了玫瑰战争的局势。亨利六世、安茹的玛格丽特王后、萨默塞特公爵亨利·博福特和埃克塞特公爵亨利·霍兰侥幸逃脱。虽然在英格兰北方,兰开斯特派控制的城堡接纳了他们,但他们已经无法避免最终的失败。甚至他们会被驱逐出英格兰。玫瑰战争结束后,爱德华四世立即前往约克。他没有遇到任何抵抗就进入这座北方大首府,并且接受当地市民的效忠宣誓。他取下自韦克菲尔德战役大败起就一直挂在约克城墙上的父亲约克公爵理查德的头颅。如今,挂在约克城墙上面的是许多兰开斯特派贵族的首级。

爱德华四世在约克待了三个星期,并且庆祝了复活节,"整个庆典豪华壮观"。②他从约克北上,穿过达勒姆,进入诺森伯兰。1461年5月月初,爱德华四世在纽卡斯尔将奥蒙德伯爵詹姆斯·巴特勒斩首。③此时,英格兰北方大多数城堡似乎已经向爱德华四世俯首称臣。虽然还没有完全平定英格兰北部,但爱德华四世再次南下。他沿着一条路线迂回南下。首先,他进入兰开

---

① 拉斐尔·霍林谢德:《编年史》,第3卷,第664页。——原注
② 《克罗伊兰编年史续集》,第426页。——原注
③ 格雷戈里:《编年史》,第217页。奥蒙德伯爵詹姆斯·巴特勒在科克茅斯被捕。参见詹姆斯·盖尔德纳:《帕斯顿信札》,第451篇。最后,奥蒙德伯爵詹姆斯·巴特勒的头颅被挂在伦敦桥上。参加詹姆斯·盖尔德纳:《帕斯顿信札》,第453篇。——原注

夏郡和柴郡，后取道考文垂前往伦敦。①1461年6月14日，爱德华四世抵达伦敦，住在兰贝斯，为1461年6月28日举行的正式加冕礼做准备。沃里克伯爵理查德·内维尔和肯特伯爵威廉·内维尔留在英格兰王国北方，率军清除兰开斯特派残余势力。随后，约克派又花了三年时间彻底攻占诺森伯兰郡。

1461年6月28日，按照礼制，②爱德华四世从伦敦塔启程前往威斯敏斯特宫举行加冕礼。他的加冕礼遵从正式而古老的加冕礼仪。爱德华四世特别册封了一批约克派的功臣为贵族。爱德华四世的弟弟乔治·金雀花获封克拉伦斯公

乔治·金雀花

---

① 关于爱德华四世路线和日期，请参阅詹姆斯·拉姆齐所著《兰开斯特家族和约克家族》，纽约，斯克林纳和阿姆斯特朗出版社，第2章，第274页；《三部15世纪编年史》，第174页。——原注
② "伦敦塔，隆重仪式，如加冕典礼，通常从伦敦塔开始。"参见《爱德华五世和理查三世的一生和统治》（莫雷编），1870年，第216页。——原注

爱德华四世的弟弟理查

爵，他的另一位弟弟理查获封格洛斯特公爵。鲍彻家族也获得两个新头衔。亨利·鲍彻被册封为埃塞克斯伯爵，汉弗莱·鲍彻爵士被册封为克伦威尔男爵。忠心耿耿的威廉·内维尔被封为肯特伯爵，与其侄子，这次没有被册封的沃里克伯爵理查德·内维尔平起平坐。册封这些人是为奖励他们为爱德华四世登上英格兰王位立下的汗马功劳。

　　爱德华四世已经昭告天下他是英格兰王国真正的国王。1461年3月4日，爱德华四世开始拥有"英格兰国王的头衔"，行使"英格兰国王的权力"[①]。1461年6月28日，爱德华四世按计划加冕为英格兰国王。早在陶顿战场上，他

---

① 尼古拉：《历史年代记》，第305页。——原注

就见过自己的臣民。此时，他虽然不能完全代表英格兰议会，但要会见英格兰王国全体臣民。爱德华四世本打算在1461年7月召开英格兰议会，但苏格兰王国军队利用英格兰内战不断侵袭卡莱尔。因此，英格兰议会被认为最好推迟到国内比较安定时再召开。沃里克伯爵理查德·内维尔的弟弟蒙塔古侯爵约翰·内维尔率军很快给卡莱尔解了围，但爱德华四世依然"没有下达英格兰议会召开的书面诏书"。①爱德华四世的加冕仪式举行前不久，人们知道他将在圣米迦勒节后召集议会。从加冕礼结束后到圣米迦勒节前的这段时间，爱德华四世不得不再次奔赴英格兰北方抗击苏格兰王国军队的入侵，从而安邦定国。

然而，英格兰北部并不像预计的那样危机四伏。因此，爱德华四世没有前往这一地区。他把抗击苏格兰王国军队入侵的任务留给得力干将沃里克伯爵理查德·内维尔，转而前往其他攻克下来的兰开斯特派贵族的领地。从加冕礼结束后到英格兰议会召开前的大部分时间里，爱德华四世都在大张旗鼓地出巡。首先，他经过英格兰东南部各郡进入威尔士边境地区。随后，他穿过米德兰地区班师回朝。由于约翰·帕斯顿的长子是爱德华四世的随从，他的家书来往对此也有明确记载。②约翰·帕斯顿听到消息，说自己的儿子受到名门贵族的嘉奖，并且"地位稳固，不慕虚荣"。但由于约翰·帕斯顿给予自己儿子的出行费用很少，导致他的儿子囊中羞涩。他的儿子在信中称，与王公贵族一起时，"开销捉襟见肘"。

爱德华四世统治时期的第二次出巡③占用了他1461年8月和1461年9月的大部分时间。经过肯特郡和萨塞克斯郡后，爱德华四世往西来到布里斯托尔，并且从那里取道前往格洛斯特郡和赫里福德郡。穿过威尔士边境地区后，他来到拉德洛。大约1461年9月27日或1461年9月28日，爱德华四世穿越米德兰地区。

---

① 参见詹姆斯·拉姆齐：《兰开斯特家族和约克家族》，纽约，斯克林纳和阿姆斯特朗出版社，第2章，第277页；《三部15世纪编年史》，第174、第175页。——原注
② 詹姆斯·盖尔德纳：《帕斯顿信札》，第457篇。——原注
③ 爱德华四世统治时期的第一次出巡指陶顿战役后，他在英格兰北方的出巡。——原注

最终，大约1461年10月7日或1461年10月8日，他①返回伦敦。爱德华四世的这次出巡十分成功。在巡游途中，只要认为有必要，作为一切正义源泉的国王爱德华四世就会举行审判会，审判被控破坏安宁、反抗英格兰王室权威的人。毫无疑问，英格兰王国各地迫切需要爱德华四世的到来，因为此时，即使伦敦周边地区，也常常不安定。1461年7月9日，玛格丽特·帕斯顿给丈夫约翰·帕斯顿写信道："骑马或步行时要注意，路上有奸佞邪恶之人。我只能独守这里，天天担惊受怕。"②"这里"指玛格丽特·帕斯顿在诺福克的生活。陶顿战役结束后的几个月，威尔士边境地区的许多城堡依然效忠亨利六世。亨利六世同母异父的弟弟贾斯珀·都铎仍然拥有一支兰开斯特派的部队。但爱德华四世的出巡使南威尔士和北威尔士的所有城堡③都投降了④。贾斯珀·都铎不得不躲进山里。

哈勒赫城堡

---

① 詹姆斯·盖尔德纳：《帕斯顿信札》，第456篇。——原注
② 詹姆斯·盖尔德纳：《帕斯顿信札》，第466篇。——原注
③ 詹姆斯·盖尔德纳：《帕斯顿信札》，第483篇。——原注
④ 此时，爱德华四世的军队仍没攻下哈勒赫城堡。——原注

英格兰王室巡游是英格兰国王古老而光荣的职责。英格兰王室巡游一举多得。通过巡游，英格兰王室既可以安抚愤懑不平的臣民，又可以沿途伸张正义。对爱德华四世来说，巡游还是一个向普通英格兰民众展示自己，维护自己国王声望的机会。此外，英格兰王室选择巡游也有经济方面的考虑，因为巡游意味着国王及其随从大多可以得到免费招待。趁此机会，英格兰王室还能征收王室捐税，接受大批贵族和市民的热情款待。在亨利二世和约翰王统治时期，对请愿者来说，英格兰王室巡游通常只是繁重的负担，因为对请愿者来说，他们不得不跟随国王及朝臣四处奔波，寻求正义。对车马被国王征用的人来说，英格兰王室巡游也是一种负担。然而，如果英格兰王室巡游采取适度的方式进行，那么对英格兰国王来说，巡游大有裨益，因为这是一种维护英格兰和平的行之有效的方法。虽然此时，英格兰王廷的权威仍然受到质疑，但爱德华四世和理查三世都成功地利用英格兰王室巡游达到了上述目的。

1461年11月4日，英格兰议会召开。这次英格兰议会完全站在约克派一边。各教区的几位主教，如坎特伯雷大主教托马斯·鲍彻，以及大公无私的温彻斯特主教威廉·韦恩弗利特[5]，都对爱德华四世忠贞不贰，并且保证英格兰其他大部分主教也会支持爱德华四世。英格兰议会上议院中的非神职议员也属于约克派。这次英格兰议会没有召集任何兰开斯特派支持者。在英格兰议会下议院，选举产生的市民代表通常也支持约克派，因为约克派是英格兰地区的海陆霸主，其政策有利于发展贸易及维持英格兰的和平生活。在拥护爱德华四世的郡长及邻近权贵们的监督下，各郡选举出代表各郡的骑士。虽然人们反感郡长干预选举，但很难不接受郡长对选举结果的干预[6]。

1461年11月4日，英格兰议会召开。英格兰王国大法官埃克塞特主教乔治·内维尔主持开幕式。他布道说："改正你们的行动作为。[7]"[8]。本次英

---

[5] 比较《三部15世纪编年史》，第174页，爱德华四世尊威廉·韦恩弗利特。——原注
[6] 比较詹姆斯·盖尔德纳：《帕斯顿信札》，第471篇。——原注
[7] 《圣经·耶利米书》第7章，第3节。——原注
[8] 对1461年英格兰议会的详细叙述，参见威廉·斯塔布斯：《英格兰宪法史》，牛津，牛津大学出版社，第3章，第200页到第203页。——原注

格兰议会召集四十四位非神职上议院议员，数量约等于15世纪英格兰议会上议院会议的平均出席人数①。1461年11月12日，英格兰议会下议院议长詹姆斯·斯特兰韦斯爵士，一位约克郡的骑士，向英格兰议会下议院递交了一份请愿书，提请英格兰议会通过确认爱德华四世所在的约克家族获得英格兰王位的法案。最终，这部法案获得通过，但并不意味着约克家族获得英格兰王位头衔必须得到英格兰议会的确认。英格兰议会正式召开前，爱德华四世的统治已经开始。英格兰议会的议案明确承认，爱德华四世的统治已经从"刚刚过去的1461年3月4日"②开始。

兰开斯特家族的统治时期被视为英格兰历史上一段谋权篡位小插曲。在这部法案中，亨利六世、亨利五世和亨利四世，分别被称作亨利之子亨利六世、前德比伯爵亨利之子、冈特的约翰之子。尽管如此，除了某些特例，这部法案声明兰开斯特家族统治时期的所有司法审判、通过的宪章、赐予贵族的特权仍然适用，并且具有法律效力。如果没有这项声明，那么在英格兰，没人能安枕无忧，社会将陷入混乱。

事实上，王国管辖和社会事务一如既往。爱德华四世登基前，英格兰王国政府的主要官员中绝大多数是约克派支持者。因此，他没有必要大幅改变内阁成员。但为清除亨利六世的党羽，一部无所不包的《剥夺公权法案》获得通过。被剥夺公权者的名单中首当其冲的是亨利六世、安茹的玛格丽特王后和他们的儿子威尔士亲王威斯敏斯特的爱德华。十四位兰开斯特派的大贵族领主也在这份名单中。其中，一些人还在世，如萨默塞特公爵夫妇和埃克塞特公爵夫妇，其他一些人已经过世。但无论生死，他们都被剥夺了爵位，他们的财产也被英格兰王室没收。除贵族以外，还有许多社会地位较低的人，如小地主，也出现在这份共有一百五十三人的名单中。③在这份名单中，被剥夺公权者的数量似乎十分庞大，但无疑原本的人数可能更多。此时，大多数被剥夺财产者已

---

① 兰开斯特派与约克派贵族出席英格兰议会上议院的人数，参见威廉·斯塔布斯：《英格兰宪法史》，牛津，牛津大学出版社，第3章，第457页。——原注
② 尼古拉：《历史年代记》，第305页。——原注
③ 威廉·伍斯特：《布里斯托尔史》，第779页。——原注

经逃之夭夭。他们要么东躲西藏，要么流亡天涯。他们如果以后向约克派投降，那么可能会获得赦免。

　　1461年12月21日，英格兰议会休会。①爱德华四世亲自发表演讲，承诺自己将为国效劳。爱德华四世时年十九岁零八个月。必须承认，对一位年轻人来说，他的表现已经出类拔萃。

---

① 1462年5月，英格兰议会再次召开，但很快就散会了。——原注

第15章

北方战争

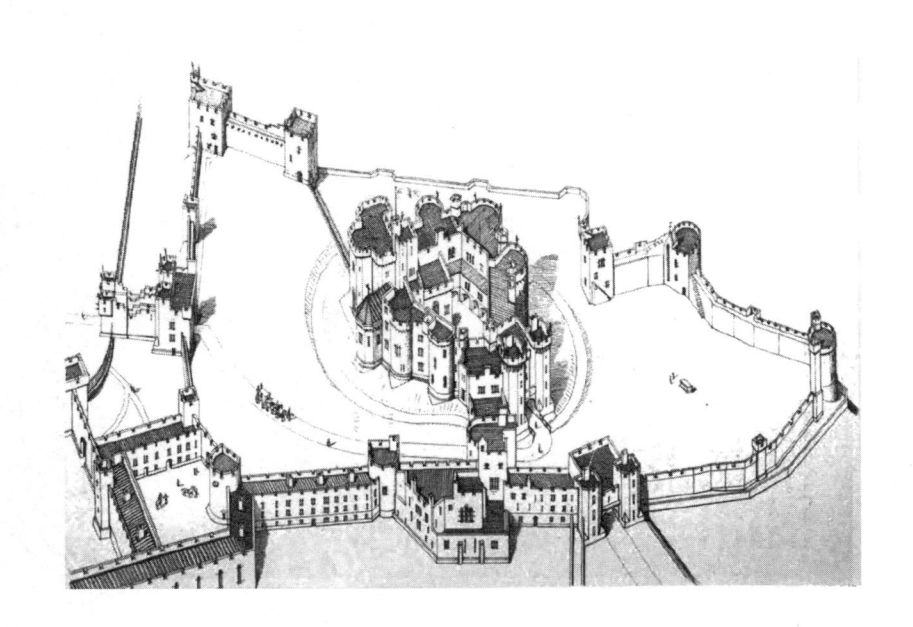

精彩看点

亨利六世夫妇的逃亡之路——苏格兰王国内部对支持兰开斯特派的矛盾态度——亨利六世逃到苏格兰——安茹的玛格丽特王后逃到法兰西王国——勃艮第公国对支持兰开斯特派的矛盾态度——爱德华四世外交手腕的影响力——内维尔家族掌管英格兰北方防务——安茹的玛格丽特王后难以获得外援——安茹的玛格丽特王后率军重返英格兰——英格兰北方地区主要城堡倒戈兰开斯特派——约克派收复英格兰北方地区主要城堡——萨默塞特公爵亨利·博福特倒向约克派——爱德华四世册封兰开斯特派降将——约克派攻下诺勒姆城堡——安茹的玛格丽特王后再次踏上逃亡之路

英格兰议会成功召开后，爱德华四世如释重负。短短几个月内，他彻底击溃了兰开斯特派军队，加冕为英格兰国王，并且得到英格兰议会议员的全票认可。此时，他统领着一群骁勇善战的将领，以及一大批士兵。他的舰船在海面巡逻。[①]作为英格兰国王，他亲自巡视全国。无论走到哪里，他都成功宣示了英格兰王权。兰开斯特派的灭亡似乎只是时间问题。

兰开斯特派没有遭到覆灭几乎是安茹的玛格丽特王后的功劳。只要一息尚存，她就绝不服输。最惨痛的失败也不能让安茹的玛格丽特王后精神崩溃。每次惨败后，她都顽强地重新建立起自己的政治派系。她的丈夫亨利六世只能静静待在苏格兰，等待安茹的玛格丽特王后将推翻约克派统治的计划付诸实践，成功后再找他露面。安茹的玛格丽特王后一刻也不停歇。她在贫困交加，几乎无人服侍的情况下四处奔波，牵线搭桥，凝聚反约克派的力量。通常对安茹的玛格丽特王后的人身威胁来自暴徒。在乡村，她可能遇到强盗。在海上，她可能遇到爱德华四世的巡逻士兵，或可能遭遇英格兰附近海域横行的海盗。甚至有一次，安茹的玛格丽特王后不得不坐上一艘敞舱船，在诺森伯兰附近海岸独自面对狂风暴雨。虽然历经千难万险，但她从不退缩。安茹的玛格丽特王后东奔西走，在英格兰、苏格兰，以及随后在法兰西和佛兰

---

① 此时，爱德华四世对英格兰海防的关心程度，请参阅詹姆斯·盖尔德纳：《帕斯顿信札》，第459篇、第480篇、第483篇。——原注

德斯到处寻求帮助。虽然所求之人并不十分热心,也迟迟不能对她施以援手,但她仍然不停游说各方势力。经过三年不懈努力,兰开斯特派再次团结一心,拧成一股绳。最终,兰开斯特派的支持者汇集成一支大军,占领了诺森伯兰的多个据点。这些据点似乎坚不可摧,至少在英格兰北方是如此。但很快一连串失败接踵而至,兰开斯特派支持者能躲藏的又躲得无影无踪。安茹的玛格丽特王后再次陷入残局当中,留给她的是有待整合的各处零星力量。安茹的玛格丽特王后继续以自己微薄的力量和影响力独自对抗实力雄厚、才能出众的约克派国王爱德华四世。

陶顿战役大败后,兰开斯特派要重夺英格兰王位就变得不那么容易。他们可以指望两个友好国家,即法兰西王国和苏格兰王国。但有一段时间,亨利六世和安茹的玛格丽特王后留在英格兰。1461年4月18日,据报告,亨利六世及其妻子安茹的玛格丽特王后躲藏在约克郡的某座城堡里,"它有克罗姆城堡抑或类似的名字",[①]或许那里只不过是一个设防的农场。一些约克派的乡绅率军围攻了那里,亨利六世差点被俘,但珀西家族的追随者攻击了约克派的围攻者,并且转移了围攻者的注意力。趁此时机,亨利六世"偷偷从一个小后门溜走了"。

亨利六世和安茹的玛格丽特王后一起向北,逃到了英格兰北方边境地区的要塞贝里克。苏格兰王国军队经常觊觎并围攻的贝里克仍然掌握在兰开斯特派的手中。亨利六世立刻让原本的对手苏格兰王国军队进入贝里克。因此,1461年5月月初,约翰·帕斯顿在信札中写道"贝里克到处都是苏格兰人"的消息。[②]随后,亨利六世一家三口进入苏格兰。显然,他们逃到了爱丁堡,"麻烦重重,困难如影随形,没有发生任何奇迹。"[③]亨利六世失去了一个王国,甚至他的临时栖居之地也要用英格兰的要塞来换。

当时,苏格兰王国并不能向兰开斯特派提供太多的机会。其中原因非常

[①] 詹姆斯·盖尔德纳:《帕斯顿信札》,第451篇。——原注

[②] 詹姆斯·盖尔德纳:《帕斯顿信札》,第452篇;《三部15世纪编年史》,第78页。据记载,亨利六世"将英格兰北方的许多城堡都移交给了苏格兰王国"。——原注

[③] 格雷戈里:《编年史》,第217页。——原注

詹姆斯三世

复杂。1460年8月3日，才能卓越、坚定支持亨利六世的詹姆斯二世在围攻罗克斯堡时，由于己方的一门大炮爆炸意外身亡。此后，苏格兰王国陷入各派纷争。摄政期间的苏格兰王国总是被各派纷争困扰。此时，詹姆斯三世年幼，年仅九岁。王太后盖尔德雷的玛丽虽然大权在握，但不得不与尊贵的圣安德鲁斯主教詹姆斯·肯尼迪分治苏格兰王国。詹姆斯二世驾崩后，二人的确在努力执行詹姆斯二世支持兰开斯特派既定的政策，因为英格兰王国的内乱为苏格兰王国提供了抢占英格兰城堡和领土的机会。不过，早在1461年，应爱德华四世的要求，约克家族的支持者勃艮第公爵腓力三世派遣一位特使来到苏格兰，专门拉拢苏格兰王太后盖尔德雷的玛丽支持英格兰王国的约克家族。勃艮第公爵腓力三世是盖尔德雷的玛丽王太后的舅爷，也是盖尔德雷家族的大领主。勃艮第公爵腓力三世派出的特使极大地影响了苏格兰王国的统治阶层，使其不再团结一致支持兰开斯特派。①

虽然陶顿战役大败后，兰开斯特派逃往苏格兰时，苏格兰王太后盖尔德雷的玛丽已经支持约克家族，但她没有拒绝兰开斯特家族成员进入苏格兰王国。圣安德鲁斯主教詹姆斯·肯尼迪派的实力十分强大，可以保证兰开斯特家族成员受到热情款待。②起初，亨利六世、安茹的玛格丽特王后及其儿子威尔士亲王威斯敏斯特的爱德华被安排在林利斯戈宫。随后，他们被安顿在爱丁堡多明我修道院。③然而，他们似乎从没在同一个地方长时间居住过。1461年8月，安茹的玛格丽特王后及其儿子威尔士亲王威斯敏斯特的爱德华还在爱丁堡，但亨利六世已经回到兰开斯特派丢失的英格兰土地。据说，"他与四个手下和一个孩子待在柯库布里"，④他必须靠近有苏格兰军队的地方。1461年5月或1461年6月，爱德华四世加冕前不久，苏格兰王国甚至派遣了一支军队围攻约克派控制的卡莱尔，但被沃里克伯爵理查德·内维尔的弟弟边境地区总督之一的蒙塔古侯爵约翰·内维尔击败。

因此，安茹的玛格丽特王后向苏格兰王国求援并没有完全成功。爱德华四世的外交手腕破坏了她的计划，也使苏格兰王太后盖尔德雷的玛丽与安茹的玛格丽特王后离心。但安茹的玛格丽特王后的计划远不止向苏格兰王国求援，她还计划拉拢法兰西王国包围英格兰王国，使后者四面受敌。法兰西国王查理七世是安茹的玛格丽特王后的姑父。查理七世统治时期，英军被赶出法兰西。此时，以维护兰开斯特派利益为名入侵英格兰，让查理七世有机会完全扭转此前法兰西遭英格兰入侵的局面。因此，安茹的玛格丽特王后派遣三位忠臣，即萨默塞特公爵亨利·博福特、罗伯特·亨格福德男爵和罗伯特·怀特厄姆出使法兰西王国，期望能成功获得法兰西国王查理七世的资助。1461年7月的某一天，兰开斯特派的使团避开了爱德华四世派来守卫英格兰海域的军舰，登陆迪

---

① 勃艮第的让·德·沃林：《大不列颠编年史》，第355页。——原注
② 休姆·布朗：《苏格兰史》，第1章，第249页，注释1。——原注
③ 休姆·布朗：《苏格兰史》，第1章，第251页。——原注
④ 詹姆斯·盖尔德纳：《帕斯顿信札》，第480篇。——原注

林利斯戈宫

耶普。但不幸的是，1461年7月22日，查理七世驾崩。法兰西王国新国王路易十一很懂得玩弄政治，他可不愿意力挺处于颓势的兰开斯特派。甚至兰开斯特派的使者们受到法兰西王国的监视，他们的所有文书信函都被截获，并且交给路易十一。幸运的是，他们可以向安茹的玛格丽特王后写信，汇报他们被拘留的情况。兰开斯特派通过不同的船邮寄出三封书信，至少有一封被爱德华四世的海上巡逻士兵截获。正是从这封信中，爱德华四世可以推测出兰开斯特派使者被拘留的情况。①

路易十一

---

① 詹姆斯·盖尔德纳：《帕斯顿信札》，第480篇。——原注

路易十一即位前，作为法兰西王储，他与父亲法兰西国王查理七世不和。查理七世驾崩时，路易十一还在勃艮第公爵腓力三世的领地埃丹。路易十一在兰斯加冕为法兰西国王。在巴黎临朝听政后，他去了图尔，并且在卢瓦尔河畔怡人的狩猎之乡避暑。被拘留的兰开斯特派的使者也随即被带到图尔。在那里，他们受到路易十一的款待，然后被遣送回苏格兰。但从法兰西王国，兰开斯特派的使者没能得到任何实质性的援助。据说，勃艮第公爵腓力三世的儿子沙罗莱伯爵查理[1]曾劝诱路易十一，希望他能友善对待兰开斯特派的使者。与父亲勃艮第公爵腓力三世不同，沙罗莱伯爵查理支持兰开斯特派。他很早就与驻扎在圭斯尼的萨默塞特公爵亨利·博福特相识，并且两人私交甚厚。[2]

然而，爱德华四世的外交手腕无处不在。萨默塞特公爵亨利·博福特与罗伯特·亨格福德男爵试图代表安茹的玛格丽特王后谈判，但爱德华四世的特使正在加来等待。他们准备抓住有利时机，影响并拉拢法兰西国王路易十一。爱德华四世的使团由约翰·温洛克爵士、约翰·克里爵士和圣塞维伦斯修道院院长组成。虽然加来辖区内骚动不安，导致他们耽搁了几个星期才觐见路易十一，但勃艮第公爵腓力三世从中斡旋，确保至少在一段时间内，法兰西王国和英格兰王国相安无事。

1461年就这样过去了。亨利六世、安茹的玛格丽特王后及其儿子威尔士亲王威斯敏斯特的爱德华还停留在苏格兰。爱德华四世心满意足，将守卫英格兰王国北部边境的重任交给沃里克伯爵理查德·内维尔和蒙塔古侯爵约翰·内维尔。《帕斯顿信札》表明，从总体上来说，英格兰王国境内还不安定。1462年2月，爱德华四世惩罚牛津伯爵约翰·德·维尔及其一位儿子，托马斯·塔顿汉爵士[3]和另外两名骑士，以儆效尤。这些人涉嫌为安茹的玛格丽特王后筹备援助。这起案件由英格兰王国治安总管伍斯特伯爵约翰·蒂普托夫特审

---

[1] 即"大胆"的查理。——原注
[2] 以上细节来自勃艮第的让·德·沃林：《大不列颠编年史》，第409页到第411页。比较，詹姆斯·拉姆齐：《兰开斯特家族和约克家族》，纽约，斯克林纳和阿姆斯特朗出版社，第2章，第289页，注释2。——原注
[3] 多年来，托马斯·塔顿汉爵士一直在诺福克郡制造冲突。——原注

理。牛津伯爵约翰·德·维尔等人被处以绞刑，绞架是专为惩罚牛津伯爵约翰·德·维尔等人安放在伦敦塔所在的塔山上的。①

出使法兰西王国失败并返回苏格兰后，萨默塞特公爵亨利·博福特等人又踏上前往佛兰德斯的外交之旅。1462年3月，他再次无功而返。很明显，安茹的玛格丽特王后如果真要获得其他国家的支援，那么必须亲自出马。1462年4月，安茹的玛格丽特王后带领四艘船，②从柯库布里出发，沿圣乔治海峡南下。1462年4月16日，安茹的玛格丽特王后一行安全抵达布列塔尼，并且受到布列塔尼公爵弗朗西斯二世的欢迎。弗朗西斯二世是末代布列塔尼公爵，他赠

布列塔尼公爵弗朗西斯二世

---

① 威廉·伍斯特：《布里斯托尔史》，第779页到第780页。——原注
② 毫无疑问，这四艘船由圣安德鲁斯主教詹姆斯·肯尼迪提供。——原注

安茹公爵雷纳

予安茹的玛格丽特王后一万两千克朗。①离开布列塔尼后,安茹的玛格丽特王后继续前进,随后到达安茹。在安茹,她看望了自己的父亲安茹公爵雷纳,有名无实的西西里国王。但年迈的安茹公爵雷纳没有多少财产支持女儿。因此,1462年8月,安茹的玛格丽特王后只能继续前进,前去觐见路易十一。那时,路易十一可能在他最爱的图尔城堡。目前为止,路易十一一直保持中立,对兰开斯特派和约克派保持友好态度,但不为两派做任何实事。现在,路易十一看到了机会。安茹的玛格丽特王后许诺将加来送给路易十一,②路易十一也同意

---

① 勃艮第的让·德·沃林:《大不列颠编年史》,第431页。——原注
② 此时,兰开斯特派并没有控制加来。——原注

为安茹的玛格丽特提供兵马、经费。路易十一和安茹的玛格丽特立刻组织了一支远征队，准备入侵英格兰北部。安茹的玛格丽特王后希望苏格兰王国政府支持兰开斯特派与法兰西王国组成的联合远征队。但沃里克伯爵理查德·内维尔已经在扩大外交网络。1462年4月，安茹的玛格丽特王后刚离开苏格兰，沃里克伯爵理查德·内维尔就在邓弗里斯觐见了苏格兰王太后盖尔德雷的玛丽，确认了她的中立立场。据说，沃里克伯爵理查德·内维尔可能已经提出期望盖尔德雷的玛丽王太后与爱德华四世联姻。①

尽管面临如此形势，安茹的玛格丽特王后还是准备入侵英格兰。路易十一为她提供的远征队规模并不大，但占领英格兰北部一块地方建立根据地绰绰有余。预计那里的兰开斯特派将会全面揭竿而起。安茹的玛格丽特王后带着三艘船，以及瓦雷恩领主皮埃尔·德·布雷泽②率领的八百名法兰西士兵。1462年9月或10月月初，这支远征军离开了布洛涅。③与此同时，路易十一策划袭击加来，④但他的计划并没有实现。

虽然在英格兰附近海域，爱德华四世有一定数量由肯特伯爵威廉·内维尔指挥的舰船，但无法防御整个英格兰海岸。安茹的玛格丽特王后的一支小舰队成功抵达诺森伯兰。1462年10月24日，这支舰队在班堡城堡附近登陆。⑤安茹的玛格丽特王后能成功通过北海，可能由于英格兰王国的舰队已经被调到英格兰西部，以对付一支由六十艘战舰组成的舰队。这支舰队的战舰分别来自法兰西、布列塔尼和西班牙。据说，这支舰队正向佛兰德斯运送货物。沃里克伯爵理查德·内维尔的舰队遇到了这支舰队，并且将其打散。⑥

皮埃尔·德·布雷泽财力雄厚、忠贞不贰、胆识过人。在私下，路易十一不喜欢他。因此，路易十一派他指挥安茹的玛格丽特王后的军队，希望他

---

① 威廉·伍斯特：《布里斯托尔史》，第779页；詹姆斯·盖尔德纳：《帕斯顿信札》，第521篇。——原注
② 1457年，皮埃尔·德·布雷泽曾指挥一支远征军，攻打桑威治港。——原注
③ 詹姆斯·盖尔德纳：《帕斯顿信札》，第531篇。——原注
④ 詹姆斯·盖尔德纳：《帕斯顿信札》，第531篇。——原注
⑤ 格雷戈里：《编年史》，第217页，万圣节前夜过后八天。——原注
⑥ 约翰·帕斯顿：《帕斯顿信札》，第531篇。——原注

班堡城堡

一去不复返。①皮埃尔·德·布雷泽很快显示出充沛的精力。当时，英格兰北部地区仍对爱德华四世不忠。英格兰王国北部的贵族领主虽然名义上归顺，但已经准备好一旦遭遇约克派挑衅攻击就不再效忠爱德华四世。当时，爱德华四世没有正规军或职业军官团任自己调遣。因此，他不得不从各地乡绅中挑选负责防御各堡垒要塞的各级军官。英格兰北方的重要城堡，如班堡城堡、阿尼克城堡、邓斯坦伯勒城堡仍然由英格兰王国北方的贵族管理。这些贵族效忠于新国王爱德华四世，但不能证明他们不再支持旧主兰开斯特家族的君主亨利六世。虽然整个英格兰王国没有发生全面的武装骚乱，但这些城堡向安妮的玛格丽特王后率领的远征军投降了，似乎是由于这些城堡遭到围攻，内部食物供应不足导致的。即使一些城堡的守卫者缺乏斗志，背叛了爱德华四世，但英格兰王国北部的各座城堡也不应如此迅速地投降。随后，安茹的玛格丽特王后任命罗伯特·亨格福德男爵掌管阿尼克城堡，萨默塞特公爵亨利·博福特和拉尔夫·珀西爵士掌管班堡城堡。此外，安茹的玛格丽特王后将邓斯坦伯勒城堡托付给兰开斯特派的理查德·汤斯顿爵士，但同属汤斯顿家族的威廉·汤斯顿爵士支持约克派，并且曾经管理过班堡城堡。1462年10月月底，亨利六世设法从苏格兰前来与安茹的玛格丽特王后会合。然而，兰开斯特派的军队仍然势单力薄，并且英格兰北部地区没有响应全面起义。人们知道爱德华四世很快会亲自带领一支军队北上。因此，安茹的玛格丽特王后和她的小舰队再次出海，向苏格兰王国求助。此时，安茹的玛格丽特王后的军舰肯定比从法兰西带来的多。天气情况恶劣，在暴风骤雨下，其中四艘军舰，包括安茹的玛格丽特王后的军舰，在圣岛不远处失事了。然而，亨利六世一定在另一艘船上，因为没有历史记录提及他遇到人身危险。安茹的玛格丽特王后不得不丢弃她乘坐的战舰及所有行李，乘坐一艘小敞舱船，幸运安全地抵达贝里克。沉船上的许多士兵都设法登上圣岛，在岛上教堂避难。随后，这些士兵遭到两位约克郡绅士，即"奥格尔私生子"和约翰·曼纳斯率领的武装袭击。最终，这些士兵大多被杀或被俘。皮埃尔·德·布雷泽被一个渔夫送到贝里克。在那里，他发现坚忍不拔的

---

① 勃艮第的让·德·沃林：《大不列颠编年史》，第431页。——原注

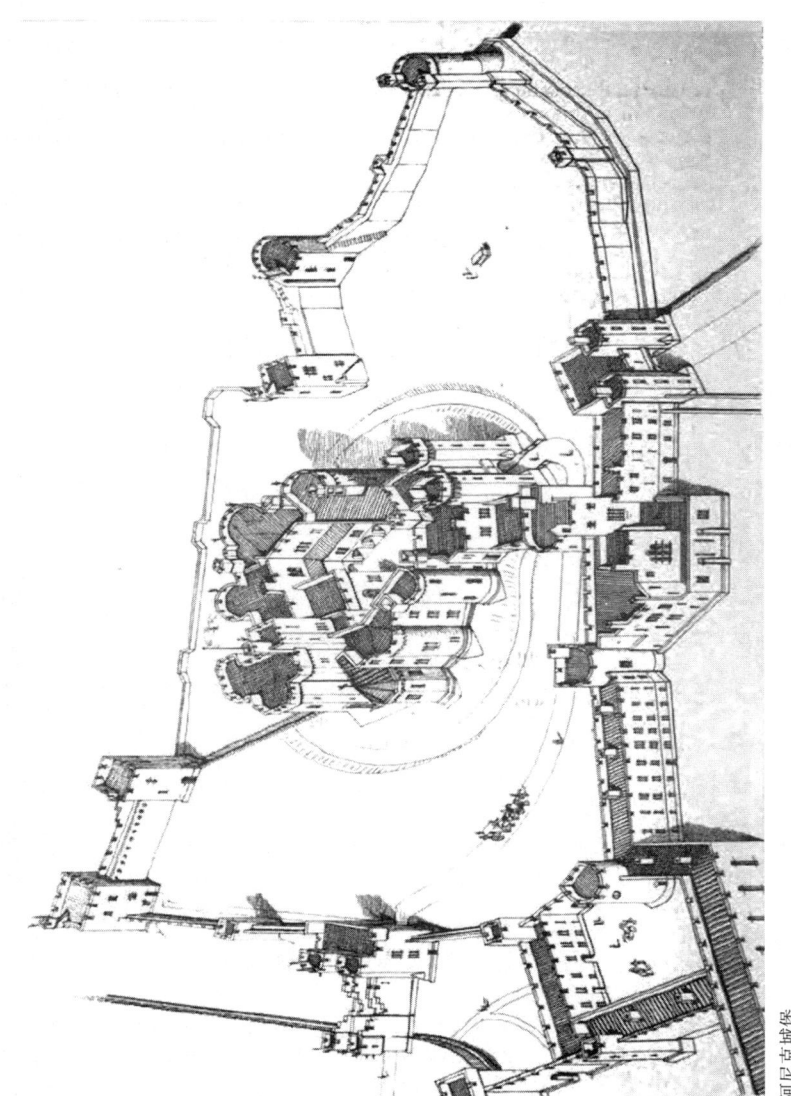

阿尼克城堡

安茹的玛格丽特王后已经抵达。她成功驾驶那艘脆弱的"小帆船",迎风破浪横渡了大海①。

此时,对约克派来说,事态紧急。英格兰王国北方最大的三座城堡落入兰开斯特派手中。这些城堡面朝大海,为兰开斯特派与苏格兰王国勾结提供了便利。因为法兰西王国与西班牙王国的舰队在英格兰南部不断制造威胁,所以爱德华四世很难掌控诺森伯兰附近的海域。毫无疑问,爱德华四世需要竭尽全力抵抗同时来自英格兰南部和英格兰北部的威胁,但他做到了。他装配了一支炮兵部队,即"大型火炮和其他大型武器"②。他很有可能通过水运将这些武器装备从伦敦运送到纽卡斯尔,并且运用这些武器围攻兰开斯特派控制的城堡。此外,爱德华四世将英格兰所有支持约克派的权贵纳入麾下。总共有两位公爵③,七位伯爵④,三十一位勋爵和五十九位骑士跟随爱德华四世前往英格兰北部,或者在英格兰北部迎接爱德华四世。⑤这些权贵从各自郡中带来了自己的人马。城镇也有大量居民加入爱德华四世的军队。爱德华四世召唤了他们,他们也云集响应。⑥

1462年11月3日,爱德华四世离开伦敦北上,但似乎他最远只到达达勒姆,因为他得了麻疹,不得不滞留在此。⑦然而,1462年12月1日起,爱德华四世麾下的贵族首领们开始猛攻兰开斯特派占据的城堡。蒙塔古侯爵约翰·内维尔和奥格尔勋爵率军围攻班堡。班堡内有萨默塞特公爵亨利·博福特、贾斯珀·都铎、托马斯·德·罗斯男爵、拉尔夫·珀西爵士及三百名士兵。肯特伯爵威廉·内维尔和里弗斯伯爵安东尼·伍德维尔围攻阿尼克城堡。伍斯特伯爵

---

① 拉斐尔·霍林谢德:《编年史》,第3卷,第666页。——原注
② 《三部15世纪编年史》,第79页。——原注
③ 即第四世诺福克公爵约翰·德·莫布雷和萨福克公爵约翰·德·拉·波尔。——原注
④ 即沃里克伯爵理查德·内维尔、阿伦德尔伯爵威廉·菲查伦、什鲁斯伯里伯爵约翰·塔尔博特、伍斯特伯爵约翰·蒂普托夫特、肯特伯爵威廉·内维尔、威斯特摩兰伯爵拉尔夫·内维尔和埃塞克斯伯爵亨利·鲍彻。——原注
⑤ 《三部15世纪编年史》,第157页到第158页。——原注
⑥ 威廉·伍斯特:《布里斯托尔史》,第780页。镇名未给出。——原注
⑦ 参阅詹姆斯·拉姆齐:《兰开斯特家族和约克家族》,纽约,斯克林纳和阿姆斯特朗出版社,第2章,第293页,注释1。——原注

约翰·蒂普托夫特和拉尔夫·格雷爵士征讨邓斯坦城堡。从纽卡斯尔调遣到城堡前的约克派炮兵重创了城堡的城墙。由于爱德华四世身体欠安，沃里克伯爵理查德·内维尔担任本次军事行动的总指挥。沃里克伯爵理查德·内维尔驻扎在离阿尼克城堡十英里的沃克沃思城堡。每天，他策马前往各座城堡前督战。纽卡斯尔港囤积有约克派军队的粮草，年轻的第四世诺福克公爵约翰·德·莫布雷驻扎在纽卡斯尔港，负责在这里调配、运送粮草，并且向沃克沃思城堡运送其他所需物资。随后，沃里克伯爵理查德·内维尔将各类物资转运到各个军营。爱德华四世一直卧病在床，滞留达勒姆，但经过深思熟虑，他事先做好的战斗布置得到成功实施。约克派还有一大群后备军驻扎在纽卡斯尔，即使圣诞节到来，这些后备军中也没人能请假回家。约翰·帕斯顿的小儿子小约翰·帕斯顿与约克派的后备军一起驻守在纽卡斯尔。一想到圣诞节也在纽卡斯尔度过，估计那时早已口袋空空，一贫如洗的约翰·帕斯顿就愁眉苦脸起来。①

沃克沃思城堡

---

① 詹姆斯·盖尔德纳：《帕斯顿信札》，第453篇。——原注

对英格兰北部主要几座城堡的围攻不到一个月就结束了。1462年12月24日，班堡城堡和邓斯坦城堡的兰开斯特派双双投降。1463年1月6日，虽然与班堡城堡和邓斯坦城堡的投降条件有所不同，但阿尼克城堡也缴械投降了。爱德华四世仁心仁德，宽容大量。班堡城堡和邓斯坦城堡投降后，他不但允许萨默塞特公爵亨利·博福特和拉尔夫·珀西爵士自由离开两座城堡，而且在两位兰开斯特派的重要将领向自己宣誓效忠后，爱德华四世归还了他们的庄园财产。拉尔夫·珀西爵士甚至被授予班堡城堡和邓斯坦城堡的管理权，这表现出爱德华四世的盲目自信。萨默塞特公爵亨利·博福特也被免除罪责，并且被允许佩戴英格兰国王的徽章。爱德华四世做主让其位居高位。然而，对其他不愿归顺自己的兰开斯特派领主，如贾斯珀·都铎和托马斯·德·罗斯男爵，爱德华四世给予他们通行证，允许他们前往苏格兰。①1462年就这样结束了。

罗伯特·亨格福德男爵和理查德·汤斯顿爵士镇守下的阿尼克城堡，依靠一支苏格兰王国派遣的救援部队，仍在负隅顽抗。苏格兰王国派遣的救援军队是安茹的玛格丽特王后和皮埃尔·德·布雷泽从贝里克带来的，战斗力不可能十分强大，因为苏格兰王国政府内各派绝不会联合起来支持兰开斯特派。然而，比起沃里克伯爵理查德·内维尔的军队，这支军队更胜一筹。1463年1月5日，安茹的玛格丽特王后和苏格兰王国的援军抵达阿尼克城堡附近。阿尼克城堡内的驻军立即突出重围，与安茹的玛格丽特王后和苏格兰王国的援军会师。沃里克伯爵理查德·内维尔的军队实力不济，无法阻止阿尼克城堡守军与苏格兰王国的援军会合。因此，沃里克伯爵理查德·内维尔谨小慎微地在阿尼克城堡和附近沼泽地之间，占据了一个易守难攻的位置。沃里克伯爵理查德·内维尔甚至想撤退，但此时与他并肩作战的萨默塞特公爵亨利·博福特建议他绝不能撤退，要死守军营。这一建议帮助了爱德华四世，因为苏格兰王国的援军看到约克派军队的前线稳固，没有大举进攻就鸣金收兵了。在这次战役中，萨默塞特公爵亨利·博福特功勋卓著，受到爱德华四世的赞赏。爱德华四世奖励萨默塞特公爵亨利·博福特每星期二十马克作为日常开销，并且给他的手下按

---

① 威廉·伍斯特：《布里斯托尔史》，第779页。——原注

日支付工资。1463年1月6日，阿尼克城堡内的守军宣布投降，投降条件是保全阿尼克城堡内所有驻军的性命。①苏格兰王国的援军入侵英格兰北部铩羽而归，必定让安茹的玛格丽特王后和皮埃尔·德·布雷泽大失所望。实际上，尽管苏格兰王国和法兰西王国是传统盟友，但苏格兰王国军队的将领指挥法兰西王国援军作战时少有默契。苏格兰王国与法兰西王国的远程协作才能产生最佳战略效果。

对爱德华四世来说，他在刚刚结束的1462年取得了很多成果。此时，除了哈勒赫城堡，英格兰已经没有其他城堡坚持反对他。但1463年还没过几个月，爱德华四世就不得不再次镇压叛乱。1463年5月，曾获爱德华四世宽恕的兰开斯特派贵族拉尔夫·珀西爵士被委派掌管班堡城堡，但他放苏格兰王国军队进城。与此同时，约克派的拉尔夫·格雷爵士出卖了阿尼克城堡。由于爱德华四世只让他担任阿尼克城堡的总管，而将更高级职位，阿尼克城堡首领的职位委派给了约翰·阿什利爵士，拉尔夫·格雷爵士大失所望。②因此，阿尼克城堡和班堡城堡再次迎接了新的驻军。新的驻军人员构成混杂，有英格兰人、法兰西人和苏格兰人。亨利六世和安茹的玛格丽特王后随一支人员构成与城堡新驻军人员构成同样混杂的联合军队出征，围攻了位于特威德河右岸贝里克西南八英里处的诺勒姆城堡。然而，沃里克伯爵理查德·内维尔和蒙塔古侯爵约翰·内维尔率领的约克派增援部队一逼近诺勒姆城堡，安茹的玛格丽特王后所在的联合军队中的苏格兰人就作鸟兽散，放弃围城并匆忙撤退，甚至落下许多随身行李。据说，只有一位风笛手敢直面约克派的增援部队，"他拿着单面手鼓和风笛独自伫立在山上，敲着手鼓吹着风笛一如常人，直到我方沃里克伯爵理查德·内维尔靠近他，他都不曾退却逃窜"。这位英勇无畏的风笛手可能是某位英格兰人，追随安茹的玛格丽特王后。沃里克伯爵理查德·内维尔十分赞赏这位风笛手临危不惧的气魄，将他纳为己用。后来，这位风笛手果然忠诚可鉴。③

---

① 威廉·伍斯特：《布里斯托尔史》，第780页、第781页。——原注
② 格雷戈里：《编年史》，第220页。——原注
③ 格雷戈里：《编年史》，第220页、第221页。——原注

1463年7月下旬，诺勒姆城堡失守。①安茹的玛格丽特王后和亨利六世带着仍然追随自己的兰开斯特派支持者分几路撤往班堡城堡。逃跑途中，安茹的玛格丽特王后曾两次幸免于难。一次，她和儿子威尔士亲王威斯敏斯特的爱德华一起被约克派乡绅俘虏。但这位约克派乡绅极具骑士风度，怜孤惜寡，倾身营救了她。另一次，在重返丈夫亨利六世住处前，安茹的玛格丽特王后的生命遭到强盗威胁。然而，她苦苦恳求，甚至将年幼的威尔士亲王威斯敏斯特的爱德华托付于强盗，以求庇护。这些举动出乎意料地令强盗心软了②。兰开斯特派军队几乎弹尽粮绝，如果没有国外援助，那么为夺回王权努力的兰开斯特派会很快土崩瓦解。但安茹的玛格丽特王后仍然一心一意地为丈夫亨利六世和儿子威尔士亲王威斯敏斯特的爱德华奔波。只要一息尚存，她就决不放弃。虽然海上也有爱德华四世的舰船巡逻，但她仍然能找到合适的时机避开海上巡逻，寻求国外援助。诺勒姆城堡被围攻时，爱德华四世下令打造庞大舰队，但从来没有成功组建起一支庞大舰队。沃里克伯爵理查德·内维尔陆地作战所向披靡。因此，爱德华四世省下进一步在海上设防的费用。安茹的玛格丽特王后得以从班堡城堡乘船出发，③漂洋过海来到佛兰德斯。她启程的时间大约在1463年7月月底。④从此，亨利六世与妻子安茹的玛格丽特王后天各一方，后会难期。亨利六世留在班堡城堡。随后，他从班堡城堡出发，躲到苏格兰。

---

① 参阅詹姆斯·拉姆齐：《兰开斯特家族和约克家族》，纽约，斯克林纳和阿姆斯特朗出版社，第2章，第295页，注释3。——原注
② 乔治·夏特兰：《尤夫雷斯》，第4章，第300页到第309页；见下文。——原注
③ 威廉·伍斯特：《布里斯托尔史》，第781页。——原注
④ 乔治·夏特兰：《尤夫雷斯》，第4章，第279页；比较，查尔斯·普拉默的珍贵注释1。参考约翰·福蒂斯丘：《英格兰政体》，第63页。——原注

第 16 章

安茹的玛格丽特王后流亡海外

精彩看点

安茹的玛格丽特王后亲自游说各国——安茹的玛格丽特王后寻求勃艮第公国的支持——英格兰王国、法兰西王国与勃艮第公国谈判和平中立条约——安茹的玛格丽特王后哭诉自己的逃难经历——安茹的玛格丽特王后在洛林落脚——英格兰王国与法兰西王国和苏格兰王国分别签订和平条约苏格兰王国援军撤离阿尼克城堡必然使安茹的玛格丽特王后确信，求助英格兰北方边境盟友苏格兰王国将一无所获。萨默塞特公爵亨利·博福特和拉尔夫·珀西爵士向爱德华四世投降证明，即使是兰开斯特派的重要贵族也靠不住。安茹的玛格丽特王后从国外得到帮助的可能性也是微乎其微，因为爱德华四世已经来到佛兰德斯，甚至要在法兰西王国展开外交攻势。面对英格兰约克家族派遣的特使的有力游说，谁来为她据理力争？最终，安茹的玛格丽特王后决定亲自去各国游说。

安茹的玛格丽特王后在斯勒伊斯港登陆。斯勒伊斯港是佛兰德斯的一座港口，位于布鲁日市东北方向六英里处。目前，已知与安茹的玛格丽特王后同行的有埃克塞特公爵亨利·霍兰、六名骑士及两位神学家。六名骑士包括著名的法官及律法史家约翰·福蒂斯丘、埃德蒙·曼德福德、伊·哈姆登、亨利·鲁斯、奥蒙德伯爵托马斯·巴特勒和罗伯特·怀特汉姆。两位神学家是后来成为坎特伯雷大主教的约翰·莫顿和罗伯特·马克尔。①此时，安茹的玛格丽特王后的挚友兼顾问还是皮埃尔·德·布雷泽。②此外，随行的还有其他无名之辈，包括对安茹的玛格丽特王后忠心耿耿的七名私人女侍从。安茹的玛格丽特王后的追随者共有二百人。接下来发生的事可能令坚强不屈的安茹的玛格丽特王后望而却步。她正请求勃艮第公爵腓力三世施以援手，但以前，安茹

---

① 威廉·伍斯特：《布里斯托尔史》，第781页。——原注
② 乔治·夏特兰：《尤夫雷斯》，第4章，第279页。——原注

的玛格丽特王后春风得意时，不知何故将勃艮第公爵腓力三世变成自己的一位强硬对手。当来到勃艮第公爵腓力三世面前时，安茹的玛格丽特王后已经沦落为流亡者，"没有王室派头或财产"。她全部行头只剩下身上穿的衣服。她身着一件短袍，没有换洗衣物，她的七位女侍从的穿着同样寒酸。要不是皮埃尔·德·布雷泽自掏腰包，仅凭安茹的玛格丽特王后的用度，或许她早已饥肠辘辘了。但此时，对安茹的玛格丽特王后，皮埃尔·德·布雷泽也爱莫能助。为效忠安茹的玛格丽特王后，他几乎掏空了腰包。兰开斯特派逗留勃艮第公国期间，编年史家乔治·夏特兰费尽心思从他们那里获取第一手资料。从皮埃尔·德·布雷泽那里，乔治·夏特兰获悉，为安茹的玛格丽特王后鞍前马后效力，这位老将已经贴进去五万克朗。

勃艮第公爵腓力三世的儿子沙罗莱伯爵查理下令恭迎安茹的玛格丽特王后，并且从斯勒伊斯港，他就开始一路护送。沙罗莱伯爵查理性格独立自主，做事不顾后果，赢得了"大胆"的外号。虽然他的父亲勃艮第公爵腓力三世力挺约克派，但此时，他本人公开支持兰开斯特派。沙罗莱伯爵查理的住所设在布鲁日。随后，安茹的玛格丽特王后被安排住在加尔默罗修会。①

尽管对安茹的玛格丽特王后，沙罗莱伯爵查理的父亲勃艮第公爵腓力三世希望避而不见，但他发现这不可能做到。安茹的玛格丽特王后已经明确表示，无论勃艮第公爵腓力三世身在何处，她都要前去见他一面。在妹妹波旁公爵夫人阿格尼斯陪同下，勃艮第公爵腓力三世刚刚前往布洛涅圣母院朝圣。布洛涅圣母院附近住着英格兰国王爱德华四世及法兰西国王路易十一派来的两国和谈特使。约克家族统治的英格兰王国、法兰西王国及勃艮第公国很可能会缔结一份全面和平、中立的条约。但安茹的玛格丽特王后提醒勃艮第公爵腓力三世，作为金羊毛骑士团的领袖，他必须关照所有"陷入危难的女人"。由于无法推辞接见安茹的玛格丽特王后，②勃艮第公爵腓力三世指定圣波勒镇为两人会面的地点。

---

① 威廉·伍斯特：《布里斯托尔史》，第781页。——原注
② 乔治·夏特兰：《尤夫雷斯》，第4章，第282页。——原注

波旁公爵夫人阿格尼斯

沙罗莱伯爵查理借给安茹的玛格丽特王后五百克朗作为路费,让她带着随从从布鲁日出发继续前行。为安全起见,安茹的玛格丽特王后将儿子威尔士亲王威斯敏斯特的爱德华留在布鲁日。她带了三名女侍从、皮埃尔·德·布雷泽及一些男侍从离开布鲁日。安茹的玛格丽特王后一行全然不像任何王室队伍。她打扮得像个村妇,乘坐的交通工具只是一辆由四匹母马拉着,铺着帆布的乡下马车。在贝蒂讷,安茹的玛格丽特王后休息了一晚,但她差点落入爱德华四世部下的手中。这伙骑兵共两百人,他们从加来出发,准备发动一场突袭绑架她。但最终,这伙骑兵没有得逞,安茹的玛格丽特王后得以继续前行。

1463年8月31日，安茹的玛格丽特王后抵达圣波勒镇，在那里等待与勃艮第公爵腓力三世会面。①

1463年9月1日，勃艮第公爵腓力三世抵达圣波勒镇并在此住了一晚。1463年9月3日，安茹的玛格丽特王后返回布鲁日之前，受到了勃艮第公爵腓力三世的热情款待，但没有得到任何实质性援助。事实上，安茹的玛格丽特王后的到来让勃艮第公爵腓力三世感到十分为难，但安茹的玛格丽特王后坚持要见他。因此，勃艮第公爵腓力三世只好尽一下地主之谊，表现出自己的友善和骑士风度，但他无意为安茹的玛格丽特王后改变自己的政策。离开圣波勒镇后，勃艮第公爵腓力三世朝圣奥梅尔进发，准备在那里与法兰西王国和英格兰王国特使商谈。离开布鲁日三英里后，勃艮第公爵腓力三世派一位骑士返回，送给安茹的玛格丽特王后一份临别赠礼，一颗配得上王后的上等钻石及两千克朗。安茹的玛格丽特王后自然照单全收。勃艮第公爵腓力三世还向皮埃尔·德·布雷泽及玛格丽特王后的三位女侍从赠送了一些钱财。

勃艮第公爵腓力三世离开了，但他的妹妹波旁公爵夫人阿格尼斯留了下来。她与安茹的玛格丽特王后促膝长谈。波旁公爵夫人阿格尼斯满怀恻隐之心陪伴在安茹的玛格丽特王后左右。此时，不屈不挠的安茹的玛格丽特王后终于能一吐心声，难得掉了大把眼泪。她哭诉了在英格兰最近几年里遇到的所有可怕经历。根据波旁公爵夫人阿格尼斯的回忆，编年史家乔治·夏特兰后来做了详尽的记叙。

安茹的玛格丽特王后诉苦说，最近诺森伯兰爆发的几场战役期间，亨利六世、年幼的威尔士亲王威斯敏斯特的爱德华及她自己曾长达整整五天每天只能分吃一条鲱鱼，甚至他们连面包都吃不到。他们如此穷困潦倒，以至于有一次做弥撒时，安茹的玛格丽特王后发现自己掏不出一分奉金，只好恳求旁边的一位苏格兰弓箭手借她一点钱。那位弓箭手"有点生硬又懊悔地"从自己的钱袋里掏出一枚四格罗特币借给了她。安茹的玛格丽特王后还说，"在最近一次

---

① 乔治·夏特兰：《尤夫雷斯》，第4章，第285页。日期另参阅约翰·福蒂斯丘：《英格兰政体》（查尔斯·普拉默编），第64页。——原注

大溃败时"①,她怎样被一些掠夺成性的约克派士兵俘虏,她的所有贵重物品悉数被抢。她被粗暴对待,甚至被拖到约克派军队将领面前,要砍她的头。她泪如雨下苦苦哀求,却收效甚微,但突然间,由于分赃不均,这帮约克派的军匪内部爆发了争吵。就在这伙人的注意力从她身上转移之际,她看到旁边有位约克派乡绅,便可怜巴巴地找他搭话,恳求他救救自己。这位约克派乡绅大受感动,说:"夫人,上马坐我后面,威尔士亲王威斯敏斯特的爱德华殿下坐前面。我这么做已经凶多吉少,但我拼死也要救下你们。"趁约克派士兵分神,他们骑马悄悄逃到一片森林里。进入森林后,安茹的玛格丽特王后仍然坐在约克派乡绅后面,内心莫名惶恐,思虑万千。她并不担心自己的性命,她在为儿子威尔士亲王威斯敏斯特的爱德华牵肠挂肚。如果年幼的威尔士亲王威斯敏斯特的爱德华大难不死,那么她多么希望未来他能继承英格兰王位。森林里常有强盗出没,安茹的玛格丽特王后的担心不无道理。不久,一个面目狰狞的强盗冒了出来。显然,这名强盗要杀人越货。然而,安茹的玛格丽特王后再次苦苦恳求。最终,她的哀求打动了强盗。表明身份后,安茹的玛格丽特王后乞哀告怜,恳求这名强盗可以不救她,但务必救救她的儿子,即英格兰王位继承人年幼的威尔士亲王威斯敏斯特的爱德华。这名强盗深受感动,祈求安茹的玛格丽特王后宽恕,"仿佛她还在伦敦手持权杖一样。"随后,安茹的玛格丽特王后将儿子威尔士亲王威斯敏斯特的爱德华交到这名强盗手中。她再次坐在约克派乡绅的身后骑马离开森林。经过长途跋涉后,安茹的玛格丽特王后抵达她丈夫亨利六世的营地。那名强盗也不辱使命,将年幼的威尔士亲王威斯敏斯特的爱德华安全送达。②

1463年9月3日5时,安茹的玛格丽特王后告别波旁公爵夫人阿格尼斯,由一支强大的卫队护送离开圣波勒镇返回布鲁日。前往圣波勒镇前,她曾将儿子威尔士亲王威斯敏斯特的爱德华,以及大部分追随者留在布鲁日。沙罗莱伯爵查理以王室礼仪接待安茹的玛格丽特王后,并且对待她就像对待仍然在位的王

---

① 指1463年7月,苏格兰王国军队失守诺勒姆城堡。——原注
② 乔治·夏特兰:《尤夫雷斯》,第4章,第300页到第309页。——原注

后，对待她的儿子威尔士亲王威斯敏斯特的爱德华就像对待位高权重的王位继承人。尽管从国家政策层面上看，勃艮第公国政府拥护约克派，但流亡海外的安茹的玛格丽特王后认为，勃艮第公爵腓力三世和他的儿子沙罗莱伯爵查理声名远扬，极富骑士精神，并非浪得虚名。此后，安茹的玛格丽特王后带着威尔士亲王威斯敏斯特的爱德华及大多数侍从来到位于洛林境内巴尔公爵领地。在那里，安茹的玛格丽特王后的父亲雷纳有一处住宅和小庭院。忠心耿耿、不屈不挠的皮埃尔·德·布雷泽返回法兰西，路易十一对他赞赏有加。在英格兰时，皮埃尔·德·布雷泽面临重重危险，麻烦不断，但他还能幸免于难。对此，路易十一始料未及。然而，皮埃尔·德·布雷泽并不太看重路易十一的承诺，只想前往莫尼堡与妻子团聚。路易十一批准他前往，但勒令他不要离开莫尼堡。①

法兰西王国、勃艮第公国和约克家族统治的英格兰王国的谈判逐渐接近尾声。1463年9月的大部分时间里，三国特使都在靠近加来边界的圣奥梅尔举行会议。英格兰王国大法官兼埃克塞特主教、神学家乔治·内维尔是英格兰王国的首席代表。勃艮第公爵腓力三世留宿在埃丹。1463年9月28日，路易十一抵达埃丹。1463年9月30日，英格兰使团转而来到埃丹。1463年10月10日，法兰西王国、勃艮第公国与英格兰王国达成协议。1463年10月26日，《法兰西王国-英格兰王国休战协定》发布②。不久，1463年12月，苏格兰王国也效仿盟友法兰西王国，在约克与英格兰王国达成休战协定。根据休战协定，英格兰王国与苏格兰王国休战到1464年10月③。随后，英格兰王国分别与法兰西王国和苏格兰王国延长了休战期。因此，至少多年内，爱德华四世没有遭到境外势力的武装干涉。在圣米舍地区巴鲁瓦，安茹的玛格丽特王后滞留将近七年。在七年中，她卧薪尝胆，才有机会为兰开斯特派重掌英格兰王权的大业做最后一搏。

---

① 乔治·夏特兰：《尤夫雷斯》，第4章，第359页。——原注
② 乔治·夏特兰：《尤夫雷斯》，第4章，第389页。——原注
③ 休姆·布朗：《苏格兰史》，第1章，第255页。——原注

第 **17** 章

亨利六世被捕

精彩看点

亨利六世流亡苏格兰——爱德华四世对萨默塞特公爵亨利·博福特的宠信——萨默塞特公爵亨利·博福特背叛爱德华四世——兰开斯特派重新占据英格兰北方城堡——蒙塔古侯爵约翰·内维尔平定反叛势力——拉尔夫·珀西爵士阵亡——赫克瑟姆战役爆发——约克家族处决兰开斯特派首领——兰开斯特派控制的城堡纷纷投降——亨利六世被捕

在战场上，兰开斯特派军队一败涂地。亨利六世再次流亡苏格兰。安茹的玛格丽特王后极其精明能干、勇敢无畏，带着儿子威尔士亲王威斯敏斯特的爱德华一起在巴尔公爵属地艰难生活。法兰西王国和苏格兰王国和平安定。只有阿尼克城堡和班堡城堡内的兰开斯特派势力还在负隅顽抗，但约克派军队攻下这两座城堡只是时间问题。

1463年剩下的几个月里，兰开斯特派与约克派的命运都没有发生任何改变。亨利六世回到苏格兰，安茹的玛格丽特王后还在佛兰德斯。为维护自己的利益，爱德华四世在英格兰北方地区待了一段时间。或许他已经下了结论，认为沃里克伯爵理查德·内维尔权势过大。这一想法可能促使爱德华四世对萨默塞特公爵亨利·博福特宠幸有加。尽管不久前萨默塞特公爵亨利·博福特还是爱德华四世的一大对手，但1462年年底，萨默塞特公爵亨利·博福特再次对爱德华四世俯首称臣。

根据伦敦编年史家格雷戈里的看法，爱德华四世一直对萨默塞特公爵亨利·博福特寄予厚望。"爱德华四世对萨默塞特公爵亨利·博福特宠信有加。他和爱德华四世多个晚上同睡一床。有一段时间，骑行狩猎时，他还与爱德华四世同骑一马。爱德华四世最多带六匹马，但其中三匹属于萨默塞特公爵亨利·博福特的手下。"[①]1463年秋，爱德华四世前往英格兰北方地区，与他同

---

① 格雷戈里：《编年史》，第219页。——原注

行的有萨默塞特公爵亨利·博福特。萨默塞特公爵亨利·博福特的两百名部下充当爱德华四世的保镖。来到北安普敦，当地居民一看到爱德华四世的昔日对手萨默塞特公爵亨利·博福特，就顿时怒火中烧。他们群起而攻之，恨不得手刃萨默塞特公爵亨利·博福特。因此，为保萨默塞特公爵亨利·博福特性命安危，也可能为消除其他追随者的满腹牢骚，爱德华四世将萨默塞特公爵亨利·博福特遣往登比郡的霍尔特城堡。[1]曾经作为爱德华四世保镖的萨默塞特公爵亨利·博福特的部下被派往纽卡斯尔以加强当地防守。

爱德华四世继续前行，来到约克郡。在约克郡，爱德华四世度过了1463年剩下的日子，并且与苏格兰王国缔结休战协定。此时，阿尼克城堡和班堡城堡仍然分别由兰开斯特派的拉尔夫·珀西爵士和拉尔夫·格雷爵士把守。1463年圣诞节期间，祸患突然加剧。萨默塞特公爵亨利·博福特偷偷离开霍尔特城堡，带着一批靠得住的追随者，迅速离开威尔士，穿过约克郡和达勒姆。他打算到纽卡斯尔城外再露面，并且让纽卡斯尔城堡内自己的老部下开门放自己进去。但在达勒姆时，萨默塞特公爵亨利·博福特被认了出来。在睡梦中，他差点被捕。最终，他衣衫不整，打着赤脚，逃之夭夭。纽卡斯尔的老部下听到萨默塞特公爵亨利·博福特的叛国行为已经败露，便偷偷溜出城接应他，但其中许多人被抓后遭到斩首。

然而，萨默塞特公爵亨利·博福特的叛逃似乎早有预谋。在外交方面，爱德华四世对苏格兰王国与勃艮第公国屡屡获胜。兰开斯特派仿佛正在英格兰王国国内做最后一搏。1464年前四个月，萨默塞特公爵亨利·博福特及其支持者在英格兰北方站稳脚跟，并且暂时占领了阿尼克城堡和班堡城堡。直到1464年春末，爱德华四世才试图出征讨伐。但通过外交斡旋，他逐渐孤立了兰开斯特派。1464年3月，[2]亨利六世的顾问认为亨利六世最好离开苏格兰，去投靠支持兰开斯特派的班堡城堡驻军。但苏格兰王国已经做好准备，希望与爱德

---

[1] 这是詹姆斯·拉姆齐的猜测，参见詹姆斯·拉姆齐：《兰开斯特家族和约克家族》，纽约，斯克林纳和阿姆斯特朗出版社，第2章，第301页。——原注
[2] 休姆·布朗：《苏格兰史》，第1章，第256页。——原注

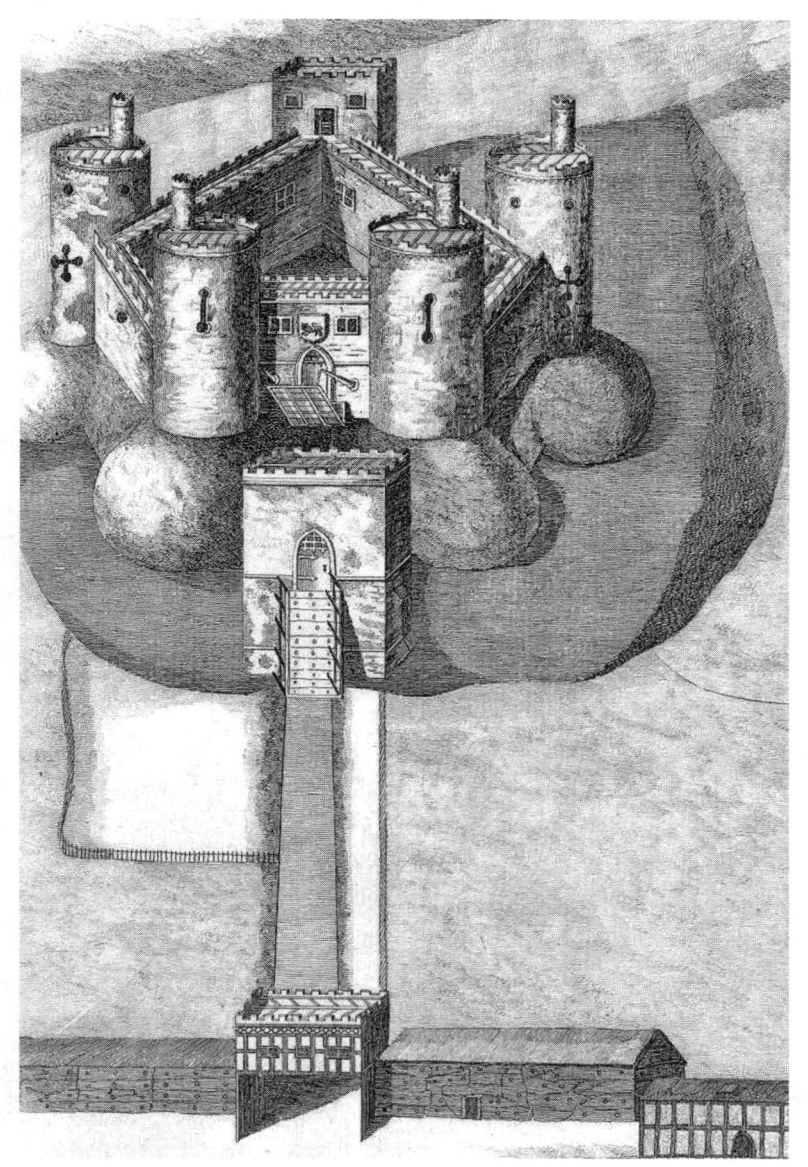

霍尔特城堡

华四世一起将休战协议转变为明确的和平协议。①1464年复活节前后,约克家族特使前往约克郡与苏格兰王国政府代表谈判。约克家族特使由内维尔三兄弟,即埃克塞特主教乔治·内维尔、沃里克伯爵理查德·内维尔、蒙塔古侯爵约翰·内维尔率领。约克家族其他特使在约克郡等候,作为英格兰北方边境地区总督,蒙塔古侯爵约翰·内维尔率领一小支部队北上抵达英格兰王国与苏格兰王国边境,护送苏格兰王国特使前往谈判地点。

英格兰动荡不安,不仅因为阿尼克城堡和班堡城堡落入亨利六世和萨默塞特公爵亨利·博福特手中,还因为克雷文地区的诺勒姆城堡和斯基普顿城堡也被兰开斯特派攻占。②如果约克家族内部没有人暗中为兰开斯特派做策应,那么攻占这些城堡犹如天方夜谭。萨默塞特公爵亨利·博福特胆大包天,竟主动出击。他率领一支大概由八十名持矛或者持有弓箭的士兵组成的小规模部

斯基普顿城堡

---

① 格雷戈里:《编年史》,第223页。——原注
② 《三部15世纪编年史》,第178页。——原注

队,埋伏在距离纽卡斯尔不远的树林里守株待兔,静候蒙塔古侯爵约翰·内维尔的到来。但蒙塔古侯爵约翰·内维尔获得密报,得知纽卡斯尔附近有埋伏,便改辙易道,安全抵达纽卡斯尔。

蒙塔古侯爵约翰·内维尔离开纽卡斯尔,继续向诺勒姆城堡进发。在半路上,即阿尼克城堡西北方八英里处的赫奇利沼泽,他发现萨默塞特公爵亨利·博福特带领一支精锐之师前来。这支精锐之师包括罗伯特·亨格福德男爵、托马斯·德·罗斯男爵和拉尔夫·珀西爵士。他们拦住蒙塔古侯爵约翰·内维尔率领的部队的去路。这一天是1464年4月25日。①根据编年史家格雷戈里记载,兰开斯特派军队达五千人,但更有可能只有几百人,因为蒙塔古侯爵约翰·内维尔率领的部队虽然规模较小,但将兰开斯特派军队打得溃不成军。拉尔夫·珀西爵士竭力反击。他浴血奋战,直到魂断沙场。弥留之际,他说道:"我忠于良心不忘初心,问心无愧了。"这意味着他信守对亨利六世许下的诺言。"忘记在亨利六世生死存亡之际,正是拉尔夫·珀西爵士卖主求荣,弃亨利六世于不顾,甚至将其交给爱德华四世的行为。"②

拉尔夫·珀西爵士阵亡令其他兰开斯特派支持者备受打击。"每个人……都悲痛万分。"③蒙塔古侯爵约翰·内维尔继续率军前往诺勒姆城堡。途中,他再也没有遇到兰开斯特派的袭击。随后,他带着苏格兰王国特使一起返回约克。在约克,爱德华四世与苏格兰王国特使缔结了一份为期十五年的和平条约,似乎是时候结束这场旷日持久的战争了。1464年5月14日,蒙塔古侯爵约翰·内维尔又率领他那支吃苦耐劳的部队,从纽卡斯尔出发。此时,他收到密报,称兰开斯特派军队和亨利六世④正在一块草地安营扎寨。这片草地叫"林内尔斯",位于距赫克瑟姆约三英里处的"魔鬼之水"边上。⑤1464年5月15日,约克派与兰开斯特派再次开战。这场战役就是赫克瑟姆战役。

---

① 格雷戈里:《编年史》,第224页。——原注
② 拉斐尔·霍林谢德:《编年史》,第3章,第666页。——原注
③ 格雷戈里:《编年史》,第224页。——原注
④ 此时,对亨利六世来说,班堡城堡已经不再安全。——原注
⑤ 拉斐尔·霍林谢德:《编年史》,第3章,第666页。——原注

蒙塔古侯爵约翰·内维尔大举进攻前，萨默塞特公爵亨利·博福特的军中似乎有许多士兵当了逃兵。因此，整个兰开斯特派军队的兵力缩减到五百人。据估算，此时，约克派军队的兵力为四千人。这个人数可能是夸大其词。但显然，约克派军队在规模上占据优势。①

赫克瑟姆战役不可能持续太久。蒙塔古侯爵约翰·内维尔冲进草地，包围并俘虏了兰开斯特派军队的首领。此时，亨利六世在赫克瑟姆附近的拜韦尔城堡里。拜韦尔城堡被迫开门前，他已经逃之夭夭。亨利六世一定是仓皇逃离，因为他连盔甲和王冠都没来得及带走。②

1462年北方战役后，约克派养虎为患，百般纵容被他们征服的兰开斯特派贵族。然而，兰开斯特派的贵族们以怨报德，图谋不轨。此时，约克派该永

拜韦尔城堡

---

① 威廉·伍斯特：《布里斯托尔史》，第782页。——原注
② 《三部15世纪编年史》，第179页。——原注

远消灭躁动不安的灵魂了。蒙塔古侯爵约翰·内维尔坚定不移地贯彻这项方针。1464年5月15日，即赫克瑟姆战役当天，萨默塞特公爵亨利·博福特及其四名追随者被斩首。1464年5月17日，在纽卡斯尔，罗伯特·亨格福德男爵、托马斯·德·罗斯男爵①及其他四人被处决。1464年5月18日，菲利普·温特沃思爵士和其他六人在沃里克伯爵理查德·内维尔位于北赖丁的米德尔赫姆堡被处决。1464年5月26日，托马斯·赫西爵士及其他十三人在约克被处决。1464年5月28日，又有四人在约克被斩首。与此同时，威廉·泰尔博伊斯爵士在纽卡斯尔被枭首。威廉·泰尔博伊斯爵士是兰开斯特派的一位著名人物。亨利六世早就授予威廉·泰尔博伊斯爵士林肯郡卡尔姆伯爵爵位。威廉·泰尔博伊斯爵士并没有参加赫克瑟姆战役，而在一个靠近纽卡斯尔的煤窑内被捕。他随身携带三千马克，准备提供给亨利六世率领的军队。最终，这笔钱被赏给蒙塔古侯爵约翰·内维尔的手下。对一支长年行军打仗的军队来说，这份赏赐对士兵们算是很大的安慰。②英格兰王国边境地区总督蒙塔古侯爵约翰·内维尔以谋反罪审判俘虏，其他案件由英格兰王国内务总管伍斯特伯爵约翰·蒂普托夫特负责审理。据说，爱德华四世曾在约克郡露过面。显然，他出席了实际庭审。③只有一位俘虏被赦免。毫无疑问，这位幸运儿是约翰·内勒。约翰·内勒曾是亨利六世大法官法庭一员。像其他人一样，约翰·内勒受到谴责，但应亨利·厄普顿④的请求，英格兰王国大法官兼埃克塞特主教乔治·内维尔出面赦免了他。

此时，英格兰北部地区的战事差不多接近尾声。蒙塔古侯爵约翰·内维尔积极平叛，立下战功。考虑到他劳苦功高，特别是抓获了萨默塞特公爵亨利·博福特，1464年5月27日，他在约克郡被爱德华四世封为诺森伯兰伯爵，并且获赠前诺森伯兰伯爵亨利·珀西在诺森伯兰郡内的所有领地。此时，内维

---

① 托马斯·德·罗斯男爵曾在战斗中逃脱，但1464年5月16日，在赫克瑟姆附近的树林中，他又被约克派军队抓获。——原注
② 格雷戈里：《编年史》，第225页到269页。——原注
③ 威廉·伍斯特：《布里斯托尔史》，第782页。——原注
④ 亨利·厄普顿是英格兰大法官法庭的六位大法官之一，也曾是英格兰王国大法官兼埃克塞特主教乔治·内维尔的同事。——原注

尔兄弟的时运已经接近巅峰。1464年9月，约克大主教威廉·布思去世，其职位由大法官兼埃克塞特主教乔治·内维尔接替。这一决定"既是爱德华四世推荐，也是按教会惯例选举得出。"①

兰开斯特派把守的城堡渐渐偃旗息鼓。赫克瑟姆战役后，位于克雷文的斯基普顿城堡立即向约克派投降。②对兰开斯特派支持者的一系列处决过后，爱德华四世下令沃里克伯爵理查德·内维尔和蒙塔古侯爵约翰·内维尔攻打阿尼克城堡、班堡城堡和邓斯坦城堡。短短一个多月的时间，兰开斯特派控制的三座城堡全部被攻克。首先，他们攻下阿尼克城堡。阿尼克城堡守军投降，但有附带条件，即保全阿尼克城堡内驻军的性命。随后，邓斯坦城堡以同样的条件开门投降。③最后，沃里克伯爵理查德·内维尔和蒙塔古侯爵约翰·内维尔集中火力大举进攻班堡城堡。镇守班堡城堡的拉尔夫·格雷爵士曾经为约克派效力，但最终，他背叛了爱德华四世。这次对班堡城堡的围攻，沃里克伯爵理查德·内维尔带来大炮，并且猛轰炸毁班堡城堡的部分城墙。因此，拉尔夫·格雷爵士受了伤。他的部下交出班堡城堡，条件也与其他城堡一样，即驻军应该"任凭爱德华四世宽恕"，但拉尔夫·格雷爵士是个例外。作为一名可耻的叛徒，他将"任凭爱德华四世发落"。拉尔夫·格雷爵士被押送到唐克斯特爱德华四世的所在地处以极刑。以上两种说辞的差别可见一斑。④此时，约克派已经将英格兰北方的所有主要城堡收入囊中，与此同时，诺勒姆城堡似乎悄无声息地投降了。但直到1468年，约克派围攻北威尔士的哈勒赫城堡才大获全胜。⑤

在英格兰北部，亨利六世潜伏了一年。此时，苏格兰王国不再接纳他。但不可思议的是，亨利六世的朋友们没有设法送他漂洋过海，前往佛兰德斯。对勃艮第公爵腓力三世和法王路易十一来说，爱德华四世的外交政策使援助兰

---

① 威廉·伍斯特：《布里斯托尔史》，第782页到783页。——原注
② 《三部15世纪编年史》，第179页。——原注
③ 格雷戈里：《编年史》，第227页。——原注
④ 威廉·伍斯特：《布里斯托尔史》，第782页到783页。——原注
⑤ 威廉·伍斯特：《布里斯托尔史》，第791页。——原注

流亡期间的亨利六世

开斯特家族变成一种过于铤而走险的行为。然而，勃艮第公爵腓力三世的继承人沙罗莱伯爵查理仍然公开支持兰开斯特家族。①毫无疑问，他会将亨利六世安全送到巴鲁瓦，与安茹的玛格丽特王后团聚，但亨利六世似乎从没有尝试过出海。可怜的亨利六世在威斯特摩兰及兰开夏郡投奔一个又一个支持者，寄人篱下，居无定所。1465年6月29日，在弗内斯地区，②由于伯克郡阿宾顿修道院的一名修道士泄密，亨利六世遭到围捕。被捕时，亨利六世的追随者只剩下一名修道士、一名法学士和一名侍从。押往伦敦途中，亨利六世在伊斯灵顿遇到沃里克伯爵理查德·内维尔。沃里克伯爵理查德·内维尔下令将亨利六世的双腿用皮带绑在马肚带上。1465年7月24日，亨利六世被押解到伦敦塔。

---

① 威廉·伍斯特：《布里斯托尔史》，第784页。——原注
② 格雷戈里：《编年史》，第232页。——原注

第 18 章

爱德华四世的动荡岁月

精彩看点

爱德华四世的统治版图——爱德华四世与伊丽莎白·伍德维尔秘密成婚——约克的伊丽莎白出生——伍德维尔家族与英格兰贵族大规模联姻——爱德华四世与内维尔家族的嫌隙——爱德华四世慢待法兰西王国使团——爱德华四世积极发展与勃艮第公国的关系——兰开斯特派重新密谋叛乱——约克的玛格丽特嫁给勃艮第公爵查理——爱德华四世攻下哈勒赫城堡——爱德华四世面临的危机——内维尔兄弟公开指责爱德华四世——英格兰北方地区的动荡局势——沃里克伯爵理查德·内维尔与叛军的关系——爱德华四世与沃里克伯爵理查德·内维尔发生武装冲突——沃里克伯爵理查德·内维尔倒向兰开斯特派——兰开斯特派重返英格兰——爱德华四世被迫流亡——亨利六世重登英格兰王位

1465年，亨利六世被捕并被关入伦敦塔时，爱德华四世已经加冕大约四年。四年间，爱德华四世只是英格兰特伦特河以南，以及英格兰北方几个据点的国王。但此时，南到英吉利海峡，北到特威德河间的所有地区都归爱德华四世统治。在很大程度上，他的成功应当归功于内维尔家族三兄弟，即沃里克伯爵理查德·内维尔、蒙塔古侯爵约翰·内维尔及约克大主教乔治·内维尔。内维尔三兄弟能力超群，对爱德华四世坐稳英格兰王位居功至伟。此时，爱德华四世年仅二十四岁，几位大臣假借其手统治了英格兰王国。如果爱德华四世安于现状，那么玫瑰战争很可能就此结束，他一辈子可安享英格兰的和平安定。然而，爱德华四世要么政策失当，要么粗心大意。很快，他被卷入与内维尔家族的明争暗斗中。内维尔家族虽然坚强不屈，但事实证明爱德华四世技高一筹。但这场龙争虎斗花了六年时间才决出胜负。最终，内维尔家族遭到打压，爱德华四世进而大权独揽，威震四方。

　　爱德华四世首次自行其是是与伊丽莎白·伍德维尔结婚。这桩婚事不合常规。首先，爱德华四世与伊丽莎白·伍德维尔秘密完婚。其次，这桩婚事不能巩固爱德华四世的地位。事实上，爱德华四世的顾问都希望爱德华四世娶一个欧洲其他国家统治稳定的王室的公主为妻，从而如虎添翼，获得某些强大君主的认可，或者物质支持。爱德华四世长期未婚，人们百思不得其解，生怕他可能误入歧途。

爱德华四世第一次见到伊丽莎白·伍德维尔

爱德华四世与伊丽莎白·伍德维尔的婚礼

事实上,早在最终平定英格兰北部以前,爱德华四世已经秘密完婚了。约1464年4月月底①,他和众大臣从伦敦前往英格兰北部战场,一路上从容不迫。1464年5月1日,爱德华四世独自,也可能只带了一两个侍从,从英格兰宫廷驻扎的斯托尼斯特拉特福出发,秘密前往五英里外的格拉夫顿。那里住着里弗斯伯爵理查德·伍德维尔及其妻子卢森堡的雅克塔。卢森堡的雅克塔本是支持亨利六世的少数派贵族贝德福德公爵兰开斯特的约翰的遗孀。里弗斯伯爵夫妇有一个女儿叫伊丽莎白·伍德维尔,是格罗比的约翰·格雷的遗孀。第二次圣奥尔本斯战役中,格罗比的约翰·格雷为兰开斯特派英勇捐

伊丽莎白·伍德维尔

---

① 詹姆斯·盖尔德纳:《帕斯顿信札》,第564篇,注释1。——原注

躯。在证人的见证下，爱德华四世在格拉夫顿与伊丽莎白·伍德维尔举行了婚礼。随即，他回到斯托尼斯特拉特福的英格兰宫廷。接下来的一个星期，在威奇伍德森林狩猎之余，爱德华四世瞒着大臣，幽会了妻子伊丽莎白·伍德维尔好几次。但由于政务繁忙，爱德华四世又奔赴其他地方。直到英格兰北部战事完全结束，他才有空筹划让妻子伊丽莎白·伍德维尔获得英格兰公众的认可。

1464年9月29日，爱德华四世与伊丽莎白·伍德维尔的婚事公之于众。当时，众多英格兰贵族被召集到雷丁，召开英格兰议会上议院大议会处理某些政务，如禁止使用一种新型劣质货币等。爱德华四世将已婚的消息大告天下一定令沃里克伯爵理查德·内维尔深受打击，因为他原本指望爱德华四世与法兰西王国联姻。但木已成舟，无路可退，他只能忍字当先，从长计议。雷丁大修道院的教堂内，克拉伦斯公爵乔治·金雀花和沃里克伯爵理查德·内维尔领着伊丽莎白·伍德维尔登场，所有在场的贵族将伊丽莎白·伍德维尔"公开尊称为英格兰王后"。①最终，1464年12月，英格兰各地方议会成员再次相聚威斯敏斯特宫，同意为伊丽莎白·伍德维尔王后划拨价值四千马克的领地及庄园。

伊丽莎白·伍德维尔美丽贤惠，不可否认是爱德华四世的贤内助。她年长爱德华四世五岁，已故的前夫格罗比的约翰·格雷由于支持兰开斯特派被剥夺了财产地位，她的父亲是爱德华四世的父亲约克公爵理查德的主要反对者。因此，大家都不看好这桩婚事。②当看到贝德福德公爵兰开斯特的约翰的前管家里弗斯伯爵理查德·伍德维尔从一个暴发户贵族平步青云，摇身一变成了英格兰国丈，英格兰的旧贵族震惊不已。当然，里弗斯伯爵理查德·伍德维尔本人并没有从女儿伊丽莎白·伍德维尔的婚事中受益多少，反倒招致英格兰大贵族们的嫉恨。最终，他为此付出了生命代价。

然而，爱德华四世仍然我行我素，全然不顾英格兰贵族的抱怨。他给王后伊丽莎白·伍德维尔的弟弟约翰·伍德维尔赐了一门"好"亲事。1464年

---

① 威廉·伍斯特：《布里斯托尔史》，第783页。——原注
② 威廉·伍斯特：《布里斯托尔史》，第785页，"国内民众普遍不满"。——原注

1月，年仅十九岁的约翰·伍德维尔迎娶了时年六十五岁的诺福克公爵夫人凯瑟琳·内维尔。威廉·伍斯特称这是"恶魔般的联姻"。诺福克公爵夫人凯瑟琳·内维尔已经结过三次婚，是现任诺福克公爵约翰·德·莫布雷的祖母。①1464年5月23日星期四，耶稣升天节，为庆祝伊丽莎白·伍德维尔称后，爱德华四世册封了大量骑士，其中包括几位伦敦市民。1464年5月24日，伦敦市官员和伦敦市民在射手山觐见了王后伊丽莎白·伍德维尔，护送她穿过萨瑟克区抵达伦敦塔。1464年5月25日，英格兰王后伊丽莎白·伍德维尔乘坐马车，前面由新晋骑士开道，穿过齐普赛街及伦敦市的主要街道，抵达威斯敏斯特宫。1464年5月26日，坎特伯雷大主教托马斯·鲍彻为伊丽莎白·伍德维尔王后举行了加冕礼。②

1465年到1468年，英格兰还算风平浪静，没有爆发严重骚乱。当然，扰乱兰开斯特家族统治的结党营私与庇荫现象在约克家族统治时期依然没有被根除。《帕斯顿信札》表明，诺福克郡仍不安定，法律依然受到藐视。虽然这些弊病在爱德华四世统治最薄弱时期依然存在，但与他登基前十年相比，此时，这些弊病已经没有那么严重了。③至少据编年史记载，私党与庇荫数量已经锐减。王国的法治确实遭到忽视。1665年年初到1667年6月，英格兰王国一直没有召开议会。英格兰王国官员执法严苛、残酷随意，表现出爱德华四世维护英格兰和平的决心，尽管对英格兰王国来说，这样做付出的代价可能太大了。④

为稳固自身在海外的地位，约克家族做出了很多努力。早在1462年3月22日，教皇庇护二世就恭祝爱德华四世登基成为英格兰国王。1465年5月，沃里克伯爵理查德·内维尔率使团拜见勃艮第公爵继承人沙罗莱伯爵查理，准备把

---

① 参阅詹姆斯·拉姆齐：《兰开斯特家族和约克家族》，纽约，斯克林纳和阿姆斯特朗出版社，第2章，第321页，注释1。——原注
② 威廉·伍斯特：《布里斯托尔史》，第784页。——原注
③ 试比较，菲利普·德·科米纳：《菲利普·德·科米纳回忆录》（译著），伦敦，1823年，第1章，第253页——"爱德华四世，既是约克公爵，又是英格兰国王，掌管英格兰王国，国泰民安。"——原注
④ 威廉·斯塔布斯：《英格兰宪法史》，牛津，牛津大学出版社，第3章，第287页到292页，仔细记叙了约克家族掌权时期，司法裁决的残忍。然而，应该注意到作者威廉·斯塔布斯并没有详述滥用"私党与庇荫"体系。——原注

他从支持安茹的玛格丽特王后的阵营里拉拢过来。但沙罗莱伯爵查理讨厌沃里克伯爵理查德·内维尔，拒绝被其笼络。在拉拢法兰西国王路易十一方面，沃里克伯爵理查德·内维尔小有收获。路易十一同意与英格兰王国续签了两年的休战协定。

1466年2月，伊丽莎白·伍德维尔王后诞下小公主，取名伊丽莎白，沃里克伯爵理查德·内维尔担任公主约克的伊丽莎白的教父。对爱德华四世来说，沃里克伯爵理查德·内维尔曾经不可或缺，但此时，爱德华四世不再只依靠沃里克伯爵理查德·内维尔一人。爱德华四世正在创建一个围绕英格兰王权的新权力中心。他为王后伊丽莎白·伍德维尔的三个妹妹分别安排好了亲事。其中，白金汉公爵亨利·斯塔福德娶了伊丽莎白·伍德维尔王后的妹妹凯瑟

约克的伊丽莎白

琳·伍德维尔。"对此，沃里克伯爵理查德·内维尔私下心生芥蒂。"①埃塞克斯伯爵之子兼继承人威廉·鲍彻娶了伊丽莎白·伍德维尔王后妹妹安妮·伍德维尔。伊丽莎白·伍德维尔王后的妹妹埃丽诺·伍德维尔嫁给了肯特伯爵埃德蒙·格雷的儿子兼继承人安东尼·格雷。②早在1464年10月，伊丽莎白·伍德维尔王后的妹妹玛格丽特·伍德维尔就已经许配给了阿伦德尔伯爵的继承人托马斯·菲查伦。③1466年3月，伊丽莎白·伍德维尔王后的父亲里弗斯伯

凯瑟琳·伍德维尔

---

① 威廉·伍斯特：《布里斯托尔史》，第785页。——原注
② 里辛的格雷：1463年，沃里克伯爵理查德·内维尔的叔叔肯特伯爵威廉·内维尔逝世，肯特伯爵威廉·内维尔与肯特伯爵埃德蒙·格雷间没有继承关系。——原注
③ 威廉·伍斯特：《布里斯托尔史》，第783页。试比较，詹姆斯·拉姆齐：《兰开斯特和约克》，第2章，第321页，注释3。——原注

爵理查德·伍德维尔接替芒乔伊男爵沃尔特·布伦特，成为英格兰王国财政大臣。这一任命再次导致沃里克伯爵理查德·内维尔心怀不满①。1466年复活节，爱德华四世在温莎过节，并且将岳父理查德·内维尔晋升为里弗斯伯爵，"伊丽莎白·伍德维尔王后引以为荣，百姓颇多非议"。②1467年，里弗斯伯爵理查德·伍德维尔再获擢升，被任命为英格兰王国治安总管。1467年9月，伊丽莎白·伍德维尔王后的妹妹玛丽·伍德维尔嫁给彭布罗克伯爵威廉·赫伯特之子兼继承人威廉·赫伯特。这桩婚事让伍德维尔家族的地位更显赫。爱德华四世还赐封新郎威廉·赫伯特邓斯特男爵的爵位和领地，从而触怒了沃里克伯爵理查德·内维尔。事实上，对沃里克伯爵理查德·内维尔来说，爱德华四世的这一做法无异于一场奇耻大辱，因为沃里克伯爵理查德·内维尔曾经宣称邓斯特的领地归自己所有。③1467年10月，伍德维尔家族的联姻完美收官。伊丽莎白·伍德维尔王后第一段婚姻生下的儿子，爱德华四世的继子，多塞特侯爵托马斯·格雷在格林尼治迎娶了埃克塞特公爵亨利·霍兰的女继承人安妮·霍兰夫人。对沃里克伯爵理查德·内维尔来说，这简直是致命的一击，因为他原本打算让安妮·霍兰夫人嫁给自己的侄子，即蒙塔古侯爵约翰·内维尔的儿子。④此时，伍德维尔家族有八位贵族，伊丽莎白·伍德维尔王后的父亲里弗斯伯爵理查德·伍德维尔、五个妹妹、儿子多塞特侯爵托马斯·格雷及弟弟里弗斯伯爵安东尼·伍德维尔都有了爵位。由于娶了不幸的托马斯·德·斯凯尔斯男爵的女继承人伊丽莎白·斯凯尔斯女男爵，里弗斯伯爵安东尼·伍德维尔承袭到斯凯尔斯男爵爵位。

1467年6月，内维尔家族再次惨遭打击。1467年6月3日，英格兰议会召开。英格兰王国大法官约克大主教乔治·内维尔身体抱恙，暂时无法履行职务。趁此机会，爱德华四世与挚友彭布罗克伯爵威廉·赫伯特一起来到威斯敏斯特宫围栏外约克大主教乔治·内维尔的府邸，罢免了乔治·内维尔的英格兰

---

① 威廉·伍斯特：《布里斯托尔史》，第785页。——原注
② 威廉·伍斯特：《布里斯托尔史》，第785页。——原注
③ 参见詹姆斯·拉姆齐：《兰开斯特和约克》，第2章，第321页，注释6。——原注
④ 威廉·伍斯特：《布里斯托尔史》，第786页到第787页。——原注

王国大法官一职。由特别委员会代管了十三天后,英格兰王国国玺被移交给巴斯和韦尔斯主教罗伯特·斯蒂林顿。①

爱德华四世和内维尔家族之间的矛盾日益扩大。爱德华四世越来越独断专行。沃里克伯爵理查德·内维尔认为,英格兰王国如果要国泰民安,那么必须与英格兰王国的宿敌,即与兵强马壮、国力日盛的法兰西王国结盟。法兰西国王路易十一不但愿意与英格兰王国结盟,而且显得有点迫不及待。但爱德华四世和伍德维尔家族试图恢复英格兰王国与佛兰德斯伯国的旧联盟,也就是说,与勃艮第公国联盟。此时,沙罗莱伯爵查理逐渐不再支持兰开斯特派。1467年5月10日,②沙罗莱伯爵查理同父异母的兄长安东尼,即勃艮第公爵腓

"勃艮第的私生子"安东尼

① 威廉·伍斯特:《布里斯托尔史》,第786页到第787页。——原注
② 威廉·伍斯特:《布里斯托尔史》,第787页。——原注

力三世的"私生子"率领勃艮第公国使团来到伦敦并拜访英格兰宫廷。他对外宣称,此行的目的是想在比武大会上与勇猛果敢的里弗斯伯爵安东尼·伍德维尔切磋技艺。当然,除了展示骑士精神的比武,英格兰王国与勃艮第公国也有国事交流。"勃艮第的私生子"安东尼一直待到1467年6月下旬英格兰议会闭幕。随后,他将与比武对手里弗斯伯爵安东尼·伍德维尔在史密斯菲尔德连续两天切磋武艺。最终,作为裁判,爱德华四世裁决"勃艮第的私生子"安东尼与里弗斯伯爵安东尼·伍德维尔在比武中不分伯仲,平分秋色。比武又持续了两天。突然噩耗传来,勃艮第公爵腓力三世去世。"勃艮第的私生子"安东尼立刻带领所有随从赶回布鲁日奔丧。离开前,他已经做好必要安排,佛兰德斯伯国与英格兰王国联盟似乎已经万事俱备。

"勃艮第的私生子"安东尼停留在英格兰时,沃里克伯爵理查德·内维尔还远在法兰西,与亲自前来的路易十一在鲁昂就英格兰王国与法兰西王国结盟一事展开谈判。路易十一给予沃里克伯爵理查德·内维尔最高礼遇,并且安排他在王宫旁修道院的院落内下榻。这个院落有一条通道与仅一墙之隔的王宫相连。这样,路易十一与沃里克伯爵理查德·内维尔进行磋商既方便又隐秘。①1467年6月18日,在告别前,路易十一与沃里克伯爵理查德·内维尔似乎已经达成全面协议。然而,沃里克伯爵理查德·内维尔回到英格兰时为时已晚。他与"勃艮第的私生子"安东尼擦肩而过。沃里克伯爵理查德·内维尔带来了法兰西王国特使团。法兰西王国大使团阵容豪华,成员包括纳博讷大主教安托万·克雷斯潘、②波旁的私生子、法兰西王国海军总司令。谁曾想在这个备受关注的场合,爱德华四世借机羞辱了沃里克伯爵理查德·内维尔。爱德华四世冷眼相待法兰西王国大使团,等于向路易十一表明,自己作为英格兰新国王,对法兰西国王不屑一顾。

法兰西王国大使团被体面地安置在伦敦舰队街索尔兹伯里主教理查德·比彻姆的府邸。此后,法兰西王国大使团仅觐见过爱德华四世一次。在觐

---

① 参阅柯克:《"大胆"查理》,第1章,第416页到第419页。——原注
② 威廉·伍斯特:《布里斯托尔史》,第787页。——原注

教皇保罗二世

见爱德华四世时，法兰西王国大使团提议爱德华四世与路易十一正式联手对抗勃艮第公国。为显诚意，路易十一提议将爱德华四世对诺曼底和阿基坦的领土诉求交由教皇保罗二世仲裁，并且希望在四年内做出最终判决。做出最终判决前，法兰西王国每年将给爱德华四世四千马克。

然而，对法兰西王国大使团的提议，爱德华四世根本不予理会。1467年7月6日，他转而前往温莎①，让法兰西王国大使团在伦敦坐了一个月的冷板凳。法兰西王国的大使们希望爱德华四世就英法联盟的提议给出一个明确答

---

① 参阅詹姆斯·拉姆齐：《兰开斯特和约克》，第2章，第326页，注释5。——原注

复。沃里克伯爵理查德·内维尔只好找各种借口搪塞。此时，他也无力像以前那样影响爱德华四世的决策了。最终，法兰西王国的大使们没有等到爱德华四世的确切答复，只好打道回府。对爱德华四世，他们大概痛恨有加，沃里克伯爵理查德·内维尔深有同感。

英格兰王国与勃艮第公国的联盟初见雏形。根据协议，爱德华四世的妹妹约克的玛格丽特将嫁给勃艮第公爵查理。查理继承了他父亲腓力三世的勃艮第公爵领地后，准备与英格兰王国结盟。勃艮第公爵查理与路易十一已经交恶。他们互生的敌意贯穿了勃艮第公爵查理短暂而命运多舛的统治时期。勃艮第公爵查理支持兰开斯特派，并且具有兰开斯特家族血统，自然抵触[①]与约克家族的联姻。但由于与约克家族联盟会带来诸多政治利益，勃艮第公爵查理的顾虑很快一扫而空。

1467年10月1日，英格兰王国贵族大议事会在泰晤士河畔金斯顿召开。当着大贵族们的面，约克的玛格丽特欣然同意与勃艮第公爵查理的婚事。沃里克伯爵理查德·内维尔没有出席本次贵族大议事会议，而是留在了约克郡的米德尔赫姆城堡[②]。大约与此同时，安茹的玛格丽特王后派出信使向在哈勒赫城堡内仍咬牙坚持的英勇驻军送去密信，但信使在威尔士被捕。被押送到伦敦接受审讯后，这名信使供出沃里克伯爵理查德·内维尔与安茹的玛格丽特王后暗中勾结的消息。沃里克伯爵理查德·内维尔成功证明了自己的清白，但爱德华四世还是接受建议，为自己增配了两百名骑射手护驾，每名骑射手每天的饷银八便士。[③]

显然，爱德华四世年少轻狂，与沃里克伯爵理查德·内维尔的关系确实剑拔弩张。爱德华四世与伊丽莎白·伍德维尔王后在考文垂欢度1467年的圣诞节后，约克大主教乔治·内维尔带着兄长沃里克伯爵理查德·内维尔前去觐见爱德华四世。从表面上看，爱德华四世与内维尔家族冰释前嫌，握手言和。

---

① 菲利普·德·科米纳：《菲利普·德·科米纳回忆录》，第1章，第252页；柯克：《"大胆"查理》，第1章，第421页，注释26。——原注
② 威廉·伍斯特：《布里斯托尔史》，第788页。——原注
③ 威廉·伍斯特：《布里斯托尔史》，第788页。——原注

1467年10月，教皇保罗二世曾经寄来书信。在这些书信中，教皇保罗二世表示将任命坎特伯雷大主教托马斯·鲍彻为枢机主教。根据法律和习俗，首先，这些书信应当递交给英格兰国王过目。但爱德华四世不无讥讽地将书信转交给约克大主教乔治·内维尔，令其解释信中的内容。

英格兰王国以外，约克家族看来要面临来自法兰西国王路易十一的威胁。1468年5月，爱德华四世通告英格兰议会，称他打算1469年御驾亲征，率领一支远征军攻打法兰西王国。安茹的玛格丽特王后重燃希望。1468年6月月初，英格兰议会休会期间，又有一名随身携带重要书信的兰开斯特派密使在昆伯勒被截获。这名倒霉的兰开斯特派信使叫科尼利厄斯，是一个补鞋匠。科尼利厄斯被押送到伦敦塔后，遭到严刑拷打。最终，他供认出兰开斯特派的行动计划。因此，许多人受到牵连。其中，大部分是无名小卒，但一个是约翰·温洛克爵士的仆人。约翰·温洛克爵士曾为约克家族立下过汗马功劳，但实际上，他效忠沃里克伯爵理查德·内维尔。1468年7月，一个审判团成立，成员由英格兰王国的主要大法官，以及克拉伦斯公爵乔治·金雀花和沃里克伯爵理查德·内维尔等人组成。根据遭起诉者的供述，审判团量刑判决。大多数遭起诉者被判无罪释放或赦免罪责，但约翰·温洛克爵士的仆人被判叛国罪。他还没来得及揭发自己的主人约翰·温洛克爵士，就立即被处以绞刑。

爱德华四世发现，除了王后伊丽莎白·伍德维尔的家人，他很难相信其他任何人。然而，沃里克伯爵理查德·内维尔仍然假装真诚友好。1468年6月中旬，爱德华四世的妹妹约克的玛格丽特离开伦敦，前往布鲁日与勃艮第公爵查理成亲。沃里克伯爵理查德·内维尔送亲。约克的玛格丽特坐在沃里克伯爵理查德·内维尔身后，并且与他同骑一匹马，在萨尼特岛附近登船。① 一支由十五艘军舰组成的舰队护送她来到斯勒伊斯。约克的玛格丽特及她的侍女沿着运河，一路不紧不慢地来到布鲁日附近的达默。1468年7月3日，在索尔兹伯里主教理查德·比彻姆和一位罗马教廷使者的见证下，约克的玛格丽特与勃艮第公爵查理在布鲁日举行婚礼。这桩婚事昭示爱德华四世与伍德维

---

① 威廉·伍斯特：《布里斯托尔史》，第790页。——原注

约克的玛格丽特

尔家族结盟勃艮第公国的政策圆满成功。无论在政治层面，还是在经济层面，英格兰王国与勃艮第公国结盟都意义非凡，因为佛兰德斯是英格兰最古老的商品市场之一。

然而，亨利六世之妻安茹的玛格丽特王后仍可寻求路易十一的支援。事实上，由于爱德华四世与勃艮第公爵查理结盟，安茹的玛格丽特王后更应该向法兰西王国求援。按照沃尔特·司各特的小说《昆丁·达沃德》里的准确描述，勃艮第公爵查理和法兰西国王路易十一积怨已久，甚至动摇了整个欧洲的稳定根基。对路易十一来说，没有什么比英格兰王国持续内战更符合法兰西王国的利益了。因此，流亡的兰开斯特派仍然依靠法兰西王国的救济苟延残喘。1468年6月月底，贾斯珀·都铎"连同五十人及少许钱财"乘坐三艘法兰西舰船抵达北威尔士。贾斯珀·都铎在哈勒赫城堡附近登陆。1461年到1468年，哈勒赫城堡经受住约克派断断续续数次猛烈围攻。此时，哈勒赫城堡惨遭彭布罗克伯爵威廉·赫伯特的连番攻击。贾斯珀·都铎虽然无法替哈勒赫城堡解围，但能在北威尔士发起声势浩大的游击战。贾斯珀·都铎沿途召集了一批支持自己的队伍，洗劫了英格兰王室村镇登比并将其付之一炬。然而，彭布罗克伯爵威廉·赫伯特带领一支一万人的强大部队，迎战贾斯珀·都铎的部队。最终，彭布罗克伯爵威廉·赫伯特的部队打散了贾斯珀·都铎的部队，迫使贾斯珀·都铎落荒而逃。哈勒赫城堡的守军看到自己最后的希望破灭了，便不再负隅顽抗。1468年圣母升天节前夕，哈勒赫城堡守军将领大卫·阿邦翁缴械投降，听凭爱德华四世发落。此时，哈勒赫城堡内部全部守军只剩下五十人。随后，这五十名俘虏被押送到伦敦，但只有两人被处死，即埃尔维克和特鲁布洛特。[1]专门处决他们的原因不明，或许因为他们都是贵族出身。[2]考虑到攻打哈勒赫城堡时立下的赫赫战功，爱德华四世授予威廉·赫伯特彭布罗克伯爵爵位。从法律层面上来看，由于被剥夺公权，贾斯珀·都铎再也没有资格持有彭布罗克伯爵爵位。从哈勒赫城堡内被俘的人中还有贾斯珀·都铎十二岁的侄子亨利·都铎，即后来的英王亨利七世。

然而，虽然成功拿下哈勒赫城堡，但爱德华四世周围仍然危机四伏，并且他对此浑然不知。沃里克伯爵理查德·内维尔似乎决意维护自己的权势。他再次向世人表明他可以成为"造王者"。虽然与爱德华四世反目成仇，但没有证据表明沃里克伯爵理查德·内维尔与安茹的玛格丽特王后暗中勾结谋反。沃里克伯爵理查德·内维尔和安茹的玛格丽特王后互为宿敌，不会轻易一拍即合。毋庸置疑，法兰西王国和英格兰王国境内都有兰开斯特派策划兰开斯特家族复辟。对此，爱德华四世似乎了如指掌。通过情报人员，他可以揭开叛贼的

---

[1] 威廉·伍斯特：《布里斯托尔史》，第791页。——原注
[2] 《三部15世纪编年史》，第182页。——原注

真面目。1468年年底，两名兰开斯特派支持者被捕。随后，这两名兰开斯特派支持者伏法。1468年10月到1468年11月，爱德华四世调集舰队，横扫英吉利海峡。1468年11月月底，爱德华四世的舰队凯旋。返回怀特岛时，爱德华四世的舰队报告说安茹的玛格丽特王后并没有兴风作浪。[①]因此，爱德华四世可能感觉自己可以高枕无忧了。兰开斯特派势力日减，已经衰退到最低谷，力量微弱的兰开斯特派阴谋家只能麻烦一下泰伯恩刑场的绞刑架而已。然而，爱德华四世面临的真正威胁并不是来自兰开斯特家族。

1468年再没有发生任何天灾人祸。1469年春，沃里克伯爵理查德·内维尔前往加来，亲自接任加来总督一职。此前，他一直由一名副手代行其职责。沃里克伯爵理查德·内维尔接任加来总督后，事态发展得很快。对爱德华四世的弟弟克拉伦斯公爵乔治·金雀花，沃里克伯爵理查德·内维尔深信不疑。克拉伦斯公爵乔治·金雀花不甘屈居在兄长爱德华四世手下为其效劳，辅佐兄长爱德华四世。此时，爱德华四世膝下还没有儿子。因此，克拉伦斯公爵乔治·金雀花可能打着如意算盘，希望自己有优先于公主们的王位继承权。在加来，沃里克伯爵理查德·内维尔正在完善自己的计划。从表面上看，沃里克伯爵理查德·内维尔贯彻了爱德华四世的政策，前往加来拜见勃艮第公爵查理，并且与他保持了友好关系。此外，沃里克伯爵理查德·内维尔邀请勃艮第编年史家勃艮第的让·德·沃林来到加来，并且许诺，勃艮第的让·德·沃林将会获得其孜孜以求的政务信息。沃里克伯爵理查德·内维尔盛情款待了勃艮第的让·德·沃林九天，但没有透露任何政务方面的消息。然而，沃里克伯爵理查德·内维尔再次承诺，如果两个月后，勃艮第的让·德·沃林重返加来，那么他会开诚布公。精明的勃艮第的让·德·沃林不费吹灰之力就看出沃里克伯爵理查德·内维尔心中有个深藏不露的计划。沃里克伯爵理查德·内维尔正暗中推进这个计划。与此同时，这一计划也在日趋完善。首先，克拉伦斯公爵乔治·金雀花与沃里克伯爵理查德·内维尔的大女儿伊莎贝尔·内维尔的婚事已经商谈很长时间。此时，克拉伦斯公爵乔治·金雀花与伊莎贝尔·内维尔

---

① 威廉·伍斯特：《布里斯托尔史》，第792页。——原注

克拉伦斯公爵乔治·金雀花与伊莎贝尔·内维尔

即将完婚。大约1469年7月月初，克拉伦斯公爵乔治·金雀花和约克大主教乔治·内维尔来到加来。1469年7月11日，即勃艮第的让·德·沃林离开加来一个星期后，约克大主教乔治·内维尔主持了克拉伦斯公爵乔治·金雀花与伊莎贝尔·内维尔的婚礼。①1469年7月12日，沃里克伯爵理查德·内维尔和克拉伦斯公爵乔治·金雀花从加来发出通告，细数对爱德华四世朝政的不满，并且昭告天下，他们打算立即进军英格兰拨乱反正。

与此同时，英格兰北部爆发了一场严重的叛乱。1469年5月月底，②在"雷德斯代尔的罗宾"的带领下，约克郡内许多人揭竿而起。无论雷德斯代尔的罗宾是谁，他都是像杰克·斯特劳或者杰克·凯德那样很受欢迎的乡村头领。在中世纪的英格兰，乡村头领时常代表乡村地区，表达对英格兰政府的不满。最初，起义者抗议圣伦纳德修道院强征"谷物捐"。随后，他们发出的不满日益增多。这些不满包括批评英格兰政府管理不善，或缺乏管理。这些不满

---

① 勃艮第的让·德·沃林：《大不列颠编年史》，第578页到第579页；詹姆斯·拉姆齐：《兰开斯特和约克》，第2章，第337页。——原注
② 《三部15世纪编年史》，第182页。三一主日，即1459年5月28日。——原注

与英王亨利六世在位时如出一辙。对爱德华四世的不满主要是指责他太依赖伍德维尔家族的心腹宠臣，执法没有力度，审判缺乏公正，以及乱征苛捐杂税。雷德斯代尔的罗宾有六万①追随者，但这些追随者并不全是农民。其中，他的支持者中有一些乡绅，以及兰开斯特派的支持者。此外，沃里克伯爵理查德·内维尔的支持者也混在起义军中。②与此同时，约克郡爆发了另一场由霍尔德内斯的罗宾带领的暴动。霍尔德内斯的罗宾的部下强烈要求将诺森伯兰伯爵爵位归还给珀西家族。因此，霍尔德内斯的罗宾率领的起义军绝不可能为内维尔家族的利益而战。对叛乱分子，现任诺森伯兰伯爵沃里克伯爵理查德·内维尔的弟弟蒙塔古侯爵约翰·内维尔自然不会有半点同情。虽然蒙塔古侯爵约翰·内维尔部队的实力不算强大，但在约克城城门外，他率部迎战霍尔德内斯的罗宾率领的起义军，并且打得起义军落荒而逃。起义军的将领霍尔德内斯的罗宾被俘。随后，他遭到斩首。③

然而，对雷德斯代尔的罗宾领导的起义，蒙塔古侯爵约翰·内维尔袖手旁观，他并没有派兵平息雷德斯代尔的罗宾领导的起义。对此，爱德华四世感到御驾亲征英格兰北部势在必行。此时，他才逐渐认识到英格兰北部形势的严峻。1469年6月，爱德华四世一直忙于巡游东盎格利亚。④蒙塔古侯爵约翰·内维尔的消极怠战令爱德华四世心生疑窦。沃里克伯爵理查德·内维尔和克拉伦斯公爵乔治·金雀花一起出现在加来更使他坐卧不安。1469年7月9日，爱德华四世致信沃里克伯爵理查德·内维尔、克拉伦斯公爵乔治·金雀花及约克大主教乔治·内维尔，令他们返回英格兰，并且"以他们习以为常的平静方式"侍候爱德华四世。⑤1469年7月11日，爱德华四世的信发出两天后，克拉伦斯公爵乔治·金雀花及伊莎贝尔·内维尔在加来成婚。对此，爱德华四世可能一无所知。

---

① 声称罗德斯代尔的罗宾有六万追随者可能是中世纪惯有的夸大之词。参见《克罗伊兰编年史续集》，第445页。——原注
② 拉斐尔·霍林谢德：《编年史》，第3章，第672页。——原注
③ 《三部15世纪编年史》，第183页。——原注
④ 詹姆斯·盖尔德纳：《帕斯顿信札》，第716篇。——原注
⑤ 詹姆斯·盖尔德纳：《帕斯顿信札》，第719篇。——原注

沃里克伯爵理查德·内维尔已经下定决心返回英格兰。毫无疑问，他一直与雷德斯代尔的罗宾领导的起义军的头目们有联系。伊莎贝尔·内维尔与克拉伦斯公爵乔治·金雀花完婚后，沃里克伯爵理查德·内维尔立即漂洋过海前往桑威治。随后，他从桑威治转而前往伦敦。经过肯特郡时，许多当地人加入沃里克伯爵理查德·内维尔率领的部队中。伦敦市市民没有阻挠地接纳了沃里克伯爵理查德·内维尔。①

此时，在诺丁汉境内，爱德华四世只拥有一支规模不大的军队。他在苦苦等待威尔士的援军。彭布罗克伯爵威廉·赫伯特正率援军从西部的威尔士赶来。爱德华四世听从芒乔伊男爵沃尔特·布伦特的建议将里弗斯伯爵理查德·伍德维尔及约翰·伍德维尔派往切普斯托城堡保障自身安全。鉴于里弗斯伯爵理查德·伍德维尔及约翰·伍德维尔不受欢迎，爱德华四世料想如果里弗斯伯爵理查德·伍德维尔父子不在自己身边，那么形势定会好转。②此时，英格兰北部的起义军正挥师南下，沃里克伯爵理查德·内维尔正率军从伦敦北上。看来，爱德华四世将陷入腹背受敌的窘境。

然而，爱德华四世两面受敌的状况还没出现，英格兰北方的起义军就阻拦了彭布罗克伯爵威廉·赫伯特率领的小规模部队。在行军途中，彭布罗克伯爵威廉·赫伯特与拥有可观兵力的德文伯爵约翰·考特尼的部队会师。然而，两位指挥官无法通力合作，只好分道扬镳。彭布罗克伯爵威廉·赫伯特独自率军迎战来自英格兰北部的起义军。这场战役发生在北安普敦郡距班伯里四英里处，一座叫艾格科特的小村庄附近。艾格科特村庄附近的三座小山形成一个三角形区域。艾格科特战役就在这个三角形区域展开。艾格科特战役的开战时间不是1469年7月24日，而是1469年7月26日。③彭布罗克伯爵威廉·赫伯特率领部队中的威尔士人战斗激情高昂，坚信古老预言即将成真。这句寓言的大意是："驱逐英格兰人后，剩下的不列颠人将作为真正的公民，再次掌管英格兰

---

① 勃艮第的让·德·沃林：《大不列颠编年史》，第579页。——原注
② 勃艮第的让·德·沃林：《大不列颠编年史》，第580页；《克罗伊兰编年史续集》，第446页记载，里弗斯伯爵理查德·伍德维尔及其子约翰·伍德维尔仓皇出逃。——原注
③ 《三部15世纪编年史》，第183页，记载战役爆发日期为1469年7月24日。——原注

的主权。"①不过,威尔士士兵的希望落空了,因为英格兰北方的起义军给了他们致命一击,据说多达四千名威尔士将士惨遭杀害。②

爱德华四世和沃里克伯爵理查德·内维尔都没有参加艾格科特战役。艾格科特战役结束后,沃里克伯爵理查德·内维尔和克拉伦斯公爵乔治·金雀花率领的部队与英格兰北方的起义军会师,负责处决俘虏。没有经任何法律审判,彭布罗克伯爵威廉·赫伯特及他的两位弟弟就被处死。爱德华四世独木难支,唯一的一支常备武装力量只有一支由两百名弓箭手组成的卫队。尽管如此,爱德华四世还跑去见他的弟弟克拉伦斯公爵乔治·金雀花和沃里克伯爵理查德·内维尔。在沃里克和考文垂之间的一个小村庄内,爱德华四世与克拉伦斯公爵乔治·金雀花及沃里克伯爵理查德·内维尔会面③。克拉伦斯公爵乔治·金雀花和沃里克伯爵理查德·内维尔刚一露面,不出意料,爱德华四世表现得"义愤填膺",并且对他们"满脸怒容"。但克拉伦斯公爵乔治·金雀花和沃里克伯爵理查德·内维尔坚称自己绝对效忠爱德华四世,除了铲除爱德华四世身边的奸佞别无他求。听到这些话,"爱德华四世才心平气和起来"。④事实上,由于受克拉伦斯公爵乔治·金雀花和沃里克伯爵理查德·内维尔的挟制,爱德华四世别无选择,只能接受他们的辩解。然而,爱德华四世丝毫不敢掉以轻心,特别当他看到由于支持自己,里弗斯伯爵理查德·伍德维尔父子,即他的岳父和妻弟,遭到处决时。里弗斯伯爵理查德·伍德维尔及其子约翰·伍德维尔前往切普斯托城堡避难。随后,在切普斯托城堡内,他们被捕。沃里克伯爵理查德·内维尔下令在凯尼尔沃思将这对父子处死。⑤

爱德华四世会见克拉伦斯公爵乔治·金雀花和沃里克伯爵理查德·内维尔后,先是被转移到沃里克城堡。随后,为安全起见,他又被转移到约克郡的米德尔赫姆城堡。这样,沃里克伯爵理查德·内维尔再次掌控了英格兰王国

---

① 《克罗伊兰编年史续集》,第446页。——原注
② 《克罗伊兰编年史续集》,第446页。——原注
③ 詹姆斯·拉姆齐认为这个村庄就是距离凯尼尔沃思两英里的豪尼里。参见詹姆斯·拉姆齐:《兰开斯特和约克》,第2章,第343页。——原注
④ 《克罗伊兰编年史续集》,第447页。——原注
⑤ 勃艮第的让·德·沃林:《大不列颠编年史》,第580页到第581页。——原注

切普斯托城堡遗址

沃里克城堡

的政局。他软禁了爱德华四世，英格兰的北部起义军也获得英格兰王室的赦免，起义军似乎已经悄然返回各自家乡。①然而，约克派的这起内讧为兰开斯特派贵族重新掌权提供了机会。事实上，最初追随"雷德斯代尔的罗宾"的英格兰北方起义军中混入了一些兰开斯特派的要人。为控制爱德华四世，沃里克伯爵理查德·内维尔毫无顾忌地将兰开斯特派的要人纳为己用。软禁爱德华四世后，沃里克伯爵理查德·内维尔发现单凭自己的力量无法平定兰开斯特派组织的暴乱，其中一场暴乱特别棘手。在英格兰最北部靠近英格兰王国与苏格兰王国边界的地方，兰开斯特派的支持者布兰斯珀斯的汉弗莱·内维尔②发动叛乱。沃里克伯爵理查德·内维尔还没有准备好与亨利六世休戚与共，无法应对这场叛乱。光凭沃里克伯爵理查德·内维尔一人的名号不足以一呼百应。因此，沃里克伯爵理查德·内维尔假借爱德华四世的名义发表了一份宣言，但对这份宣言，人们刻意置若罔闻。最终，沃里克伯爵理查德·内维尔无计可施，只好将爱德华四世从米德尔赫姆城堡放了出来，让他以国王的身份自由前往约克平息叛乱。③爱德华四世恢复自由身后，人们才以勤王的名义加入沃里克伯爵理查德·内维尔的军队中。英格兰北方的叛乱才得以迅速平定。爱德华四世意识到权力的重要性，便返回伦敦。④1469年10月13日，爱德华四世带着一批包括贵族和平民在内的追随者到达伦敦。沃里克伯爵理查德·内维尔留守英格兰北部。约克大主教乔治·内维尔一路陪同爱德华四世，但没有随爱德华四世一起进入伦敦。克拉伦斯公爵乔治·金雀花也没有跟随爱德华四世返回伦敦。在公开场合，爱德华四世宣称，克拉伦斯公爵乔治·金雀花、沃里克伯爵理查德·内维尔和约克大主教乔治·内维尔是他最好的朋友，但对这三人，英格兰王室的其他成员或许有更真实的看法。⑤

1469年结束前，英格兰贵族大议事会在伦敦召开，沃里克伯爵理查

---

① 参阅林加德：《英格兰史》，1849年，第4章，第170页。——原注
② 布兰斯珀斯的汉弗莱·内维尔是沃里克伯爵理查德·内维尔的远亲。——原注
③ 1469年9月15日，爱德华四世到了约克郡。参见约翰·帕斯顿：《帕斯顿信札》，第725篇。——原注
④ 《克罗伊兰编年史续集》，第458页。——原注
⑤ 詹姆斯·盖尔德纳：《帕斯顿信札》，第736篇。——原注

德·内维尔和克拉伦斯公爵乔治·金雀花出席了本次会议。1469年的和平结束了。英格兰政府的官员发生了一些变动。爱德华四世年仅四岁的大女儿约克的伊丽莎白与蒙塔古侯爵约翰·内维尔的儿子兼继承人贝德福德公爵乔治·内维尔订下婚约，内维尔家族再获殊荣。如果爱德华四世没有儿子，那么年纪轻轻的贝德福德公爵乔治·内维尔将来可能以长女婿之名继承英格兰王位。沃里克伯爵理查德·内维尔的长女克拉伦斯公爵夫人伊莎贝尔·内维尔已经嫁给爱德华四世的弟弟克拉伦斯公爵乔治·金雀花。这样看来，无论遵照哪种英格兰王位继承规则，似乎总有一天内维尔家族的某个分支将登上英格兰王位。

然而，沃里克伯爵理查德·内维尔等不及那天的到来。1470年年初，林肯郡出现新的祸患。祸患源自林肯郡居民反对"征发"。①英格兰王室的一位官员，也是林肯郡的地主，提出征发要求。林肯郡的反叛军中很快出现理查德·韦尔斯男爵的儿子威洛比·德·埃雷斯比男爵罗伯特·韦尔斯。理查德·韦尔斯男爵来自古老的兰开斯特家族，曾在"雷德斯代尔的罗宾"领导的起义中担任过将领。然而，人们认为沃里克伯爵理查德·内维尔才是林肯郡叛乱的幕后黑手②。起初，爱德华四世并没有怀疑沃里克伯爵理查德·内维尔。一天，爱德华四世准备与约克大主教乔治·内维尔共进晚餐，并且会见沃里克伯爵理查德·内维尔和克拉伦斯公爵乔治·金雀花。宴会开始前，菲茨沃尔特勋爵在爱德华四世耳边轻声报告说，附近埋伏着一百名武装分子意欲抓捕、劫走爱德华四世。爱德华四世立刻起身上马逃离是非之地。他一路狂奔，直到安全抵达温莎。③然而，此时爱德华四世并没有沃里克伯爵理查德·内维尔谋害自己的真凭实据。因此，爱德华四世和沃里克伯爵理查德·内维尔暂时相安无事。

1470年春见证了英格兰王国内的诸多风云变幻。爱德华四世毅然决然向林肯郡叛军出击。众所周知，尽管很长一段时间内，爱德华四世做事拖拉粗

---

① 指君主以低于市场价的固定价格购买供应品、使用车马的权利。
② 勃艮第的沃林：《大不列颠编年史》，第587页到第588页。——原注
③ 林加德：《英格兰史》，1849年，第4章，第172页，注释1，记载这次宴会日期早于1470年复活节。——原注

心，但一旦开始执行某项计划，他很可能马到成功。1470年3月月初，①爱德华四世亲自率军来到林肯郡。一般认为沃里克伯爵理查德·内维尔会随行勤王。然而，尽管爱德华四世召唤了沃里克伯爵理查德·内维尔和克拉伦斯公爵乔治·金雀花，但二人更乐意留在沃里克城堡②。这样，他们或许能与南下的林肯郡叛乱分子会合。但爱德华四世行动迅速，已经率军直奔林肯郡。1470年3月12日，爱德华四世在拉特兰郡的恩平厄姆率军迎战林肯郡的叛军。爱德华四世有一大批追随者，"据说，在英格兰从没见过如此多能人异士，在战场上也从没见过如此整齐划一的军队。"③爱德华四世披挂上阵时，胜利总是如影随形，这次也不例外。林肯郡叛乱分子根本抵挡不住爱德华四世军队的进攻。英格兰王国炮兵部队撕开了林肯郡叛军的队伍。趁滂沱大雨，林肯郡叛军逃离战场。"扔掉外套，逃跑起来更轻便。"④因此，这次战役称为弃衫原野战役。威洛比·德·埃雷斯比男爵罗伯特·韦尔斯及其三名部下被捕并被斩首示众。但据说，爱德华四世"大发慈悲，赦免了愚昧无知且无辜清白的平民士兵"。⑤临死前，威洛比·德·埃雷斯比男爵罗伯特·韦尔斯供认沃里克伯爵理查德·内维尔是林肯郡叛乱的幕后元凶。如果叛乱大功告成，那么沃里克伯爵理查德·内维尔有意扶持克拉伦斯公爵乔治·金雀花为英格兰国王。

  恩平厄姆战役阻止了沃里克伯爵理查德·内维尔与林肯郡叛军会合。运用速战速决的策略，爱德华四世平定了林肯郡的叛乱。看到眼下大势已去，沃里克伯爵理查德·内维尔和克拉伦斯公爵乔治·金雀花仓皇北逃。首先，他们逃到切斯特菲尔德。然后，他们来到曼彻斯特，希望得到兰开斯特派的援助。⑥但与此同时，爱德华四世挥师北上，对沃里克伯爵理查德·内维尔和克拉伦斯公爵乔治·金雀花一路跟踪追击。沃里克伯爵理查德·内维尔和克拉伦斯公爵乔治·金雀花不敢耽搁，再次匆匆南逃到埃克塞特。随后，他们逃到达

---

① 詹姆斯·盖尔德纳：《帕斯顿信札》，第742篇。——原注
② 詹姆斯·拉姆齐：《兰开斯特和约克》，第2章，第348页，注释4。——原注
③ 詹姆斯·盖尔德纳：《帕斯顿信札》，第743篇。——原注
④ 拉斐尔·霍林谢德：《编年史》，第3章，第674页。——原注
⑤ 《克罗伊兰编年史续集》，第461页。——原注
⑥ 詹姆斯·盖尔德纳：《帕斯顿信札》，第743篇。——原注

特茅斯。由于在达特茅斯海军中很有威望,沃里克伯爵理查德·内维尔弄到了几艘小船,载着他自己、克拉伦斯公爵乔治·金雀花及各自家眷远赴加来。事实上,爱德华四世并没有穷追不舍。在约克,他停下来欣然接受当地乡绅向他表示忠心。然而,爱德华四世不能再让沃里克伯爵理查德·内维尔的弟弟蒙塔古侯爵约翰·内维尔继续做诺森伯兰伯爵。蒙塔古侯爵约翰·内维尔既没有参加雷德斯代尔的罗宾领导的起义,也没有卷入威洛比·德·埃雷斯比男爵罗伯特·韦尔斯领导的起义,但他作壁上观,没有鼎力相助爱德华四世平叛。1470年3月25日,⑦爱德华四世剥夺了蒙塔古侯爵约翰·内维尔的诺森伯兰伯爵爵位,并且将这一爵位归还给珀西家族。作为安慰,爱德华四世将约翰·内维尔的爵位高升一级,赐予他蒙塔古侯爵。对约翰·内维尔来说,与痛失古老的诺森伯兰伯爵爵位及财富特权相比,这次爵位晋升可谓微不足道。

爱德华四世大获全胜,在战场上所向披靡。伟大的"造王者"沃里克伯爵理查德·内维尔也成为一名逃亡者,沦为不折不扣的海盗,在英吉利海峡肆意劫掠。然而,不到六个月时间,命运之轮再次突然逆转,轮到爱德华四世流亡海外,沃里克伯爵理查德·内维尔再次成为英格兰"造王者"。又过了六个月,命运之轮再次转动,爱德华四世安然无恙,重返英格兰,再没有"继续逃亡海外"。

1470年剩下的日子里,沃里克伯爵理查德·内维尔的作为令人惊叹。将近1470年4月月底,在加来附近,沃里克伯爵理查德·内维尔一定露过面。爱德华四世怀疑加来是沃里克伯爵理查德·内维尔的目的地,便下发特别命令,告诫加来副官约翰·温洛克爵士不得放沃里克伯爵理查德·内维尔进入加来。⑧约翰·温洛克爵士虽然是沃里克伯爵理查德·内维尔的故友,但不敢违抗王命。此外,加来商人与勃艮第的商业往来频繁,勃艮第公爵查理告诉加来商人自己支持英王爱德华四世。沃里克伯爵理查德·内维尔尽管曾率军狂轰滥炸,试图强行攻入加来,但最终,他被加来拒之门外。沃里克伯爵理查德·内维尔乘坐的小船停泊在锚地。他的女儿克拉伦斯公爵夫人伊莎贝

---

⑦ 詹姆斯·盖尔德纳:《帕斯顿信札》,第743篇。——原注
⑧ 菲利普·德·科米纳:《菲利普·德·科米纳回忆录》,勃艮第的让·德·沃林:《大不列颠编年史》,第603页。——原注

尔·内维尔随丈夫克拉伦斯公爵乔治·金雀花一起出逃。此时，克拉伦斯公爵夫人伊莎贝尔·内维尔生下一个儿子。据说，由于缺衣少食，沃里克伯爵理查德·内维尔不得不恳求加来副官约翰·温洛克爵士特别照顾，给刚刚生产的克拉伦斯公爵夫人伊莎贝尔·内维尔送两壶酒。①随后，沃里克伯爵理查德·内维尔航行到诺曼底，抢劫了沿途遇到的所有佛兰德斯及英格兰商船，并且将这些商船上的船员扔进大海。②1470年5月6日，沃里克伯爵理查德·内维尔登陆阿夫勒尔，他的部下售空从商船上抢来的战利品。为报复沃里克伯爵理查德·内维尔对佛兰德斯商船的抢劫，勃艮第公爵查理扣押了安特卫普集市上的所有法兰西船。

1470年6月和1470年7月，一场历史上绝无仅有，最颠覆传统的伟大外交革命发生了。中世纪接近尾声之际，似乎所有举世公认的思想都被彻底摧毁，取而代之的是机会主义信条。"君主如果想自保，那么必须知道如何做坏事。"为在世上站稳脚跟，沃里克伯爵理查德·内维尔愿意不择手段，弃善作恶。③他将打倒一位强大的英格兰国王，复辟一位软弱无力的英格兰国王。

这场重大外交革命中的另外两方是安茹的玛格丽特王后和法兰西国王路易十一。显然，他们各怀目的。说服安茹的玛格丽特王后，让她同意与沃里克伯爵理查德·内维尔共举大事必定费了很大一番功夫。在摧毁兰开斯特家族的人中，沃里克伯爵理查德·内维尔是最坚决的罪魁祸首。正是沃里克伯爵理查德·内维尔亲自用皮带捆绑了安茹的玛格丽特王后的丈夫亨利六世，并且押送他到伦敦塔软禁，让他脸面尽失。也正是沃里克伯爵理查德·内维尔质疑安茹的玛格丽特王后的儿子威尔士亲王威斯敏斯特的爱德华英格兰王位继承权的合法性。此时，安茹的玛格丽特王后虽然接受沃里克伯爵理查德·内维尔的援助，但没有背信弃义，没有背叛自己旧日的朋友。她知道沃里克伯爵理查德·内维尔曾经深深伤害过自己，但既然他已经准备为自己效犬马之劳，就不想判断他是何动机，而乐意接受他的援助。

---

① 菲利普·德·科米纳：《菲利普·德·科米纳回忆录》，第1章，第256页。——原注
② 勃艮第的让·德·沃林：《大不列颠编年史》，第603页到第604页。——原注
③ 尼科洛·马基雅弗利：《君主论》，第15章。——原注

法兰西国王路易十一也没有任何理由拒沃里克伯爵理查德·内维尔于千里之外。保卫法兰西王国是路易十一的职责。路易十一曾提出与爱德华四世缔结和平联盟，但惨遭拒绝。爱德华四世并不恭敬有礼，反倒不屑一顾，断然拒绝与法兰西王国缔结和平联盟的建议。对法兰西王国来说，英格兰王国-勃艮第公国联盟是个心腹大患。①历经百年动荡后，法兰西王国刚刚排除万难实现国泰民安。如果沃里克伯爵理查德·内维尔能辅佐兰开斯特家族复辟，那么法兰西王国将成为兰开斯特家族的盟友，路易十一自然不会对此表示反对。就这

15世纪70年代的路易十一

---

① 1470年6月22日，路易十一告诉杜·普莱西斯，他的计划是通过沃里克伯爵理查德·内维尔"使英格兰再次陷入混乱"。引自柯克：《"大胆"查理》，第2章，第33页。——原注

样，在法王路易十一的巧妙斡旋下，一大联盟逐渐形成。安茹的玛格丽特王后和沃里克伯爵理查德·内维尔达成协议，筹备最后一搏，反攻约克家族对英格兰的统治。

当时，人在法兰西的安茹的玛格丽特王后正通过自己的追随者，著名的律师约翰·福蒂斯丘，催促法兰西国王路易十一借给她一支远征军攻打约克派。沃里克伯爵理查德·内维尔内心满含对爱德华四世的愤恨来到法兰西。对安茹的玛格丽特王后的顾问们来说，联合沃里克伯爵理查德·内维尔是不容错过的天赐良机。安茹的玛格丽特王后的顾问们竭尽全力，最终让安茹的玛格丽特王后放下芥蒂。①当然，路易十一也从中竭力撮合。在昂热，沃里克伯爵理查德·内维尔和安茹的玛格丽特王后进行了二十天的认真协商与谈判。最终，安茹的玛格丽特王后被说服接受沃里克伯爵理查德·内维尔的支持。她接受沃里克伯爵理查德·内维尔的下跪道歉，应允她的儿子威尔士亲王威斯敏斯特的爱德华和沃里克伯爵理查德·内维尔的小女儿安妮·内维尔的婚事。②沃里克伯爵理查德·内维尔将协助亨利六世重登英格兰王位。亨利六世驾崩后，威尔士亲王威斯敏斯特的爱德华和安妮·内维尔王妃将继承英格兰王位。如果他们无嗣，那么英格兰王位将由克拉伦斯公爵乔治·金雀花继承。根据这一安排，克拉伦斯公爵乔治·金雀花继承王位的可能性更渺茫了。克拉伦斯公爵乔治·金雀花实力过于弱小，沃里克伯爵理查德·内维尔之前只是出于权宜之计与他联合，并且将其视作真正可靠的助手。

沃里克伯爵理查德·内维尔和安茹的玛格丽特王后刚刚结盟，就争分夺秒开始筹备一支强大的远征军。与此同时，英格兰王国还没有危象毕露，爱德华四世仍然不管不顾，放任自流。勃艮第公爵查理不愿失去英格兰王国这一重要盟友，不断向爱德华四世发出警告，提醒他沃里克伯爵理查德·内维尔将卷土重来，极大威胁爱德华四世的王位。③事实上，爱德华四世采取了一些举措，但远远不够。他派出一支舰队，由里弗斯伯爵安东尼·伍德维尔指挥，

---

① 参阅约翰·福斯蒂丘：《英格兰政体》（查尔斯·普拉默编），第69页。——原注
② 勃艮第的让·德·沃林：《大不列颠编年史》，第608页。——原注
③ 菲利普·德·科米纳：《菲利普·德·科米纳回忆录》，第1章，第260页到第263页。——原注

沃里克伯爵理查德·内维尔下跪向安茹的玛格丽特王后道歉

在英吉利海峡巡逻，但似乎并没有为英吉利海峡带来长治久安。勃艮第公爵查理更主动积极。他甚至派遣一支舰队长期封锁塞纳河，阻挡沃里克伯爵理查德·内维尔的远征军出海。然而，1470年9月，一场狂风迫使勃艮第公国的舰队暂时放弃警戒。于是，沃里克伯爵理查德·内维尔的远征军得以畅行无阻。安茹的玛格丽特王后及家眷留守法兰西王国静候佳音。1470年9月8日左右，沃里克伯爵理查德·内维尔率领一支人数未知的部队横渡英吉利海峡，在德文郡的达特茅斯登陆。[①]德文郡民众热烈响应。很快，沃里克伯爵理查德·内维尔招募了一支浩浩荡荡的军队。

尽管勃艮第公爵查理不断发来警报，但爱德华四世还是被打了个措手不及。此时，爱德华四世正带领一支军队在约克郡平息一场小规模叛乱。毋庸置疑，这场叛乱是有意安排的，以引诱爱德华四世来到约克郡，达到声东击西的目的。听闻沃里克伯爵理查德·内维尔已经在英格兰登陆，并且英格兰王国国内军务空虚，无军队防守，爱德华四世得出结论，自己唯一的机会就是溜之大吉。爱德华四世如果手里有一支强大的军队，那么必定会殊死抵抗，他可一点也不胆小怯懦。可惜爱德华四世从英格兰北方新招募的军队还没赶来。此时，沃里克伯爵理查德·内维尔的弟弟蒙塔古侯爵约翰·内维尔正在庞蒂弗拉克特。对蒙塔古侯爵约翰·内维尔，爱德华四世宽厚仁慈，深信不疑。然而，蒙塔古侯爵约翰·内维尔以怨报德，准备在爱德华四世到唐克斯特过夜时，密谋绑架他。在英格兰北部，蒙塔古侯爵约翰·内维尔势力强大。爱德华四世从一个间谍那里听说这一密谋，意识到自己的处境凶险后，快马加鞭逃往诺福克郡的金斯林。金斯林停着一艘小船及两艘佛兰德斯的船。1470年10月3日，[②]爱德华四世两手空空，没有带任何行李钱财，匆忙登船，启航前往妹夫勃艮第公爵查理的领地。[③]

---

① 《三部15世纪编年史》，第183页；拉斐尔·霍林谢德：《编年史》，第3章，第675页。——原注
② 詹姆斯·拉姆齐，《兰开斯特和约克》，第2章，第357页，注释1。——原注
③ 《克罗伊兰编年史续集》，第462页到第463页；菲利普·德·科米纳：《菲利普·德·科米纳回忆录》，第1章，第265页。——原注

爱德华四世痛失英格兰王国出人意料，并且震惊了当时的观察家。著有《克罗伊兰编年史续集》的修道士编年史家曾解释说，这应归咎于英格兰人的冷漠无情。沃里克伯爵理查德·内维尔及其部下抵达德文郡时，人们表现出这样的态度："与其加入，不如无微不至地服侍。"此时，对玫瑰战争，英格兰普通民众似乎已经兴味索然，甘愿接受任何人称王，只要他的实力足够强大，有本事从对方手中夺取英格兰王位。勃艮第公国的官员菲利普·德·科米纳英明机敏，从另一个方面解释了爱德华四世的逃亡。"看到可怜悲惨的英格兰国王爱德华四世……以这种方式落荒而逃，并且被自己的臣民追杀，实在出人意

菲利普·德·科米纳

料。爱德华四世安逸享受了十二年或十三年。与当时任何一位君主相比，他享受得多得多。"[1]爱德华四世一直放纵自我，粗心大意，似乎不假。实际上，在危难时刻，爱德华四世表现得精力充沛，勇敢无畏。但危机过后的相对安定的和平时期，他既不深谋远虑，也不小心谨慎。值此紧要关头，爱德华四世如果拥有八百名[2]英勇不屈的追随者，本可以打一场漂亮仗。但几乎可以肯定，这样做会让他亡命失国。当然，爱德华四世逃之夭夭不是因为缺乏勇气，他的出逃只表明他意识到有必要谨慎行事。国易失，同样易复得。爱德华四世复辟英格兰王位后常常引以为戒。他再也不会重蹈覆辙，让英格兰王位从自己手中溜走。

虽然爱德华四世的船队惨遭汉萨同盟的一些与英格兰人不和的"东方人"追赶，但幸运的是，他顺利航行到荷兰，在弗里斯兰的阿尔克马尔港抛了锚。勃艮第公爵查理派出的荷兰总督德·拉·格鲁图伊思领主路易·德·布吕热来到爱德华四世面前，表现得心慈人善。出逃时，爱德华四世手头拮据，只能拿给船长一件貂皮衬里长袍代做路费。德·拉·格鲁图伊思领主路易·德·布吕热将爱德华四世及其追随者带到海牙，并且捎信给勃艮第公爵查理，告诉他爱德华四世抵达的消息。[3]

与此同时，沃里克伯爵理查德·内维尔只花了十一天时间[4]就让一直囚禁在伦敦塔内的亨利六世重新成为英格兰国王。爱德华四世的仓皇出逃等于公开承认任凭沃里克伯爵理查德·内维尔支配英格兰王国的事务。此外，返回英格兰一段时间后，沃里克伯爵理查德·内维尔的追随者似乎多了起来。兰开斯特派的贵族领主们自然会蜂拥而至，因为沃里克伯爵理查德·内维尔代表安茹的玛格丽特王后，并且意欲帮助亨利六世复辟。作为众多英格兰人的典型代表，许多中立者也前来投奔他。中立者希望与复辟的兰开斯特家族和平共处。不过，逃离英格兰时，爱德华四世留下许多莫逆之交。此时，爱德华四世托忠心

---

[1] 菲利普·德·科米纳：《菲利普·德·科米纳回忆录》，第1章，第266页。——原注
[2] 菲利普·德·科米纳：《菲利普·德·科米纳回忆录》，第1章，第266页。——原注
[3] 菲利普·德·科米纳：《菲利普·德·科米纳回忆录》，第1章，第268页到第269页。——原注
[4] 菲利普·德·科米纳：《菲利普·德·科米纳回忆录》，第1章，第267页。——原注

德·拉·格鲁图伊思领主路易·德·布吕热

耿耿的宫廷内侍威廉·黑斯廷斯男爵带话,叮嘱这些朋友暂时归顺沃里克伯爵理查德·内维尔,并且伺机而动。①爱德华四世的朋友听从了他的建议,静静等候爱德华四世归来。这解释了为什么兰开斯特家族的复辟只是昙花一现,也解释了为什么爱德华四世的地位根深蒂固。众所周知,②伦敦人是爱德华四世的朋友,而伦敦是英格兰王国的心脏。

一段时间内,沃里克伯爵理查德·内维尔帮助兰开斯特家族复辟的军事行动进展顺利。伦敦人没有作抵抗。1470年10月6日,③沃里克伯爵理查德·内维尔的军队进入伦敦,控制了伦敦的主要场所。进入伦敦后,沃里克

---

① 菲利普·德·科米纳:《菲利普·德·科米纳回忆录》,第1章,第265页。——原注
② 菲利普·德·科米纳:《菲利普·德·科米纳回忆录》,第1章,第277页。——原注
③ 《三部15世纪编年史》,第182页。——原注

伯爵理查德·内维尔的第一步是前往伦敦塔，恢复亨利六世的王位。1465年以来，亨利六世一直被囚禁在伦敦塔内，但受到善待。亨利六世可以偶然见见朋友，安之若素地忍受囚禁之苦。①1465年，正是沃里克伯爵理查德·内维尔亲手将亨利六世带到伦敦塔，并且大喊："叛国贼，叛国贼，快瞧瞧这个叛国贼。"此时，沃里克伯爵理查德·内维尔又宣布亨利六世为英格兰国王，并且护送他到威斯敏斯特宫为其恢复英格兰王位。②1470年10月13日举行了一场庄严而隆重的游行。亨利六世的加冕地点在圣保罗大教堂。亨利六世被当众戴上王冠，这位可怜的国王"千依百顺，缄默不言，像一头牛犊一样接受加冕"。③所有的法律再次以亨利六世的名义颁布，所有诏书和特许证都注明"亨利六世治下第四十八年"。但兰开斯特家族复辟并没有带来多少欢声笑语。甚至沃里克伯爵理查德·内维尔带到伦敦的肯特士兵趁机四处洗劫了伦敦市民的家园。④

① 《克罗伊兰编年史续集》，第439页。——原注
② 菲利普·德·科米纳：《菲利普·德·科米纳回忆录》，第1章，第270页。——原注
③ 勃艮第的让·德·沃林：《大不列颠编年史》，第612页。——原注
④ 《三部15世纪编年史》，第183页。——原注

第 19 章

兰开斯特家族的末日

精彩看点

兰开斯特家族对复辟缺乏信心——爱德华四世向勃艮第公爵查理寻求支援——爱德华四世重返英格兰——爱德华四世在英格兰北方长驱直入——内维尔兄弟的矛盾——爱德华四世进入伦敦——爱德华四世在巴尼特战役中大获全胜——安茹的玛格丽特王后的部署——蒂克斯伯里战役爆发——爱德华四世彻底剿灭兰开斯特派——兰开斯特派进攻伦敦失败——都铎家族撤离威尔士——亨利六世驾崩

安茹的玛格丽特王后和威尔士亲王威斯敏斯特的爱德华并没有随胜利的远征军一同前往伦敦。1470年10月到1471年4月，在兰开斯特家族短暂复辟的这段时间，安茹的玛格丽特王后和威尔士亲王威斯敏斯特的爱德华都在法兰西，很可能在路易十一的宫中。无疑，这是个错误的决定，因为此时，如果威尔士亲王威斯敏斯特的爱德华现身英格兰，那么他的出现必将极大鼓舞兰开斯特派的士气。复辟的亨利六世形象惨淡，难以鼓舞兰开斯特派的士气。1463年8月，在班堡城堡与丈夫亨利六世分离后，直到此时，安茹的玛格丽特王后都没再见过他。奇怪的是，安茹的玛格丽特王后没有利用丈夫亨利六世复辟的机会，回到英格兰与他相聚。1471年2月，可怜的亨利六世派人前往法兰西王国，希望接回妻儿，但安茹的玛格丽特王后和威尔士亲王威斯敏斯特的爱德华仍然没有回到英格兰。如果安茹的玛格丽特王后翘首以盼，等待沃里克伯爵理查德·内维尔建立一个根基牢固的兰开斯特家族，那么这如同竹篮打水，终是一场空。就复辟王朝的安危而言，胆识与自信至关重要。王后和王储的缺席意味着胆识和自信的不足。安茹的玛格丽特王后来自法兰西，可能并不了解英格兰王国。

　　复辟的兰开斯特家族新政府竭尽全力让自己的管理机器运转起来。沃里克伯爵理查德·内维尔担任英格兰王国政务大臣一职。新的钱币开始铸造。新钱币被称为天使金币，一面印着亨利六世的大头像，另一面印着圣米迦勒的肖像。1470年10月26日，新的英格兰议会召开。复辟的兰开斯特家族新政府宽容仁爱，以确保大家愿意接受新政权。只有英格兰王国治安总管伍斯特伯爵约翰·蒂普托夫特，这个"可怕的屠夫、残暴的杀人凶手"被处决了。被抓时，伍斯特伯爵约翰·蒂普托夫特正躲在威布里治附近。他知道自己罪无可恕，没有指望得到任何怜悯。1470年10月18日，伍斯特伯爵约翰·蒂普托夫特遭受处决。[1]1470年10月26日，英格兰议会召开。沃里克伯爵理查德·内维尔的弟弟约克大主教乔治·内维尔再次担任英格兰王国大法官。他引用经文开始了英格兰议会开始前的布道："背道的儿女啊，回来吧。"[2]只有在兰开斯特家族完全没有王位继承人的情况下，克拉伦斯公爵乔治·金雀花才有继承权。此时，以前通过的针对亨利六世追随者的《剥夺公权法案》被废除了，遭到流放的重要人物如萨默塞特公爵埃德蒙·博福特回到英格兰。本次英格兰议会会期一直持续到1470年圣诞节。[3]1470年过去了。随后，似乎没有发生什么扰乱新政府和平的大事。1471年3月初，爱德华四世可能随时在英格兰东海岸登陆的消息不胫而走。[4]

1470年10月3日，爱德华四世匆忙逃离英格兰。随后，他一直斗志昂扬，时刻准备返回英格兰。起初，爱德华四世重返英格兰的进展并不顺利。此时，勃艮第公爵查理身在布洛涅。勃艮第公爵查理最初听到爱德华四世遭难的消息时，内心还很平静。相比约克家族，勃艮第公爵查理更青睐兰开斯特家族。随后，突然听闻爱德华四世还活着，并且就在佛兰德斯，勃艮第公爵查理感到这是件麻烦事。他派菲利普·德·科米纳前往加来，打探加来守军的情况。菲利普·德·科米纳汇报说，一听到爱德华四世逃离英格兰的消息，短短一刻钟内，整个加来镇全是穿着"破烂玩意"的沃里克伯爵理查德·内维尔的士兵。真是人心难测！[5]更糟糕的事随之而来，菲利普·德·科米纳得知，基于沃里

---

[1] 詹姆斯·盖尔德纳：《帕斯顿信札》，第759篇。——原注
[2] 《圣经·耶利米书》，第3章。——译注
[3] 詹姆斯·拉姆齐：《兰开斯特家族与约克家族》，第1卷，第362页，注释1。——原注
[4] 詹姆斯·盖尔德纳：《帕斯顿信札》，第769篇。——原注
[5] 菲利普·德·科米纳：《菲利普·德·科米纳回忆录》，第1章，第273页。——原注

克伯爵理查德·内维尔和路易十一的联盟关系，沃里克伯爵理查德·内维尔准备运送四千人前往加来对勃艮第公国开战。然而，由于害怕失去佛兰德斯的羊毛市场，对攻打勃艮第公国，英格兰的纺织商人们表示抗议。因此，沃里克伯爵理查德·内维尔的计划受阻。

　　1471年年初，爱德华四世终于见到勃艮第公爵查理。在此期间，爱德华四世无疑主要依靠德·拉·格鲁图伊思领主路易·德·布吕热的热情款待。随后，爱德华四世得到幸运之神的眷顾，得以体面地回报这份善意。①1471年1月，爱德华四世和勃艮第公爵查理安排了两次会面。1471年1月7日，他们之间的重要会议在圣波尔举行。勃艮第公爵查理由于担心自己与爱德华四世结盟会导致沃里克伯爵理查德·内维尔和路易十一的攻击，所以不愿意公开支持约克家族的爱德华四世。虽然表面上勃艮第公爵查理不予任何支持，甚至发布通告不许其臣民支持爱德华四世，但最终，他同意借给爱德华四世五万金币，三到四艘私人大船，还雇用了一批全副武装的汉萨同盟的船。凭借这些援助，爱德华四世返回英格兰。②

　　1471年2月，爱德华四世似乎经过布鲁日时，受到佛兰德斯贵族的热情款待。与此同时，爱德华四世得到许多资助，完善了他反攻英格兰的计划。1471年3月2日，爱德华四世的军队从弗拉兴出发。他的军队共计一千二百人，主要成员是英格兰人，也包括一些佛兰德斯雇佣军。追随爱德华四世的有他的弟弟格洛斯特公爵理查德、内弟里弗斯伯爵安东尼·伍德维尔及御前大臣威廉·黑斯廷斯男爵。1471年3月11日前，迎着逆风，爱德华四世的舰队开往英格兰。其间，爱德华四世下令士兵们在甲板上保持队形，整装待发。1471年3月11日，爱德华四世的远征军驶向诺福克海岸。1471年3月12日，他们抵达克罗默。③

---

① 爱德华四世授予格卢塔斯温彻斯特伯爵。在亨利七世统治时期，该爵位被剥夺。——原注
② 菲利普·德·科米纳：《菲利普·德·科米纳回忆录》，第1章，第275页到第276页；勃艮第的让·德·沃林：《大不列颠编年史》，伦敦，朗曼斯格林出版公司，1864年；威廉·哈迪（译者）：《大不列颠及爱尔兰中世纪编年史和回忆录丛书》之一，第614页。——原注
③ 勃艮第的让·德·沃林：《大不列颠编年史》，第640页到第641页。——原注

爱德华四世手下的一些士兵上岸侦察，发现东盎格利亚人支持沃里克伯爵理查德·内维尔。因此，爱德华四世继续向北航行。尽管风暴剧烈，但1471年3月14日，他们抵达小港口雷温斯珀附近斯珀恩角的避难所。① 1399年，亨利四世曾在这里登陆。此后，海水逐渐侵蚀雷温斯珀港。1471年，雷温斯珀港可能被大面积侵蚀。如今，雷温斯珀港已经彻底消失。

1471年3月15日，爱德华四世集结手下所有士兵②向约克挺进。同1399年时登陆的亨利四世一样，爱德华四世，作为约克公爵，宣告自己前往约克只是为继承自己的地产。他率军朝着赫尔和贝弗利所在的东北方向前进，一路上没有遇到抵抗。1471年3月18日，爱德华四世率军抵达英格兰北方重镇约克。然而，爱德华四世及其率领的军队都被拒绝进入约克城内。爱德华四世同意将自己的军队留在约克城外，只带十五名士兵进入约克城内。这样，爱德华四世得以进入约克城内。看起来并不是所有约克民众都支持爱德华四世。但爱德华四世勇气可嘉，敢于单枪匹马勇闯虎穴。在约克城内，许多约克市民欢迎他，大声呼喊："亨利国王万岁！"但爱德华四世以约克公爵的名义回应他们。最终，人们高喊："尊贵的约克公爵万岁！"爱德华四世的信心和勇气得到回报。此时，约克城外爱德华四世手下的其余将士也获准进入约克城，但条件是1471年3月19日上午，这些士兵必须离开。爱德华四世手下的士兵得到了必要的食品和休息。

为避免与约克城内的普通民众产生摩擦，1471年3月19日，爱德华四世和他手下的士兵们一早就离开约克，取道前往塔德卡斯特。从塔德卡斯特，爱德华四世率部继续前进，沿着向西的道路前往韦克菲尔德。这样，他绕过了沃里克伯爵理查德·内维尔的弟弟蒙塔古侯爵约翰·内维尔镇守的庞蒂弗拉克特。目前为止，爱德华四世能够长驱直入，主要因为亨利六世把英格兰北方的防卫交给了两个人，一位是沃里克伯爵理查德·内维尔的弟弟蒙塔古侯爵约翰·内维尔，另一位是诺森伯兰伯爵亨利·珀西。1470年，爱德华四世剥夺了蒙塔古侯爵

---

① 爱德华四世从"亨博兰"至伦敦的整个征程的详细记述，参见勃艮第的让·德·沃林：《大不列颠编年史》，第640页以后。——原注

② 爱德华四世手下的所有士兵没有在同一座港口上岸。——原注

约克城

约翰·内维尔诺森伯兰伯爵的爵位，恢复亨利·珀西的诺森伯兰伯爵爵位。因此，蒙塔古侯爵约翰·内维尔与诺森伯兰伯爵亨利·珀西水火不容。诺森伯兰伯爵亨利·珀西有意放任爱德华四世行军，甚至对其施以援手。蒙塔古侯爵约翰·内维尔的部队势单力薄，无力对抗爱德华四世的远征军。

爱德华四世从处在约克公爵领地的韦克菲尔德出发，开赴唐克斯特，并且到达诺丁汉。据说，诺丁汉当地的两位骑士带领共六百名全副武装的士兵，加入爱德华四世的远征军。这是爱德华四世首次接收一支规模比较庞大的军队。在诺丁汉，爱德华四世首次收到有关兰开斯特派计划的确切消息。此时，爱德华四世派出的侦察兵传来消息，埃克塞特公爵亨利·霍兰和牛津伯爵约翰·德·维尔统领的来自东盎格利亚的四千名士兵正在爱德华四世的后方，诺丁汉东北方向十八英里的纽瓦克。但爱德华四世并不需要掉头同他们周旋。一听说爱德华四世的远征军要打过来，埃克塞特公爵亨利·霍兰和牛津伯爵约翰·德·维尔率部匆忙撤离。

此前，沃里克伯爵理查德·内维尔已经率军离开伦敦，前往沃里克郡。沃里克伯爵理查德·内维尔集结手下所有士兵，准备抵御入侵者。爱德华四世得知东盎格利亚的士兵已经不能对自己形成威胁，立刻下令继续行进，希望能与沃里克伯爵理查德·内维尔决战。行军途中经过莱斯特郡时，爱德华四世接收了一支三千人的军队。沃里克伯爵理查德·内维尔不与爱德华四世交战，率领约七千名士兵退守考文垂。1471年3月30日，爱德华四世抵达考文垂。据说，爱德华四世的兵力稍逊于沃里克伯爵理查德·内维尔的兵力。然而，沃里克伯爵理查德·内维尔选择固守城墙，拒绝出战。此时，沃里克伯爵理查德·内维尔很可能正在等待弟弟蒙塔古侯爵约翰·内维尔和埃克塞特公爵亨利·霍兰旗下的东盎格利亚军队，或者克拉伦斯公爵乔治·金雀花派出的增援部队。虽然如此，沃里克伯爵理查德·内维尔依然拒绝与爱德华四世的军队交战。爱德华四世径直离开考文垂，毫不犹豫地向前进发，占领了沃里克城堡。这样，爱德华四世及其远征军处在沃里克伯爵理查德·内维尔的部队和伦敦中间。

此时，克拉伦斯公爵乔治·金雀花已经在格洛斯特郡和威尔特郡招募了四千名士兵，力量的天平倒向何方就看他的抉择了。①克拉伦斯公爵乔治·金雀花早已厌倦自己在复辟的兰开斯特家族里的位置。沃里克伯爵理查德·内维尔承认亨利六世和威尔士亲王威斯敏斯特的爱德华的身份，使克拉伦斯公爵乔治·金雀花登上英格兰王位的机会更渺茫。不仅如此，兰开斯特派的老派贵族毫不掩饰对他的轻蔑。②爱德华四世在佛兰德斯时，他的妹妹勃艮第公爵夫人约克的玛格丽特多次派出信使传递消息，不遗余力调和爱德华四世与克拉伦斯伯爵乔治·金雀花两兄弟的关系。很快，克拉伦斯公爵乔治·金雀花下定决心，转而支持爱德华四世，并且用自己的征兵权招募士兵为哥哥爱德华四世效力。在沃里克城堡时，爱德华四世听说克拉伦斯公爵乔治·金雀花已经领兵前来。沃里克伯爵理查德·内维尔在考文垂犹豫不决，或许也是听到了风声。要是沃里克伯爵理查德·内维尔在克拉伦斯公爵乔治·金雀花到达前，先行攻打爱德华四世，倒不失为良策。爱德华四世一得到克拉伦斯公爵乔治·金雀花抵达班伯里的消息，就立刻出发前去迎接。③接下来，爱德华四世与克拉伦斯公爵乔治·金雀花率领联军回到沃里克城堡。爱德华四世试图与固守考文垂的沃里克伯爵理查德·内维尔谈判，但谈判没有任何成果。1471年4月5日，爱德华四世再次向考文垂发起进攻。然而，沃里克伯爵理查德·内维尔没有应战。因此，爱德华四世决定直接前往伦敦。他必须具备足够的聪明才智，才能让伦敦市民毫无保留地接受自己。1471年4月7日，圣枝主日，爱德华四世参加达文特里教堂举行的礼拜仪式。据说，爱德华四世得到圣安妮的神谕，说自己的军队将会大获全胜。④爱德华四世从达文特里出发，继续前往邓斯特布尔，并且给伊丽莎白·伍德维尔王后带去消息，让她放心。自从爱德华四世离开英格兰前往佛兰德斯，伊丽莎白·伍德维尔王后

---

① 查尔斯·欧曼：《英格兰政治史》，第442页。——原注
② 勃艮第的让·德·沃林：《大不列颠编年史》，第651页。——原注
③ 勃艮第的让·德·沃林：《大不列颠编年史》，第652页；试比较，勃艮第公爵夫人玛格丽特·内维尔书信，科克：《"大胆"查理》，第2卷，第83页，注释5。——原注
④ 勃艮第的让·德·沃林：《大不列颠编年史》，第655页到第656页。——原注

就一直在威斯敏斯特教堂内避难。爱德华四世前往伦敦,并且在1471年4月11日进入伦敦城。伦敦市市长、市议员及市民向爱德华四世表示忠心。沃里克伯爵理查德·内维尔的弟弟约克大主教乔治·内维尔看到守住伦敦无望,便与爱德华四世达成城下之盟。

如果爱德华四世被拒绝进入伦敦,那么他的处境会十分危险,因为这样他很容易受到后方沃里克伯爵理查德·内维尔和前方伦敦市内武装的两面夹击。1471年4月9日,爱德华四世抵达伦敦的两天前,有人曾试图动员伦敦的兰开斯特派。在圣保罗大教堂,约克大主教乔治·内维尔举行了一次会议。当爱德华四世率军进入伦敦时,亨利六世一直待在伦敦。亨利六世骑在马上,后面跟着六百名支持者,试图以此彰显他的王威。但他展示的力量不足以赢得伦敦人的拥戴。后来,菲利普·德·科米纳深入调查了爱德华四世深受伦敦市市民欢迎的原因。他总结为三个方面的原因:第一,亨利六世复辟期间,许多约克派支持者还在避难,特别是爱德华四世有了儿子兼继承人。1470的11月3日,爱德华四世的儿子爱德华在避难的威斯敏斯特教堂降生。第二,爱德华四世欠下伦敦的商人们巨额债务。通过支持爱德华四世复辟,伦敦的商人们希望爱德华四世能支付欠债。第三,爱德华四世曾与多位伦敦市市民的妻子熟识。这些女人逼迫自己的丈夫和亲属公开支持爱德华四世。①

就这样,爱德华四世进入并占领了伦敦,倒霉的亨利六世再次沦为阶下囚。1471年4月12日,耶稣受难日,英格兰枢密院召开会议讨论当前局势。

1471年4月13日,爱德华四世集结军队②再次离开伦敦,前去迎战沃里克伯爵理查德·内维尔。此时,沃里克伯爵理查德·内维尔获得蒙塔古侯爵约翰·内维尔率领的英格兰北方军队,以及埃克塞特公爵亨利·霍兰和牛津伯爵约翰·德·维尔率领的东盎格利亚军队的增援。沃里克伯爵理查德·内维尔的大军稳步向伦敦推进,准备与爱德华四世决一死战。大战在即,爱德华四世一如既往雄赳赳气昂昂地在大北路上行军。沃里克伯爵理查德·内维尔麾下的部

---

① 菲利普·德·科米纳:《菲利普·德·科米纳回忆录》,第1章,第278页。——原注
② 爱德华四世的军队押着亨利六世。——原注

伊丽莎白·伍德维尔王后带着孩子在避难所

分士兵已经进入巴尼特,但爱德华四世的先头部队将他们击退到巴尼特北部一点五英里外的沃里克伯爵理查德·内维尔部队的主阵营。

1471年4月13日夜幕时分,约克派的主力军队抵达巴尼特。然而,爱德华四世预见到了潜在的危险。为防止1471年4月14日早上自己的军队被沃里克伯爵理查德·内维尔的军队围堵在狭小的街道里,爱德华四世决定不在巴尼特留宿。因此,他命令自己的部下穿过巴尼特镇,来到巴尼特镇外离沃里克伯爵理查德·内维尔的主力军队不远的地方驻扎过夜。显然,对这一举动,沃里克伯爵理查德·内维尔始料未及,并且由于夜色黑沉,他无法准确知道约克派的具体位置。炮兵部队一直是沃里克伯爵理查德·内维尔的主力部队,沃里克伯爵理查德·内维尔命令他们整夜朝约克派主力部队所在方向射击,但炮弹都从约克派士兵的头顶飞过。在夜色中,沃里克伯爵理查德·内维尔的火炮手错误估算了约克派军队的位置。实际上,约克派军队的实际距离比预期的更近。爱德华四世的炮兵部队没有回击,因为爱德华四世的士兵接到命令,不许开火,不许喧哗。

1471年4月14日,复活节,5时到6时,尽管大雾沉沉,爱德华四世依然排兵布阵,准备作战。据说,沃里克伯爵理查德·内维尔的兵力远胜于爱德华四世的军队。两支军队明显排成三个"阵队",即右翼、中军和左翼"阵队"。对阵双方的前线部队虽然队列长度一致,但并不是完全一一对应。兰开斯特派军队的右翼与约克派军队的左翼对阵,而约克派军队的右翼与兰开斯特派军队的左翼对阵。自古以来,这种布阵有一个明显缺陷。古代和中世纪军队徒手作战时一直无法克服这个弊端,即交战双方都会本能地向右移动。因此,对阵双方很少能恰好一致对阵,而是一方的右侧端形成对对手左侧的半包围状况。在对公元前418年曼提尼亚战役的记述中,修昔底德注意到了这个现象并进行了解释。①在这种情况下,兰开斯特派军队的右翼包围并击溃了约克派军队的左翼。一些兰开斯特派士兵将约克派军队战败的消息

---

① 修昔底德:《伯罗奔尼撒战争史》,第5部,第71章。巴尼特战役中的这一现象由詹姆斯·拉姆齐指出,詹姆斯·拉姆齐:《兰开斯特家族与约克家族》,第2章,第371页。——原注

带回伦敦。然而，总是步行战斗的爱德华四世①率领部下对战沃里克伯爵理查德·内维尔的兰开斯特派军队的中军，并且击退了所有与自己交锋的兰开斯特派士兵。爱德华四世的弟弟格洛斯特公爵理查和克拉伦斯公爵乔治·金雀花率领的右翼阵队同样战绩斐然，成功包围并击溃了对面的兰开斯特派军队。与此同时，兰开斯特派军队的右翼取胜后居然开始抢掠。因此，兰开斯特派军队丧失了胜利的果实。与此相反，约克派军队的右翼部队纪律严明，能包抄到后方攻打沃里克伯爵理查德·内维尔的中军。经过四小时鏖战，巴尼特战役结束。兰开斯特派与约克派军队均死伤惨重，特别是兰开斯特派军队，沃里克伯爵理查德·内维尔、蒙塔古侯爵约翰·内维尔和埃克塞特公爵亨利·霍兰阵亡。②

在巴尼特战役中，兰开斯特派军队和约克派军队都是徒步作战。这是爱德华四世的作战惯例。按常规，兰开斯特派军队的将领沃里克伯爵理查德·内维尔身先士卒，徒步带领他的士兵投入战斗。随后，他会骑上一匹战马，留下自己和护卫。这样，在决战时，他可以大胆冲锋。或者在失败时，他可以实施自救。③但这次，一向勇猛的蒙塔古侯爵约翰·内维尔，建议他哥哥沃里克伯爵理查德·内维尔带领部队一起徒步战斗。因此，兵败溃退时，沃里克伯爵理查德·内维尔来不及上马，只能徒步逃到附近的树林中。最终，他被约克派的追兵赶上并被砍倒在血泊中。据说，对沃里克伯爵理查德·内维尔的死，爱德华四世深表遗憾。④

在巴尼特战役中，爱德华四世并没有下令只杀死贵族而宽恕平民士兵。1470年10月，爱德华四世逃亡勃艮第公国时，英格兰的平民与士兵抛弃了他，转而支持沃里克伯爵理查德·内维尔。对此，爱德华四世耿耿于怀。因此，他决定"下令不再赦免平民士兵"⑤。与往常一样，在巴尼特战役中，对遭到

---

① 菲利普·德·科米纳：《菲利普·德·科米纳回忆录》，第1章，第256页。——原注
② 勃艮第的让·德·沃林：《大不列颠编年史》，第660页到第663页。——原注
③ 菲利普·德·科米纳：《回忆录》，第1章，第278页到第279页。——原注
④ 勃艮第公爵夫人玛格丽特·内维尔的书信，科克：《"大胆"查理》，第2卷，第90页，注释3。——原注
⑤ 菲利普·德·科米纳：《菲利普·德·科米纳回忆录》，第1章，第279页。——原注

巴尼特战役

沃里克伯爵理查德·内维尔之死

杀戮的人数记录不一。在这场战役中,约翰·帕斯顿爵士支持沃里克伯爵理查德·内维尔的军队。据他说,兰开斯特派与约克派的军队阵亡人数总共超过一千。①其他人估计总数为四千。但约翰·帕斯顿爵士似乎并没有低估阵亡人数。为阵亡的追随者,爱德华四世举行了隆重的葬礼。在圣保罗大教堂,沃里克伯爵理查德·内维尔和蒙塔古侯爵约翰·内维尔的尸首示众两天,以让英格

沃里克伯爵理查德·内维尔的葬礼

---

① 詹姆斯·盖尔德纳:《帕斯顿信札》,第74篇。——原注

兰民众相信二人已经战死。① 随后，他们被葬在泰晤士河边马洛附近的比萨姆庄园。那里是索尔兹伯里伯爵理查德·内维尔的家族墓地。

巴尼特战役爆发前几个星期，安茹的玛格丽特王后一直在集结一支庞大军队，以便来到英格兰增援她的丈夫亨利六世和沃里克伯爵理查德·内维尔。此时，作为兰开斯特派最忠实的支持者之一，萨默塞特公爵埃德蒙·博福特离开伦敦，前往英格兰西部招募士兵。他的目的是在安茹的玛格丽特王后抵达英格兰时与她的军队会合。② 巴尼特战役即将开战时，萨默塞特公爵埃德蒙·博福特已在英格兰西部成功招募了一支人数可观的部队。1471年3月24日，在阿夫勒尔，安茹的玛格丽特王后集结了她掌控的所有军队。与安茹的玛格丽特王后同行的有她的儿子威尔士亲王威斯敏斯特的爱德华、沃里克伯爵夫人安妮·比彻姆、约翰·温洛克爵士，以及一群兰开斯特派的骑士。据说，③ 阴雨天气一直持续到1471年4月13日，海水高涨，阻挡了安茹的玛格丽特王后舰队的前行。④ 但可能是安茹的玛格丽特王后还在犹豫。她在等着听到爱德华四世被击败，或者英格兰西部热烈响应、拥护自己的消息。1471年4月14日，复活节，巴尼特战役开战之际，安茹的玛格丽特王后抵达韦茅斯港。韦茅斯港四通八达，便于安茹的玛格丽特王后前往多塞特郡，与正在那里招募士兵的萨默塞特公爵埃德蒙·博福特会合。安茹的玛格丽特王后带着大约几百名士兵从韦茅斯港出发，前往多塞特郡以北七英里的塞恩的本笃会修道院。在塞恩的本笃会修道院，萨默塞特公爵埃蒙德·博福特与德文伯爵托马斯·库特尼，以及一大群人迎接安茹的玛格丽特王后。他们将巴尼特战役沃里克伯爵理查德·内维尔被爱德华四世打败的可怕消息告诉了安茹的玛格丽特王后。他们认为兰开斯特派还有希望，因为尽管沃里克伯爵理查德·内维尔阵亡，亨利六世沦为阶下囚，但兰开斯特派在多塞特郡、威尔士⑤ 及英格兰北方地区仍有大批武装。在

---

① 勃艮第的让·德·沃林：《大不列颠编年史》，第663页。——原注
② 勃艮第的让·德·沃林：《大不列颠编年史》，第656页。——原注
③ 勃艮第的让·德·沃林：《大不列颠编年史》，第657页。——原注
④ 安茹的玛格丽特舰队的大部分战船由路易十一提供。——原注
⑤ 威尔士由贾斯珀·都铎统治。——原注

海上,"福肯伯格的私生子"托马斯·内维尔还有一支属于兰开斯特派的舰队,并且随时可以对伦敦发起攻击。由于在英格兰西部地区获得大量支持,安茹的玛格丽特王后听从朋友们的建议,带着自己的所有军队前往埃克塞特。

1471年4月16日,在伦敦,爱德华四世听说安茹的玛格丽特王后已经登陆英格兰。[1]他必须腾出一些时间让刚刚经历过巴尼特战役的士兵们休整一下,同时在英格兰王国国内有意归顺自己的郡县招募新兵。与此同时,爱德华四世亲自前往温莎城堡,庆祝1471年4月23日的圣乔治日。紧接着,他率军出发迎战安茹的玛格丽特王后率领的军队。据密探回报,安茹的玛格丽特王后的军队正在康沃尔地区,向西北方向前进。

此时,安茹的玛格丽特王后已经率军离开埃克塞特,直接前往格拉斯顿伯里。随后,她率军前往巴斯。一路上,安茹的玛格丽特王后招募了更多合格的士兵。她意欲进入塞文河河谷,因为尽管在拉德洛周边的威尔士边境地区,约克家族有大量地产,并且在当地很有影响力,但总体上,威尔士其他地区似乎都支持兰开斯特家族。或许安茹的玛格丽特王后在威尔士其他地区能找到支持者,并且与贾斯珀·都铎的军队会师。因此,爱德华四世打算率军拦截安茹的玛格丽特王后,并且在塞文河河边附近的格洛斯特和蒂克斯伯里,双方展开决战,因为对一支从巴斯方向过来的军队来说,格洛斯特和蒂克斯伯里是通往威尔士的大门。

爱德华四世沿泰晤士河北岸行军。1471年4月29日,他率军抵达赛伦塞斯特。[2]此时,安茹的玛格丽特王后即将率军抵达巴斯。爱德华四世听信侦察兵的消息,一心以为安茹的玛格丽特王后正前来应战。然而,事与愿违,安茹的玛格丽特王后去了布里斯托尔。在布里斯托尔,她大受当地人欢迎,并且新招募了一批士兵,募集了一笔资金,特别是获得了大炮。1471年5月2日,安茹的玛格丽特王后派出一队骑兵前往萨德伯里展开侦察。然后,安茹的玛格丽特王后的骑兵占据了一块田野,准备同爱德华四世军队交战。爱德华四世收到侦察

---

[1] 勃艮第的让·德·沃林:《大不列颠编年史》,第663页。——原注
[2] 爱德华四世的军队经由阿宾顿。——原注

蒂克斯伯里战役

兵的报告，他的军队一路急行扑向萨德伯里，却发现那里空无一人。安茹的玛格丽特王后早已率军离开萨德伯里。此刻，她的军队正火速赶往格洛斯特。

战局的关键时刻到了。安茹的玛格丽特王后如果能在格洛斯特渡过塞文河，就能与贾斯珀·都铎会合，并且在威尔士全境发动武装。随后，她就可以率部继续前去兰开夏郡①。爱德华四世挑选了一名军官，即约翰·比彻姆男爵的儿子理查德·比彻姆男爵，命令他率领一队重骑兵前去抢占格洛斯特，死守

---

① 《克罗伊兰编年史续集》，第465页。——原注

第 19 章 兰开斯特家族的末日 | *351*

格洛斯特的城池，拖住安茹的玛格丽特王后的军队几个小时，然后等待爱德华四世军队的主力赶到。理查德·比彻姆男爵行动迅速，行军速度超过安茹的玛格丽特王后率领的主力部队，及时到达格洛斯特。此时，格洛斯特全城戒备，理查德·比彻姆男爵准备率军抵挡兰开斯特派军队的进攻。考虑到一些格洛斯特市民似乎支持兰开斯特派，对爱德华四世来说，理查德·比彻姆男爵迅速占领格洛斯特城可谓十分及时。

1471年5月3日上午10时，安茹的玛格丽特王后带领军队来到格洛斯特。即使是急行军，安茹的玛格丽特王后的军队还是晚一步到达格洛斯特。考虑到身后有爱德华四世的追兵，安茹的玛格丽特王后不敢下令进攻格洛斯特。此时，安茹的玛格丽特王后军队的前方已经没有道路。在找到方法渡过塞文河前，他们必须快速前进。安茹的玛格丽特王后的军队走了一整夜，一直到1471年5月3日17时左右，她的军队才走到格洛斯特前方十英里处的蒂克斯伯里。蒂克斯伯里没有桥，安茹的玛格丽特王后军队的将士们人困马乏，精疲力竭。她的军队七零八落，松松垮垮，甚至许多士兵已经掉队，俨然成了一队流浪汉。爱德华四世的军队全副武装，井然有序，已经近在安茹的玛格丽特王后的军队眼前。看到这幅情景，安茹的玛格丽特王后不得不下令自己的军队停下迎战。此时，她还有时间选择一个有利的位置从容应战，避免受到进一步追击时引起恐慌。

显然，爱德华四世的行军路线与兰开斯特派的基本一致。据说，爱德华四世率军穿过科茨沃尔德斜坡上的开阔地带，[1]来到切尔滕纳姆。在切尔滕纳姆，爱德华四世收到确切消息，说兰开斯特派军队就在蒂克斯伯里。此时，爱德华四世的军队全部整装备战，排成三个常规阵队。每个常规阵队前方及两侧都布置了侦察骑兵。爱德华四世保持了一贯的充沛精力，依照惯例，他不允许自己的军队在风景宜人的切尔滕纳姆镇停留休息，而是下令直扑蒂克斯伯里。此时，爱德华四世的军队与兰开斯特派军队相距八英里。追赶了五英里后，夜幕降临，爱德华四世只好停止行军。这一喘息机会对双方军队都有利，特别是对疲惫不堪的兰开斯特派军队的将士，兰开斯特派的官兵已经意识到实

---

[1] 即"原野"。参见勃艮第的让·德·沃林：《大不列颠编年史》，第669页。——原注

蒂克斯伯里战役中，安茹的玛格丽特王后与她的军队

在难以摆脱爱德华四世部队的穷追不舍。1471年5月4日黎明时分，天色明亮清爽，爱德华四世吹响号角，他的军队排成战斗队形，向兰开斯特派军队的阵地逼近。

安茹的玛格丽特王后与威尔士亲王威斯敏斯特的爱德华似乎完全相信萨默塞特公爵埃德蒙·博福特的建议，并且根据萨默塞特公爵埃德蒙·博福特的建议，安茹的玛格丽特王后亲自排兵布阵。安茹的玛格丽特王后和威尔士亲王威斯敏斯特的爱德华精心地挑选了蒂克斯伯里镇一英里外的一处有利位置。兰开斯特派军队占据的阵地地势较高，处在斯维尔盖特溪和埃文河之间的三角区内，背靠蒂克斯伯里修道院和蒂克斯伯里镇。兰开斯特派军队阵地前方都是树篱、灌木丛和沟渠。这是塞文河河谷常见的地形。萨默塞特公爵埃德蒙·博福特统帅右翼部队，爱德华王子坐帐中军，德文伯爵约翰·考特尼指挥左翼部队。约克派军队也是排成三列阵营向前挺进，并且他们有先头部队。爱德华四世率领中军，格洛斯特公爵理查率领右翼部队，威廉·黑斯廷斯男爵统领的左翼部队作为预备队。1471年5月4日清晨，蒂克斯伯里战役打响。约克派军队管理有序，每支分队各尽其职。在约克派阵营中央，爱德华四世徒步战斗，以一敌百。爱德华四世的弟弟格洛斯特公爵理查堪称右翼部队的中流砥柱。格洛斯特公爵理查是一位一丝不苟、意志坚定的将领，从不盲动，扰乱约克派军队的整体布局。左翼部队的指挥官威廉·黑斯廷斯男爵虽然军事才能并非出类拔萃，但作战坚毅，是爱德华四世的左膀右臂。他愿意正面与兰开斯特派的军队交战，钳制兰开斯特派军队的右翼。爱德华四世同骁勇善战的格洛斯特公爵理查杀入兰开斯特派军队的中军和左翼军队。

约克派军队前进时，炮兵和弓箭手向兰开斯特派军队发起致命射击。兰开斯特派军队还以颜色，也向约克派军队射击。只要兰开斯特派军队固守阵地，约克派军队就难以同兰开斯特派军队近距离交战。但兰开斯特派右翼部队统帅萨默塞特公爵埃德蒙·博福特断定不能固守阵地，①白白忍受约克派军队的炮击和箭矢。他认为最好是正面与约克派军队交锋，即带领自己手下的

---

① 勃艮第的让·德·沃林：《大不列颠编年史》，第669页，"前锋"。——原注

骑士和其他重甲骑兵冲杀过去。因此,萨默塞特公爵埃德蒙·博福特命令他的精兵闯出营地"中心"地区,沿着一条幽深小道,直扑约克派军队中军的左翼。就这样,萨默塞特公爵埃德蒙·博福特神不知鬼不觉地潜入约克派军队的附近。随后,他率领麾下士兵突然从小道冲出,勇敢地杀向约克派军队,打得约克派军队措手不及。爱德华四世虽然十分吃惊,但慌而不乱。像以往一样,面对突袭和战斗,爱德华四世徒步站在手下士兵的前面稳住阵脚,沉稳应对萨默塞特公爵埃德蒙·博福特的偷袭。因此,爱德华四世正面迎战,抵挡住了这次偷袭。事实上,他将萨默塞特公爵埃德蒙·博福特及其士兵逼退到偷袭前的阵线。鏖战之际,萨默塞特公爵埃德蒙·博福特突然发现外围有二百名精锐枪骑兵突然向自己杀过来。原来这支枪骑兵是此前爱德华四世派出的一支小规模武装,目标是占领萨默塞特公爵埃德蒙·博福特部队阵营西侧下方的小树林。萨默塞特公爵埃德蒙·博福特的部队一侧正遭受爱德华四世的持续进攻,另一侧又遭此突袭,渐渐抵挡不住约克派军队的进攻。爱德华四世的军队顺势杀入兰开斯特派军队右翼围合区域,并且一路上大开杀戒。爱德华四世率军冲开兰开斯特派军队右翼,即先锋盾后,率军直取兰开斯特派军队的中军。在威尔士亲王威斯敏斯特的爱德华的指挥下,兰开斯特派军队的中军拼死抵抗。不过,战斗很快结束了。随着兰开斯特派右翼部队溃败,兰开斯特派军队的中军失去掩护,战场形势急转直下。顷刻间,兰开斯特派军队全线溃败,胜利无望。

  兰开斯特派军队损失惨重。虽然他们占据的阵地易于防守,但难以发动反攻。最终,萨默塞特公爵埃德蒙·博福特逃往蒂克斯伯里修道院内避难。据说,突袭惨淡收场后,萨默塞特公爵埃德蒙·博福特被赶回兰开斯特派军队的中军。他拿自己的斧头砍了约翰·温洛克爵士的头。[1]随后,他掉转马头离开战场。约翰·温洛克爵士听命于威尔士亲王威斯敏斯特的爱德华,反对萨默塞特公爵埃德蒙·博福特向约克派发动突袭。因此,约翰·温洛克爵士只是固守阵地,没有向萨默塞特公爵埃德蒙·博福特的突袭部队施以援手。对约

---

[1]　拉斐尔·霍林谢德:《编年史》,第3卷,第688页。——原注

威尔士亲王威斯敏斯特的爱德华被带来见爱德华四世并被杀害

约翰·温洛克爵士的行为，萨默塞特公爵埃德蒙·博福特视为叛国通敌。不过，约翰·温洛克爵士的做法并无不当，反而是萨默塞特公爵埃德蒙·博福特的突袭将兰开斯特派军队占据的地理位置优势丧失殆尽。

据说，年轻英俊的威尔士亲王威斯敏斯特的爱德华时年十七岁半，在拼命逃离战场时被杀。据说，他"向自己的连襟，即克拉伦斯公爵乔治·金雀花大喊救命"无果。[1]就在拼命逃离战场时，威尔士亲王威斯敏斯特的爱德华被杀。德文伯爵约翰·考特尼和萨默塞特公爵埃德蒙·博福特的弟弟多塞特侯爵

---

① 勒兰德：《文选》，第2卷，第506页；《爱德华国王的到来》，注释，第45页。另一记述可参看拉斐尔·霍林谢德：《编年史》，第3卷，第688页，威尔士亲王威斯敏斯特的爱德华被俘后，当着爱德华四世的面被杀。——原注

约翰·博福特战死沙场。1471年5月6日,萨默塞特公爵埃德蒙·博福特从避难的蒂克斯伯里修道院被揪出来,以叛国罪处决。至此,博福特家族的男性合法继承人全部死去,只剩下萨默塞特公爵约翰·博福特的一位女儿,即里奇蒙伯爵埃蒙德·都铎的妻子玛格丽特·博福特在世。在蒂克斯伯里战役期间,里奇蒙伯爵埃德蒙·都铎和玛格丽特·博福特的儿子亨利·都铎同他的叔叔贾斯珀·都铎都在威尔士,全力支持安茹的玛格丽特王后的军队。

处决萨默塞特公爵埃德蒙·博福特

对没有阵亡的兰开斯特派军队的士兵,爱德华四世仁慈宽厚。虽然在蒂克斯伯里修道院避难不能保护他们免遭叛国罪惩罚,但他们侥幸逃过一死。在蒂克斯伯里修道院,爱德华四世为威尔士亲王威斯敏斯特的爱德华及其他阵亡的兰开斯特派贵族举行了正式葬礼,并且安葬了阵亡的兰开斯特派的主要人物。安茹的玛格丽特王后躲到离战场不远的一个女修道院。被约克派军队发现后,安茹的玛格丽特王后成为俘虏。随后,她被押解到伦敦,"放在爱德华四世的胜利游行车前示众"。①

最终,爱德华四世再次赢回英格兰王国的统治权,尽管此时,他还没有完全征服整个英格兰。目前,对爱德华四世的统治,仍有三个地区会带来麻烦。贾斯珀·都铎及侄子亨利·都铎的部队控制着南威尔士。约克郡还有人造反。伦敦受到托马斯·内维尔的威胁,虽然对此,爱德华四世并不知情。托马斯·内维尔是肯特伯爵威廉·内维尔的儿子,聪明过人。他同加来驻军一起穿过英吉利海峡。大约在蒂克斯伯里战役时,他在桑威治登陆。

然而,面对这三个困难,爱德华四世逐个击破。他从蒂克斯伯里出发向北推进。1471年5月11日,他率军来到考文垂。在考文垂,爱德华四世得到消息,英格兰北方的叛乱已经失败。这多亏恢复爵位的诺森兰伯爵亨利·珀西以爱德华四世之名镇压当地叛乱。在考文垂,爱德华四世带领军队休息了三天。随后,伦敦传来消息,托马斯·内维尔在肯特郡发动叛乱。得到这一消息,爱德华四世带领军队返回伦敦,前去应战。但在他返回伦敦前,托马斯·内维尔的叛乱已经被镇压。1471年5月11日,托马斯·内维尔率领来自肯特郡的众多士兵。②他们要求将亨利六世从监狱中放出。但爱德华四世的内弟里弗斯伯爵安东尼·伍德维尔带领伦敦城内的士兵及伦敦塔内的卫兵击溃了托马斯·内维尔一伙人的大胆进攻。托马斯·内维尔大肆毁坏伦敦桥桥边的房屋,掠夺泰晤士河南岸区域后,被迫退守桑威治。此时,托马斯·内维尔的军队与爱德华四世的军队近在咫尺。

---

① 《克罗伊兰编年史续集》,第466页。——原注
② 勃艮第的让·德·沃林:《大不列颠编年史》,第673页。——原注

王子爱德华与弟弟约克公爵什鲁斯伯里的理查德在伦敦塔

  1471年5月21日，爱德华四世带着被俘的安茹的玛格丽特王后，大张旗鼓、气势恢宏地进入伦敦。①蒂克斯伯里战役期间，爱德华四世的王后伊丽莎白·伍德维尔和王子爱德华一直待在伦敦塔里，由里弗斯伯爵安东尼·伍德维尔保护。伊丽莎白·伍德维尔与爱德华王子已经做好准备，迎接爱德华四世凯旋。此时，他们刚刚摆脱危险境地。托马斯·内维尔如果成功执行其大胆的计划，②那么很可能抓获爱德华四世的妻子伊丽莎白·伍德维尔和儿子及继承人爱德华王子。当然，他还能解救英格兰合法国王亨利六世。然而，事与愿违，托马斯·内维尔的行动彻底失败了。1471年5月23日，爱德华四世追击托

---

① 安茹的玛格丽特王后被关押在伦敦。直到1476年，她才被允许前往法兰西王国。——原注
② 实际上，由于伦敦市民的政治态度总是摇摆不定，托马斯·内维尔才有机会成功实施他的计划。——原注

马斯·内维尔直到桑威治，在那里接受了托马斯·内维尔的投降。随后，爱德华四世将托马斯·内维尔交给格洛斯特公爵理查看押。但1471年9月，托马斯·内维尔企图逃跑未果，遂遭处决。①

都铎家族的贾斯珀·都铎及其侄子亨利·都铎仍然坚守彭布罗克城堡。他们拒绝承认约克派的英格兰国王爱德华四世，也不会放弃兰开斯特派的事业，只是仅靠他们一己之力无法支撑下去。1471年6月到1471年8月，贾斯珀·都铎与亨利七世很可能藏匿在南威尔士。直到1471年9月，眼见斗争无望，他们才选择放弃，乘船前往布列塔尼。②

早在贾斯珀·都铎与亨利七世前往布列塔尼之前，"悲痛欲绝的国王"亨利六世已经咽气。1471年5月21日，亨利六世似乎是在爱德华四世进入伦敦这天驾崩的。有种说法是听到蒂克斯伯里惨败的消息，由于"伤心过度，哀痛欲绝"，亨利六世驾崩。③不过，很多人相信亨利六世是被谋害致死的。④后世一些作家指出，亨利六世是被格洛斯特公爵理查杀害的。⑤亨利六世一死，兰开斯特家族的王室血脉就断绝了。

---

① 勃艮第的让·德·沃林：《大不列颠编年史》，第675页；约翰·帕斯顿：《帕斯顿信札》，第782篇。——原注
② 约翰·帕斯顿：《帕斯顿信札》，第782篇。——原注
③ 《爱德华国王的到来》，第36页。试比较勃艮第的让·德·沃林：《大不列颠编年史》，第675页。——原注
④ 《克罗伊兰编年史续集》，第468页。——原注
⑤ 拉斐尔·霍林谢德：《编年史》，第3卷，第690页。——原注

第20章

玫瑰战争时期的英格兰社会

精彩看点

"玫瑰战争"名称的来历——处于严重骚乱中的英格兰社会——兰开斯特家族统治的弱点——无法无天的上层社会——英格兰社会在玫瑰战争时的损失——缺乏治理的英格兰社会——英格兰的农民阶层——英格兰城镇财富的增加——伦敦的财富——在英格兰的外国商人——英格兰教会的地位——教会对土地和教育的垄断——英格兰神职人员的组成——受人轻视的低级教士——修道士的状况——玫瑰战争中的英格兰贵族——难以分清的兰开斯特派与约克派的地盘——玫瑰战争时贵族的财产——沃里克伯爵理查德·内维尔——大贵族庄园的管理——贵族徽章

从1450年杰克·凯德起义到1471年亨利六世驾崩，英格兰经常战火连天，难有几年太平日子。玫瑰战争始于对兰开斯特家族统治的不满，最终成了为争夺英格兰王位，兰开斯特派与约克派的长期厮杀。玫瑰战争的名称最早出现在16世纪。实际上，玫瑰战争期间，只有约克家族用白玫瑰作为家族徽章①。尽管如此，"玫瑰战争"依然是个好名字，有利于诠释这一时代的特征。

约克家族的徽章——白玫瑰

---

① 詹姆斯·拉姆齐，《兰开斯特家族与约克家族》，第2卷，第133页，注释2。——原注

在安居乐业、秩序井然的社会里，两大贵族派别几乎不会公然发生血腥斗争，或者贵族派别的血腥斗争不可能持续这么长时间。然而，1399年兰开斯特家族登上英格兰王位以来，英格兰王国几乎一直处在严重的骚乱中。"造成巨大危害的根源众多，约克家族和兰开斯特家族的争斗只不过是其中突出而典型的例子之一。"[1]1399年到1471年，骚乱、纠纷和私战无数，不胜枚举[2]。

"强有力的法律和政治手段的缺失"导致英格兰王国国内骚乱不断。[3]英格兰政府没有履行维护社会秩序的基本职能。兰开斯特家族的英格兰政府的弱点本身难以解释。出于某些原因，处在统治阶层的贵族和乡绅得不到兰开斯特家族的信任。作为一个古老而光荣的英格兰王室家族，兰开斯特家族急于得到民心，谨慎遵守宪法，维护臣民的自由和特权。但其"宪政主义"绝不能夸大，"兰开斯特家族的实验"不是现代君主立宪政体的中世纪预言。亨利六世亲政，也就是他作为英格兰议会少数派结束后，可以行使同爱德华三世一样的宪法权。即使了解了英格兰议会的意愿，亨利六世还是按照自己的意愿挑选大臣。或许，事实并非是"宪法的进步超过了行政秩序"，[4]因为对兰开斯特家族统治时期的需要来说，英格兰王国宪法不够与时俱进。至少在一方面，即在郡县级选举权方面，兰开斯特家族的英格兰政府予以限制。除了对自由的热爱，还有一些其他原因造成兰开斯特家族统治的弱点。

毋庸置疑，15世纪的英格兰上层人士让人感到目无法纪。贵族领主家族的互相争斗，引发私战，反对"私党与庇荫"的法案难以在各地执行，都充分证明了这一点。12世纪，斯蒂芬国王统治期间，纽堡的威廉曾描述过这样一种现象，当时"英格兰国王，或者暴君，如同城堡的领主一样多"[5]。玫瑰战争期间，英格兰王国就处在这种状况。

英格兰王国贵族的无法无天可能是英格兰王国与法兰西王国的百年战

---

[1] 威廉·斯塔布斯，《英格兰宪法史》，牛津，牛津大学出版社，第3卷，第279页。——原注
[2] 一系列骚乱事件可参阅威廉·斯塔布斯：《英格兰宪法史》，牛津，牛津大学出版社，第3卷，第278页到第279页。——原注
[3] 威廉·斯塔布斯，《英格兰宪法史》，牛津，牛津大学出版社，第3卷，第280页。——原注
[4] 威廉·斯塔布斯，《英格兰宪法史》，牛津，牛津大学出版社，第3卷，第276页。——原注
[5] 威廉·斯塔布斯：《宪章选》，第116页。——原注

争①，即在法兰西境内英格兰王国与法兰西王国的势力长期冲突导致的。英格兰国王亨利五世的辉煌统治结束后，英格兰王国在法兰西的统治每况愈下。一大批英格兰贵族、雇佣军的各级首领及普通士兵回到英格兰。多年间，为求生和获得战利品，他们在异邦人中残酷征战，导致士气低落。征战是他们唯一的职业。然而，在和平年代，他们无所适从。他们基本不懂得守法，重燃战火才是他们获得成功的主要机会。"这些人的父辈和亲属掠夺、摧毁了法兰西大部分地区。侵占这些地区多年后，他们又将刀剑转向自己人，开始自相残杀。"② 因此，英格兰王国与法兰西王国的百年战争对英格兰有一定影响。不过，幸运的是，这场战争没给英格兰带来同样惨痛的一系列苦难。

众所周知，在英格兰王国与法兰西王国百年战争的后期，法兰西王国损失惨重。在法兰西，战争区域或战争波及范围内城镇衰退，商业凋敝，一些地区的商业贸易全部中断。乡村地区的生活境况恶劣，即"民不聊生、危机四伏、人丁骤减、普通人食不果腹或者流离失所……法兰西王国到处被森林、灌木、沙漠占据。"英格兰王国与法兰西王国百年战争结束十年后，路易十一从佛兰德斯前往巴黎途中，看到的"只有废墟和贫瘠荒废的原野，几近荒漠"③。

然而，英格兰的境遇幸运很多。由于英格兰没有受到外来势力入侵，英格兰王国国内的动荡虽然有破坏力，但一刻也没能阻碍英格兰民众实实在在的进步。英格兰王国的人口似乎没有减少，国家财富也没有耗尽。随着1471年兰开斯特派与约克派的战争及其他各种私人战争的结束，从整体上看，这些战争从没有严重打断普通人民的日常生活。事实上，英格兰普通民众的日常生活质量继续提升。在英格兰王国的臣民中，贵族只是少数，即使在一些战争中有很小的损失，也会严重影响他们的人数和力量。因此，平民才是英格兰王国臣民的主体，"这个永久的联合王国永远不受个人或政党变革的影响。"④

---

① 试比较，科克：《"大胆"查理》，第2卷，第27页，注释25，引用托马斯·巴宾顿·麦考利，《英格兰史》，第1章。——原注
② 菲利普·德·科米纳：《菲利普·德·科米纳回忆录》，第1卷，第253页到第254页。——原注
③ 拉维斯：《法国史》，第4卷，第2册，第2章。——原注
④ 威廉·斯塔布斯：《英格兰宪法史》，牛津，牛津大学出版社，第3卷，第521页。——原注

然而，玫瑰战争期间，英格兰的生活安定容易被夸大，"经历一场又一场战争的洗礼后，英格兰王国的封建制度土崩瓦解，但英格兰王国依然国泰民安。具体体现在正义独善其身这一显著事实上。威斯敏斯特宫的法庭照样平静开庭。依照原有习俗，英格兰王国的法官们定期巡回审案。陪审团审判制度……越来越多地采用现代形式。"①这些断言都言过其实。玫瑰战争时期，英格兰王国国内的万事不会与和平年代一样。仅《帕斯顿信札》中的很多记录就足以证明英格兰王国司法制度的崩溃，以及诺福克郡发生的非法行为。有足够证据表明，德文郡、约克郡和其他地区也存在类似情况。此时，英格兰王国政府的治理已经崩溃。然而，原有习俗依然延续，英格兰社会进行了自我调整，适应了当时的社会条件。对这一时期，英格兰王国国内不同阶层和社会地位的人士调查后或许可以得出结论，即英格兰王国的确"缺乏治理"，但不至于是无政府状态。

1381年农民起义开始，英格兰王国的农民阶级开始崭露头角。到了15世纪，农民阶级的力量持续壮大。总体来看，1381年的农民起义导致了双重结果。一方面，贵族庄园主发现无法强迫农民用劳动服务抵作租金。因此，农民不再耕种贵族庄园主的私有土地和"家庭农场"。农民支付租金后，贵族庄园主允许其保留所得物。贵族庄园的租赁条款登记了农民的租赁条件，每位租户得到一份有关租赁条件的文件。②因此，"副本土地保有权"使用权制度开始出现。根据这一制度，在一段特定时期内，租户可以持有获取物，获取物通常可以延续"三代"。几乎在同一时期，大多数情况下，贵族庄园主都会将耕地转化为牧场，只保留为数不多的几位牧羊人在牧场放羊。因此，土地所有权的授予和将私人土地圈地为牧场成为农民起义后的两个重要结果。租约到期时，租户通常会或多或少得到一些圈地。

15世纪的大部分时间，从整体上来说，英格兰乡村居民的生活比较富足。农奴和自耕农一般都有自己的正当财产。1475年，著名的律师托马

---

① 约翰·理查德·格林：《英格兰简史》，1881年，第282页。——原注
② 《科克论托马斯·德·利特尔顿》，1628年，第9章。——原注

托马斯·德·利尔特顿

斯·德·利尔特顿写道，虽然许多普通农民只是自由租户，但根据《庄园惯例法》，他们对自己的农场有很大的控制权。"在这种情况下，贵族领主无法打破这种合理习俗。"①基本上，农奴已经不再是一个社会阶层。大多数农奴成为土地所有者，与普通的自耕农没有明显区别。1470年前，圈地制度进展甚微。正如大家注意到的，贵族领主常常将领地转变成牧场，但并没有损害任何人的利益。普通土地圈划，或者庄园领主的副本土地所有权都很少见。圈地运动这一重大历史事件大约发生在1470年到1600年②，主要是因为封建土地使用权结束，以及开发贵族地产经济。

① 《科克论托马斯·德·利特尔顿》，1628年，第77选段；阿希礼：《经济史》，第1卷，第2部分，第278页。——原注
② 《科克论托马斯·德·利特尔顿》，1628年，第77选段；阿希礼：《经济史》，第1卷，第2部分，第286页。——原注

玫瑰战争时期的所有证据表明，15世纪，英格兰王国的农民阶级相对比较富足。当时，英格兰王国军队的规模很小，一般不超过五千人。每位士兵每场战役只当几个星期的步兵。每次重要战役结束不久，军队便会解散。一支军队主要由某些贵族的"扈从"、一部分骑士及乡绅组成。总体上，平民没有参与厮杀，但实际上，平民是左右战争胜负的天平。因此，无论是约克派还是兰开斯特派的指挥官，都不敢放任自己的军队掠夺，导致自己失去民心。否则，他们的事业会立刻功亏一篑。菲利普·德·科米纳明确指出平民对战争了无兴致，证实战争没有给平民造成多大苦难。即使造成苦难，持续时间也十分短暂，因为爱好和平的民众，即英格兰的绝大多数人似乎会投靠能提供稳固统治的政党。据圣奥尔本斯编年史家约翰·维特哈姆斯蒂德的描述，韦克菲尔德战役后，安茹的玛格丽特王后的军队在向南行进途中进行了抢掠。这一行为遇到民众的强烈抵制，并且极大地损害了兰开斯特家族的统治。①约翰·维特哈姆斯蒂德特别提到这样一次劫掠。玫瑰战争期间，英格兰乡村地区生活成本不高，工资不错，就业似乎也并不难。"15世纪繁荣富足……玫瑰战争……总体上没有影响英格兰。"②乡绅几乎没有必要提及，《帕斯顿信札》足以证明他们的富足。据说，约翰·帕斯顿的祖父是一介农夫，祖母是一个"佃户女"，即是个"佃户"出身的女子③。尽管如此，这对谦卑恭俭的夫妇的儿子威廉·帕斯顿成为一名法官，孙子约翰·帕斯顿是诺福克郡的一位富裕乡绅。约翰·帕斯顿有足够的钱财让儿子们接受良好的教育，让他们在诺福克公爵约翰·德·莫布雷家中学习，或送去伊顿公学、牛津大学或者剑桥大学深造。1679年，帕斯顿家族的代表人物罗伯特·帕斯顿被授予雅茅斯伯爵爵位。玫瑰战争时期，富裕乡绅建立的大家族中，这不是孤例。④

玫瑰战争期间，英格兰城镇地区的物质财富也在积累。根据调查，玫瑰

---

① 约翰·维特哈姆斯蒂德：《圣奥尔本斯修道院记事簿》，第1卷，第401页。——原注
② 吉宾斯：《工业史》，1903年，第81页。——原注
③ 詹姆斯·盖尔德纳引用文件。参见约翰·帕斯顿：《帕斯顿信札》，1904年，第1卷，第28页到29页。——原注
④ 有关15世纪后半期骑士家庭的消费状况，参阅"爱德华四世黑皮书"，威廉·斯塔布斯：《英格兰宪法史》，牛津，牛津大学出版社，第3卷，第567页，注释及第573页。——原注

罗伯特·帕斯顿

战争期间，没有任何一座城镇与军队正面对抗过[1]。一个原因是军队并不是很危险。军队规模小，其将领也不能冒着失去民心的风险允许军队掠夺。大的城镇能自保。军队进入伦敦时，伦敦市市民自发组织起来保护自己的财产[2]。但很多城镇并不想遭到围困。一个原因是他们对兰开斯特派和约克派之间的斗争了无兴趣。另一个原因是他们没有坚固的城墙。自从斯蒂芬国王实行无政府主义统治以来，英格兰城镇的城墙建设没有得到重视。石头被用来建房子，壕沟填满用作建房的新地。在遥远的威尔士和英格兰北方边境地区，修建防御工事是必要的。但其他地区，特别是英格兰内地郡县，防御工事已经被弃置一旁。这显示了城镇的繁荣安定。

15世纪时，英格兰的城镇基本不参与政事。唯一的例外是1450年，在英格兰议会中，布里斯托尔议员托马斯·扬提出应该宣布约克公爵理查德为英格

---

[1] 查尔斯·欧曼：《英格兰政治史》，第403页。——原注
[2] 查尔斯·欧曼：《英格兰政治史》，第95页。——原注

兰王位继承人，但遭到监禁。从总体上看，英格兰城镇的贸易得到充分发展。随着僵化的旧体制瓦解，与以往相比，英格兰的城镇不再那么闭塞。仅仅是兰开斯特派或者约克派的行军就已经大大促进英格兰各城镇的相互沟通。各城镇内部，商会和手工业协会主导经济生活的局面难以为继。15世纪中叶，商会控制着每座特许自治市的总体商业规则，这似乎已经得到许多市长及地方自治机构的认可。管理每座城镇的特定手工业的各类手工业协会组织高度发达，没有显现任何进一步发展的态势。各手工业协会成员的准入规则得到了严格执行，会员会费和日常费用都十分高昂。学徒们抱怨说，要成为大师，努力的过程道阻且长。商会和手工业协会确实已成明日黄花。如今，英格兰各城镇已经朝着自由贸易的方向稳步前进。商会和手工业协会的职能逐渐萎缩，主要限定在社会和慈善事业。15世纪末，英格兰王权开始干涉商会和手工业协会的贸易限制。

　　亨利七世时代，英格兰王国曾经颁布法律，要求所有新的行会细则必须提交英格兰王国大法官审查，因为英格兰王权和英格兰议会的规定比各商会的规定更宽松，手工业者将享有更多自由，"因此，享受市民权利和熟练掌握一门手艺的紧密关系开始慢慢消失。"[①]15世纪，英格兰建筑宏伟辉煌[②]。15世纪后半叶，甚至英格兰议会认为有必要推行《禁止奢侈令》。因此，15世纪英格兰城镇的繁荣景象可见一斑。

　　在英格兰王国国内，就财富、环境和公民的勤劳程度而言，其他任何城市都无法与伦敦相提并论。兰开斯特派和约克派，谁统治伦敦，谁就统治整个英格兰王国。此时，伦敦的人口没有准确数字，但就15世纪初期收集的数据判断，伦敦约有五万常住居民。虽然今天看起来，这一人口比较小，但在当时，这一人口是英格兰其他城镇人口的三到四倍。接下来，约克和布里斯托尔是英格兰人口比较多的城镇，各约有一万五千人[③]。在伦敦，约克公爵理查德和儿子爱德华四世很受欢迎。爱德华四世一直是伦敦的名流，经常向一些富有的市

---

① 阿希礼：《经济史》，第1卷，第2部分，第445页。——原注
② 例如，1466年到1475年建造的克洛斯比厅。参见坎宁安：《伦敦手册》，第147页。——原注
③ 参阅阿希礼：《经济史》，第1卷，第2部分，第11页。——原注

民借钱①。1464年，爱德华四世给予伦敦新的特权。1467年，他给予伦敦另一项特权②。1470年，亨利六世短暂复辟时期，伦敦市民被剥夺自主选举市长的权利。但重新掌权后，爱德华四世立即赋予伦敦市民选举权。爱德华四世同勃艮第公爵查理的政治联盟是伦敦的另一个福音，因为这使伦敦与佛兰德斯的富裕城市之间的贸易变得轻而易举，并且伦敦有利可图。

玫瑰战争期间，英格兰的外国商人人数众多。这同样见证了英格兰的贸易繁荣。外国商人发现居住在英格兰城镇物有所值。当然，外国商人主要住在伦敦，而不是英格兰王国全境。其实，英格兰商人并不欢迎外国商人。从一首1436年写的《英格兰政策陈情》著名诗歌中可见一斑，因为有人感觉在英格兰，外国商人享受优待，但在外国，英格兰商人没有享受同等待遇③。早在1406年，英格兰王国的法律开始禁止外国商人在英格兰开展零售贸易④。但外国商人的批发贸易持续繁荣。在伦敦，东方商人，即来自汉萨同盟城市的商人，拥有自己的社交圈，在"钢材场"⑤有自己的办公室和仓库。甚至爱德华四世冒着失去民心的风险保护他们，继续给予东方商人特权。就这一点而言，爱德华四世是明智的。亨利七世采纳爱德华四世的政策，继续给予东方商人特权。相比之下，都铎王朝的其他君主更加谨慎，坚持要求德意志市场给予英格兰商人互惠特权。

15世纪时期，教会在英格兰王国的生活中举足轻重。坎特伯雷大主教一直被视为英格兰王室的首席法律顾问。主教们身份尊贵，他们有人出身高贵，如亨利六世的叔父温彻斯特主教、枢机主教亨利·博福特，有人来自自耕农家庭，如万灵学院创始人亨利·奇切里大主教，或者牛津大学马德伦学院创始人威廉·韦恩弗利特主教。

在英格兰王国，教会一直具有英格兰特性。从"征服者"威廉开始，英

---

① 菲利普·德·科米纳：《菲利普·德·科米纳回忆录》，第1章，第278页。——原注
② 威廉·斯塔布斯：《英格兰宪法史》，牛津，牛津大学出版社，第3卷，第596页、第599页。——原注
③ 英格兰政策批判，选自《政治诗》，第2卷，第178页到第179页。——原注
④ 阿希礼：《经济史》，第2卷，第2部分，第16页。——原注
⑤ "钢材场"位于泰晤士河北岸的泰晤士街。参加坎宁安：《伦敦手册》，第470页。——原注

万灵学院

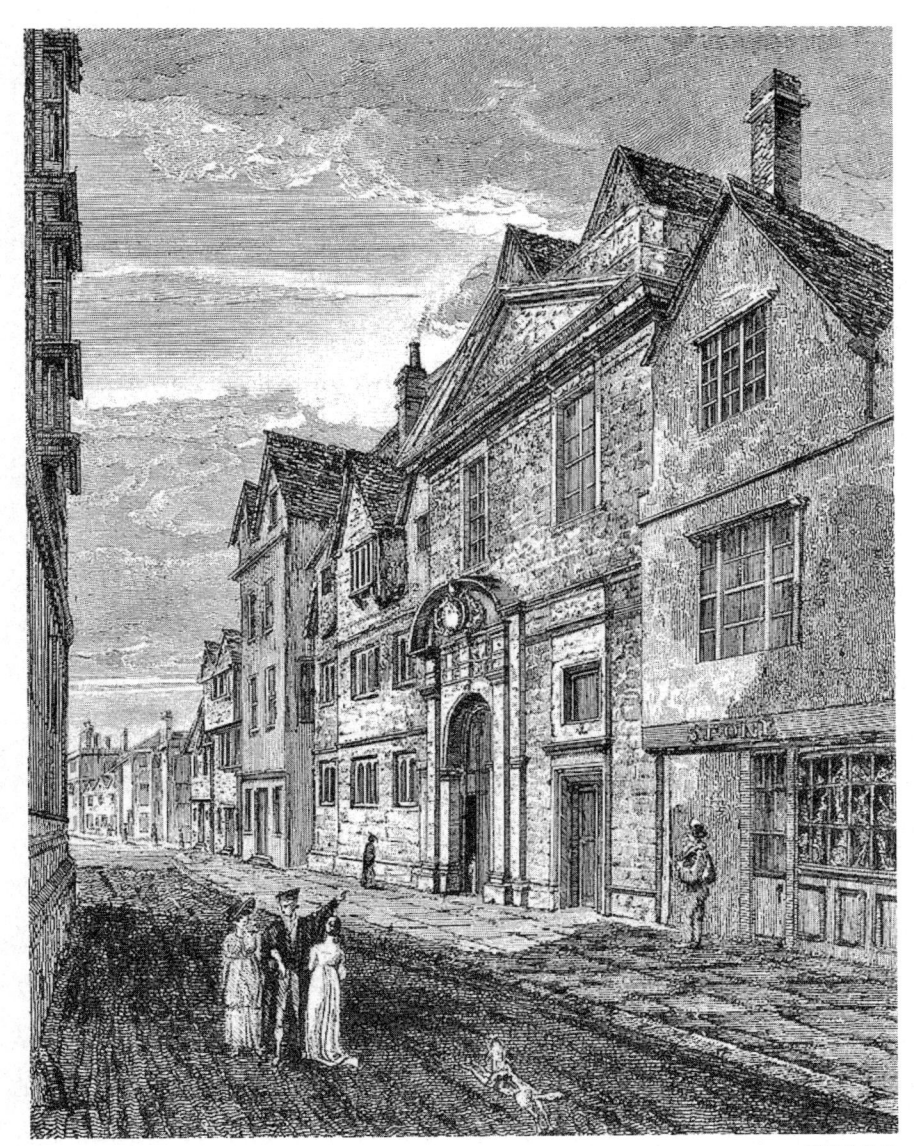

马德伦学院

格兰王权一直很好地维护着对教会人士的管辖权。但兰开斯特家族的国王完全遵守天主教教会严格正统的教导。在兰开斯特家族国王的统治下，教皇势力再次加强。亨利六世虔诚懦弱，在他治下，教皇的权势更容易强化。教皇可以"按规定"填补英格兰主教的职位，甚至少数意大利外来神职人员也被允许享受英格兰主教教区的职位。[1]对英格兰王国的自由，教皇干涉主教和修道院院长的任命是更大程度的侵犯，因为主教和戴主教冠的修道院院长占据英格兰议会上议院的大多数席位。非神职的英格兰议会上议院议员平均出席会议人数略低于四十人，但主教和戴主教冠的修道院院长出席会议人数可以达到四十六人。[2]兰开斯特家族的国王顺从教皇，真正强化了他们强力控制英格兰王国的愿望。前两位都铎国王在位期间，国王强力控制英格兰王国的情况特别明显。

教会富可敌国，权势滔天，修道院是英格兰王国境内最大的土地所有者。然而，正如亨利八世解散修道院时编制的清单显示，教会的财产并没有人们想的那样多。继黑死病和农民起义后，由于工资上涨，耕地荒芜，拥有广大土地的大型组织收入损失惨重。在教育层面，由于势力强大，教会反而遭受磨难。在兰开斯特家族世俗权力的帮助下，教会削弱了罗拉德派的教义及信仰，使其默默无闻。但与此同时，教会自身也经受痛苦。教会没有竞争对手。教会主宰了高等学校，进而限制知识传播的自由。神职人员中最优秀的智者就是奇切斯特主教雷金纳德·佩科克。1457年，雷金纳德·佩科克受到枢机主教审判被迫辞职。即使在15世纪，牛津大学和剑桥大学有了贵族设立的基金会，但在学术领域，这两所大学表现平平。知识人才匮乏影响了教会的状况，影响了圣职候选人的精神活力。直到从欧洲大陆传来文艺复兴运动，英格兰王国才成功复兴了国家教会和大学的学术精神。1516年，理查德·福克斯主教在牛津大学基督圣体学院设立了基金会。牛津大学的早期辉煌历史完美诠释了文艺复兴的精神。约克家族的国王对学术很有贡献。威廉·卡克斯顿得到爱德华四世和格

---

[1] 加斯科因：选自汤普森：《约克与兰开斯特间的战争》，第16页；威廉·斯塔布斯：《英格兰宪法史》，第3卷，第327页。——原注
[2] 威廉·斯塔布斯：《英格兰宪法史》，牛津，牛津大学出版社，第3卷，第328页。——原注

理查德·福克斯

洛斯特公爵理查的首肯,还得到王室资助。伍斯特伯爵约翰·蒂普托夫特号称"屠夫",曾担任英格兰王国军务大臣。他同时毕业于贝利奥尔和帕多瓦两所学院,学习希腊文化,支持威廉·卡克斯顿的事业。不过,在约克家族统治时期,教会在教育上的成就不如人意。

英格兰王国的神职人员主要由主教、地位较低的教区教士、僧侣或者修道士组成。玫瑰战争时期,大主教引人注目,主要因为他们竭尽所能维持和平。事实上,约克大主教枢机主教乔治·内维尔确实扮演了一部分参谋的角色。在约克郡、加来、伦敦,约克大主教乔治·内维尔被人发现频繁参与其了不起的弟弟沃里克伯爵理查德·内维尔的阴谋计划。不过,1454年到1486年担任坎特伯雷大主教时,托马斯·鲍彻表现更突出。显然,托马斯·鲍彻支持约克派。1470年，爱德华四世不得不逃离英格兰时，托马斯·鲍彻毫不犹豫地支持约克派的国王。但自始至终，托马斯·鲍彻都在试图缓和兰开斯特派和约克派的仇怨，力图实现像1458年3月25日圣保罗大教堂和解那样的和解。也许是因为秉持和平的愿望，托马斯·鲍彻轻易默许为强权者效力。他同意主持格洛斯特公爵理查的加冕仪式就是一例。

　　15世纪，地位较低的教区教士似乎一直在追求和平的生活方式。如同我们看到的，教区教士的学识并不高。根据奇切斯特主教雷金纳德·佩科克的叙述，因为低级教士很少得到晋升，所以教会对优秀教士缺乏吸引力。整个15世纪，低级教士似乎不再被指派或委托为代表出席英格兰议会。与此相反，他们在与英格兰议会同时举办的教会集会中奋力争取自己在全国教会中的职位。教区教士人数众多，每四年举行一次授圣职礼，每一次都有近百名候选人获准接受神令。他们至少要会读会写。但教区教士人数太多，没法让所有人都获得治愈灵魂的使命。因此，除了受人尊敬，身负才能的教区神父，还有大量教士没有职责，只能通过为亡者祷告，过着勉强糊口的生活。据说，由于生活所迫，大多数教士被迫沦为这样的神职人员。他们无妻无儿，游手好闲，道德标准自然不高。①

　　通过编写编年史，修道院教士名垂青史。一直以来，他们笔耕不辍，如林肯郡的《克罗伊兰编年史》和《圣奥尔本斯编年史》。玫瑰战争似乎没有毁坏这些著作。亨利六世太过正统，不许臣民破格创作，但爱德华四世从没有对修道士表现出任何反感。实际上，修道院对缓和内战中产生的仇怨影响深远。1470年，爱德华四世不得不逃离英格兰。当时，他的妻子伊丽莎白·伍德维尔王后就是在威斯敏斯特教堂内避难。其间，伊丽莎白·伍德维尔王后产下一子，即命运多舛的爱德华王子。两场圣奥尔本斯战役结束后，该镇的修道院为亡者举办了基督教葬礼。蒂克斯伯里战役结束后，威斯敏斯特教堂也举行过类似的葬礼，甚至挽救过寻求庇护的普通逃亡者的生命。那时的修道士似乎营

---

① 试比较威廉·斯塔布斯：《英格兰宪法史》，牛津，牛津大学出版社，第3卷，第378页和第385页。——原注

造了一种善意的氛围。众所周知，他们对陌生人和穷人一直慷慨仁慈。他们提供宗教服务，协助稳定教会体系。但对他们在15世纪起到的作用，我们不能视之过高。对修道士们的勤勉、学识和教诲，克罗伊兰修道院和圣奥尔本斯修道院内的历史学家不予置评。他们基本不愿提到修道士们的宗教生活。实际上，对政治事件，那时的修道士们很感兴趣。国王偶尔一次拜访就会让他们激动万分。从编年史判断，他们最感兴趣的是英格兰王国的国内问题，这或许与他们的资助基金有关。他们必须小心谨慎，不然一些诡计多端、道德败坏之徒可能会在法庭上拿到修道院部分土地的转让证书。他们必须小心保护《死手律》赋予他们的豁免权，必须时刻关注英格兰枢密院的各种动向。真相可能是修道院不再那么富有，他们很难适应不断变化的农业条件。修道士没有得到人们的青睐，因为奋发进取的人们更喜欢士兵、律师和商人这些既伟大，又受人爱戴的职业。修道士已经不是英格兰王国生活的主流，他们缺少作为，无法证明自己存在的价值。他们多次错失服务良机，如将修道院建成重要的教育中心，他们应该可以胜任这项工作。最终，社会对教育需求由亨利六世创办的一批著名的非教会学校，即伊顿公学和剑桥大学国王学院提供。正如14世纪，威克姆的威廉从修道院体系脱离，建立了温彻斯特公学和新学院的伟大的教育基础。

玫瑰战争主要受贵族推动，大部分战场上战斗的小型军队都由贵族及其扈从组成。贵族的数量虽然不是很多，但财富总量十分庞大。爱德华一世统治时期，一位贵族的地位似乎取决于他是否参加过英格兰议会。但大约从1446年起，世袭男爵取代了令状男爵。①因此，亨利六世在位期间，英格兰王国的贵族数量曾经达到最高点，可能达到六十七位或者六十八位。但在英格兰议会中，贵族的人数各有不同，因为在玫瑰战争期间，国王不会召集战场上的对手参加英格兰议会。亨利六世在位期间平均每次召集到四十八名或四十九名贵族参加英格兰议会。爱德华四世曾经最多召集到五十名贵族参加英格兰议会。②

---

① 实际上，1387年，第一位男爵由特许产生。参阅以牛津伯爵爵位例释上议院委员会，泰晤士报，1912年12月4日。——原注
② 威廉·斯塔布斯：《英格兰宪法史》，第3卷，牛津，牛津大学出版社，第457页。试比较，道格代尔：《召唤贵族》。——原注

很难分别列出兰开斯特派和约克派贵族的名单，因为同一个家族并不总是支持同一个政治派别。譬如，1459年，奥德利男爵詹姆斯·塔切特在布洛希思战役中为兰开斯特派而战，命丧沙场。他的儿子约翰·塔切特承袭奥德利男爵爵位，成了下一任奥德利男爵，但他是约克派的成员。1460年，奥德利男爵约翰·塔切特在加来追随沃里克伯爵理查德·内维尔和爱德华四世。1452年，德文伯爵托马斯·德·考特尼支持约克公爵理查德，但在1455年第一次圣奥尔本斯战役中，我们发现他为亨利六世而战。当然，这些例子相对少见。总体来说，贵族家庭倾向于支持同一个政治派别。菲利普·德·科米纳在回忆录中写道："我看见埃克塞特公爵亨利·霍兰跟着勃艮第公爵腓力三世的军队，光着脚，赤着腿，挨家挨户地讨要面包。埃克塞特公爵亨利·霍兰属于兰开斯特派，但他娶了爱德华四世的姐姐埃克塞特公爵夫人安妮。"① 譬如，拉尔夫·珀西爵士虽然有时会与对手订立盟约，但"初心不改"，一般会回到曾经支持的阵营。

人们常说，玫瑰战争是名门望族的一系列派系斗争。最终，虽然约克派获胜，但约克派贵族的人数比兰开斯特派少得多。约克派的国王如果只有贵族的支持，就不可能获胜。此时，英格兰王国国内其他阶级有了发言权，也让人们认识到，最终，中产阶级左右了权力的归属。

玫瑰战争中，大部分英格兰贵族都毫不迟疑地支持了兰开斯特派。约克派的贵族包括许多男爵，但显然，他们的对手拥有大部分爵位更高的贵族。兰开斯特派中的公爵有博福特家族的萨默塞特公爵、霍兰家族的埃克塞特公爵、斯塔福德家族的白金汉公爵。兰开斯特派的伯爵有珀西家族的诺森伯兰伯爵、内维尔家族的威斯特摩兰伯爵、都铎家族的彭布罗克伯爵、塔尔博特家族的什鲁斯伯里伯爵、德维尔家族的牛津伯爵、考特尼家族的德文伯爵、巴特勒家族的威尔特郡伯爵。约克派的贵族名单要短得多，其中包括两位公爵，诺福克公爵约翰·德·莫布雷和萨福克公爵约翰·德·拉·波尔。但约克家族中伯爵较少，主要有索尔兹伯里伯爵理查德·内维尔和沃里克伯爵理查德·内维尔、埃塞克斯

---

① 菲利普·德·科米纳：《菲利普·德·科米纳回忆录》，第1章，第253页。——原注

伯爵亨利·鲍彻、伍斯特伯爵约翰·蒂普托夫特，以及阿伦德尔伯爵威廉·菲查伦。爵位较低的贵族中，大多数属于兰开斯特派。这些人主要有英格兰议会上议院议员克利福德家族的克利福德男爵、托马斯·德·罗斯男爵、博蒙特勋爵、利斯尔勋爵、斯坦利勋爵、罗伯特·亨格福特男爵、洛弗尔勋爵、里弗斯勋爵，韦尔斯家族的韦尔斯男爵。约克派爵位较低的贵族主要有鲍威尔勋爵、斯托顿男爵、斯克洛普勋爵、拉姆利勋爵和一些地处边界地带的贵族，以及埃塞克斯伯爵和索尔兹伯里伯爵理查德·内维尔两位伯爵家族中的一些男爵。

　　在英格兰王国境内，哪块地方确定属于兰开斯特派或者约克派无法厘清。几乎在每一个郡县内，两派都有自己的势力。在威尔士边境地区，约克派势力很强，特别是在威尔士中心地区，那里有继承约克公爵理查德的马奇伯爵领地内的大型庄园。在威尔士中心地区，约克公爵有两座城堡，拉德洛和威格莫尔。但兰开斯特派在威尔士的势力也不容小觑。在威尔士北部，兰开斯特派有由英格兰王权控制的切斯特伯爵领地，在威尔士南部有属于兰开斯特家族的蒙默思庄园。此外，兰开斯特派曾经拥有彭布罗克伯爵领地。

威格莫尔城堡

在英格兰北方，约克公爵理查德拥有韦克菲尔德庄园。韦克菲尔德庄园附近有桑德尔城堡。与此同时，沃里克伯爵理查德·内维尔拥有米德尔赫姆城堡。但兰开斯特派在英格兰北方的势力更强大一些，珀西家族在诺森伯兰郡和约克郡都有大城堡。另一个兰开斯特派的重要家族克里福德家族在斯基普顿雄踞一方。威斯特摩兰伯爵拉尔夫·内维尔也属于兰开斯特派，他控制了英格兰的一大片地区。因此，他获得威斯特摩兰伯爵的爵位。

在英格兰东部地区，约克派的诺福克公爵约翰·德·莫布雷和萨福克公爵约翰·德·拉·波尔权势很大。但在英格兰东部其他地区，双方势均力敌，在林肯郡，兰开斯特派拥有韦尔斯家族，约克派拥有拉尔夫·德·克伦威尔男爵。在埃塞克斯，兰开斯特派有牛津伯爵约翰·德·维尔，约克派有埃塞克斯伯爵亨利·鲍彻。即使埃塞克斯伯爵亨利·鲍彻的主要资产不在埃塞克斯，他在当地也有足够财力和影响力。甚至在诺福克郡和萨福克郡，兰开斯特派的亨格福德家族及其他人也有可观资产。

在英格兰南方，约克派与兰开斯特派的势力范围相互混杂。肯特郡有一部分地区属于约克派的科巴姆勋爵的势力范围，约克派的阿伦德尔伯爵威廉·菲查伦在萨塞克斯郡势力强大。然而，令人惊奇的是兰开斯特派的珀西家族在佩特沃斯的势力也很强大。博福特家族在多塞特郡和萨默塞特郡，德文伯爵在德文郡拥有庄园，但约克派的索尔兹伯里伯爵理查德·内维尔在多塞特郡和威尔特郡也拥有庄园。

在米德兰地区，兰开斯特派与约克派实力相当。沃里克伯爵理查德·内维尔拥有沃里克城堡，但遍布英格兰中部地区每个角落的城堡、领地、庄园都有属于兰开斯特家族的领地，由亨利六世掌管。事实上，在英格兰，各大家族通婚频繁。因此，几乎每个幸存下来的贵族家庭都不完全是当地人。此时，贵族家庭掌管着英格兰许多地方的庄园，并且在当地势力强大，虽然这些地区相隔甚远。任何一幅明确标示所有约克派和兰开斯特派庄园分布的英格兰彩色地图，都会像一幅眼花缭乱的马赛克拼图。

毋庸置疑，玫瑰战争期间，英格兰王国的贵族们家财万贯。这是根据他们的家族规模而不是收入判断。我们很难确定15世纪的货币价值与现在货币的换算比例。那时，一位贵族年收入五百英镑被认为收入宽裕。因此，我们或许可以认为那时货币十分稀有，购买力至少是今天的十倍。此外，贵族家庭规模庞大。譬如，英格兰王室家族的家族成员超过五百人，年花费一万三千英镑。英格兰王室下面的某位贵族，家族成员有二十六人，年花费五百英镑①。但由于许多贵族领主世袭爵位，又并入许多无继承人的家族庄园，这些领主的财富不断累积，必然更富裕。

正因为如此，贵族的权势成为英格兰王国统治中的一个危险因素。相对于其他阶层，贵族人数相对较少，但掌握大量土地。据估计，1485年英格兰王国的人口约为三百万。②虽然1349年到1350年的黑死病结束后，英格兰王国的人口稳步上升，但贵族人数越来越少。此时，新册封的贵族人数相对较少，战争和其他原因导致的贵族断嗣现象屡见不鲜。没有继承人的贵族领地一般被其他贵族通过联姻，或者国王授予的方式收入囊中。因此，贵族手中控制的土地总面积没有减少。15世纪上半叶，由于王权土地转让，贵族领地的总面积呈增长趋势。这导致玫瑰战争期间，相对人数极少的贵族掌握了英格兰王国境内的大量土地。甚至个别贵族权势滔天，几乎是个人广阔领地内的土皇帝。因此，实际上，即使中产阶级左右着英格兰王国国内权力的平衡，但个别贵族大权在握，影响力高于整个中产阶级。从都铎王朝起，英格兰王国的君主明智过人，注重提拔乡绅，贵族人数才再次和英格兰王国内部其他阶层比例适当。

玫瑰战争期间，大贵族的典型代表是沃里克伯爵理查德·内维尔。利顿把沃里克伯爵理查德·内维尔作为"最后的贵族"的典型。无论从财富、头衔，还是权势，沃里克伯爵理查德·内维尔都很有代表性。沃里克伯爵理查德·内维尔家用开支巨大。据说，他家中每天用餐要吃掉六头全牛。沃里克伯爵理查德·内维尔的仆从很多，甚至仆从的朋友可以分享沃里克伯爵理查

---

① 威廉·斯塔布斯：《英格兰宪法史》，牛津，牛津大学出版社，第3卷，第557页，注释1，选自"爱德华四世黑皮书"。——原注
② 哈勒姆：《英格兰宪法史》，第1卷，第8页，以及注释3。——原注

德·内维尔家的烤肉，甚至在一柄"长匕首"上，能叉多少就可以带走多少烤肉。那时，无论沃里克伯爵理查德·内维尔碰巧住在哪里，附近的酒馆从不会缺少肉食供应①。沃里克伯爵理查德·内维尔腰缠万贯，不仅因为他拥有庄园领地，还因为他担任了英格兰王权下的高级职位。据说，仅加来总督一职，每年就为沃里克伯爵理查德·内维尔带来一千五百克朗薪俸。②从总体来说，1461年到1471年，有人认为沃里克伯爵理查德·内维尔每年一共可以获得八万克朗补贴，③几乎相当于当时一位国王的收入。

内维尔家族是土地积累和爵位兼并的较好范例。1449年，通过妻子安妮·比彻姆，沃里克伯爵最后的女继承人，沃里克伯爵理查德·内维尔继承了巨大的比彻姆庄园和沃里克伯爵的头衔。1425年，沃里克伯爵理查德·内维尔的父亲索尔兹伯里伯爵理查德·内维尔与第四代索尔兹伯里伯爵托马斯·德·蒙塔古的独生女爱丽丝·蒙塔古结婚，获得索尔兹伯里伯爵的头衔。1460年，在韦克菲尔德战役中，索尔兹伯里伯爵理查德·内维尔阵亡。因此，沃里克伯爵理查德·内维尔获得索尔兹伯里伯爵位。沃里克伯爵理查德·内维尔的三个叔叔，即索尔兹伯里伯爵理查德·内维尔的三个弟弟都是贵族。大约1424年，肯特伯爵威廉·内维尔与拥有约克郡斯凯尔顿城堡的福肯伯格男爵的唯一女继承人琼·德·福肯伯格结婚，成为福肯伯格男爵。通过与贝尔文尼男爵唯一的女继承人伊丽莎白·比彻姆结婚，爱德华·内维尔成为贝尔文尼男爵。贝尔文尼男爵的附属领地是乌斯克④山谷内的庄园。拉蒂默男爵乔治·内维尔是一位在内维尔家族生活了两代的贵族，但他的拉蒂默男爵头衔也是通过联姻获得的。在内维尔家族中，除了五位属于约克派的贵族，我们还应加上沃里克伯爵理查德·内维尔的弟弟蒙塔古侯爵约翰·内维尔。1461年，爱德华四世将蒙塔古侯爵的头衔授予他。沃里克伯爵理查德·内维尔的另一位弟弟乔治·内维尔是约克大主教兼枢机主教。这个家族的辉煌还不止这些。在整个玫

---

① 拉斐尔·霍林谢德：《编年史》，第3卷，第678页。——原注
② 菲利普·德·科米纳：《菲利普·德·科米纳回忆录》，第1章，第256页。——原注
③ 克朗相当于本书作者生活时期的十先令。——原注
④ 这是内维尔家族唯一延续到本书作者生活时期的一支。——原注

瑰战争期间，内维尔家族的老一辈旁系族人还拥有威斯特摩兰伯爵爵位，这一支大都支持兰开斯特派。

然而，内维尔家族并不是英格兰王国唯一拥有近乎英格兰王室权势的家族。在诺森伯兰郡、约克郡和萨塞克斯郡，珀西家族都拥有庄园，实力基本与内维尔家族相当。珀西家族凝聚力更强，这也是它的优势，因为它没有像内维尔家族那样分出很多不同的旁系。1449年，珀西家族和索尔兹伯里伯爵理查德·内维尔发生争端或私战。威廉·伍斯特将这场争端或私战视作玫瑰战争爆发的实际导火索。①

15世纪，英格兰王国内的大贵族领主活得如同国王一般。他们经常带着大批家眷从一座城堡前往另一座城堡，靠每座地方庄园内的产出过着自给自足的生活。威廉·斯塔布斯主教将一座贵族领主城堡内的管理方式与今天一所学院的管理方式相提并论。②这样的一座城堡内，仆人数量很多，消耗的食物总量巨大。受过良好教育、地位较高的高级职员负责妥善收租收税，修缮房屋，接受和分发食物等事务。一位大贵族的账目往来就像一个小王国的账目往来那样多，并且账目由一批固定职员打理。每项物品都需要仔细登记，每项重要交易都需加盖贵族的印鉴，以防发生任何失误。每一季度都审计所有账目。冈特的约翰的"账册"已经编辑出版，生动描述了一位中世纪大贵族领主精细复杂、谨慎的管理体制③。如果珀西家族或者内维尔家族的账目公开，那么这些账目会呈现一个相似的庞大系统。兰开斯特家族统治时期，一位地位超然、家财万贯的贵族会在自己的庄园和家族内部学习如何成为一位公共管理者和财务管理者。这也解释了中世纪时，一位贵族可能会突然担任英格兰王国治安总管或财务总管的原因。其实，对治安或财务管理工作，这些贵族并不陌生，只是英格兰王国的治安或财务管理工作比他已知的职责范围稍大而已。④

---

① 威廉·伍斯特：《布里斯托尔史》，第775页，"英格兰所有战役的开始"。——原注
② 威廉·斯塔布斯，《英格兰宪法史》，牛津，牛津大学出版社，第3卷，第557页。——原注
③ 根据皇家历史协会阿米蒂奇·史密斯的观点。——原注
④ 试比较，威廉·斯塔布斯：《英格兰宪法史》，牛津，牛津大学出版社，第3卷，第557页到第558页。——原注

总体来说，贵族担任英格兰王国治安总管或者财务总管对英格兰王国很有益处。贵族受过商务训练，懂一些法律知识，还了解军事科学。贵族家庭是一所学校，出身好的年轻人可以学习礼仪，也可以学习一些商业知识。①贵族的庄园得到精心管理，留住大批富裕的租户。这些租户是英格兰王国与法兰西王国百年战争中有名的自耕农。然而，一旦贵族领主把自己尊贵的徽章发给各种人，这些人有可能既不是他的租户，也不是他的家族成员，这位贵族领主作为社会生活中心的名声就会被严重滥用。随着带有各贵族领主徽章制服的出现，这种败坏名声的"私党"体系日渐昭著，并且在兰开斯特家族统治时期彻底破坏了整个英格兰王国的法律和社会秩序。任何目无法纪之人，包括被遣散的士兵、鲁莽的流浪汉、拦路抢劫犯都有可能申请获得某位贵族领主的徽章。考虑到不久后可能发生内战，简单授予一枚徽章就能增加自己的支持者，贵族领主们可能会欣然同意滥发徽章。因此，一些无赖公然标榜自己是沃里克伯爵理查德·内维尔或诺森伯兰伯爵的扈从。贵族的徽章像政府部门的一件制服，标明其拥有者受到某一贵族家族保护。贵族徽章的拥有者已经获得一种准法律地位，借此他可能会做出严重危害公共安定的行为。频繁出台的法律见证了滥发徽章现象的普遍存在。亨利六世统治时期，英格兰王国颁布法律规定除了领主真正的租户或扈从，任何人不得接受徽章。此外，贵族领主的徽章只能在军队服役时才可佩戴。但这项法律遭到规避，甚至被公然违反。15世纪的这种不良行为仍在继续，虽然爱德华四世采取了一系列措施抑制，但直到亨利七世统治时期，"私党与庇荫"行为才被星室法院完全抑制。

---

① 约翰·帕斯顿将一个儿子送到诺福克公爵约翰·德·莫布雷家中学习锻炼。——原注

第 21 章

亨利六世政府垮台

精彩看点

负债累累的亨利六世政府——强制收回英格兰王室赠予土地失败——法制崩溃的兰开斯特家族——丧失在法兰西的属地——孱弱的英格兰海军——亨利六世加强君主专制——选举过程中的腐败——选民资格的变化——英格兰王室对选举的干预

  虽然玫瑰战争时期,英格兰王国仍然存在完备的社会组织框架,但不是兰开斯特家族的功劳。事实上,英格兰政府的框架依然存在,只是丧失了执行力。

  政府稳固有序的一项条件是财政稳定。亨利六世的政府就像法国大革命前的法兰西王国政府一样没有稳定的财政收入。事实上,英格兰王国财政方面的问题由来已久。亨利四世统治时期,英格兰王国财政收入微薄,估计平均每年只有十万六千英镑,[①]大致只够支付政府的正常开支。因此,每年年末,英格兰王国政府的财政盈余微乎其微。任何战争导致的额外支出都极易造成巨额赤字。英格兰王国政府必须指望下一年的财政收入弥补上一年的巨额财政赤字。这样的财政预算导致政府陷入瘫痪。譬如,1411年,英格兰王国的财政收入预计略高于四万八千英镑,但财政支出竟然超过六万四千英镑。[②]亨利五世统治时期,由于与法兰西王国的连年战争,英格兰王国财政连年赤字,平均每年财政净收入十一万五千英镑,只比亨利四世统治时期略高。然而,英军在法兰西作战的军饷如果真的付清,那么仅军费一项,每年就要花费九万英镑。亨利五世驾崩时,英格兰政府还没有完全付清阿让库尔战役的开销。[③]

[①] 詹姆斯·拉姆齐:《兰开斯特家族与约克家族》,第1章,第160页。——原注
[②] 约翰·福斯蒂丘:《英格兰政体》(查尔斯·普拉默编),第411页。——原注
[③] 詹姆斯·拉姆齐:《兰开斯特家族与约克家族》,第1章,第319页到第320页。——原注

因此，亨利六世的政府开始运转时已经负债累累，一直没能还清欠下的债务。英格兰王国与法兰西王国的战争断断续续打到1453年，对英格兰王国政府的财政来说，这场战争是无底的鸿沟。英格兰王国在法兰西的各个属地无力为英格兰政府财政收入做出任何贡献。1433年，吉耶纳公国为英格兰王国财政收入的贡献仅略高于七十七英镑。① 同年，英格兰王国财政总管拉尔夫·克伦威尔男爵拿出一份惨淡的财务报表。英格兰王国政府的财政收入只有三万八千三百六十四英镑，但财政支出达五万六千八百七十八英镑。此外，英格兰王室的债务接近十六万五千英镑，② 甚至亨利六世的日常开销都无法维持。1450年，有首诗提到亨利六世"挨家挨户乞讨"。③ 这种描述虽然夸张，但还是道出了几分实情。

随着政府治理愈发混乱，英格兰王国的财政收入自然开始减少。1428年到1454年，英格兰王室的收入平均每年约为八万四千英镑。1454年到1461年，英格兰王室平均每年的收入少于五万九千英镑。④ 这一时期，由于英格兰议会没有向英格兰王国政府拨款，造成英格兰王室收入与1428年到1454年时英格兰王室收入的不同。英格兰政府虽然极度缺钱，但不能从英格兰议会得到任何财政支持。相反，英格兰政府的财政还是依靠"英格兰王室收入的家底"，即王室土地和王室在各郡的"农庄"，以及在整个执政期间按固定比率征收的关税维持。由于国王无法"自力更生"，又没有来自英格兰议会的任何补贴，英格兰政府不得不采取不当手段，意欲"收回"已经被封赏出去的英格兰王室土地，即不给予任何补偿拿回以前授予的部分英格兰王室庄园。毫无疑问，赠送英格兰王室庄园并不明智。但通过英格兰议会全面强制的法案收回已经赠送的英格兰王室土地，会导致在社会和经济生活方面，英格兰王国的地主阶级发动革命。此时，英格兰王室已经不能承受大规模革命爆发带来的压力。因此，1450年，由于存在太多例外情况，英格兰议会通过的第一部《土地收回法案》

---

① 威廉·斯塔布斯：《英格兰宪法史》，牛津，牛津大学出版社，第3卷，第121页。——原注
② 威廉·斯塔布斯：《英格兰宪法史》，牛津，牛津大学出版社，第3卷，第121页。——原注
③ 《政治诗》，第2卷，第229页。——原注
④ 詹姆斯·拉姆齐，《兰开斯特家族与约克家族》，第1章，第267页。——原注

对改善英格兰王室财政状况毫无作用。①因此，实际上，1454年到1464年，兰开斯特家族已经破产，不是因为英格兰王国缺钱，而是因为英格兰政府无力吸引民众贡献钱财。

兰开斯特家族懦弱无能的另一个证据是其法制的崩溃。兰开斯特家族时期诉讼案很多，但案件审理过程中正义缺失，执法无能。人们靠自己的武力伸张正义，自己就是法。虽然英格兰王国有正义善良、学识渊博的法官，如威廉·耶尔弗顿、托马斯·德·利特尔顿、约翰·福蒂斯丘等，但律师数量过于庞大，英格兰王权和政府无力约束他们。②英格兰王国的中央法庭无力辖制大贵族，地方法庭也不敢得罪大贵族。穷人目无法纪，强盗常常在树林内横行，普通人出行十分危险。在逃亡途中，安茹的玛格丽特王后碰到强盗，遭遇危险的故事证明，玫瑰战争时期的公共安全无从谈起。罗杰·丘奇③是布洛菲尔德地区上百人的地方头目。1452年，罗杰·丘奇常年在诺福克郡带领一支恶棍组成的武装。这样的例子在英格兰其他地方屡见不鲜。

法制崩溃的事例也散见在《帕斯顿信札》中，其他一些非本地的历史资料也涉及相关证据。对法制的崩溃，英格兰王室，或者至少英格兰王室顾问难辞其咎。英格兰王室顾问曾向法官发誓，"即使是国王书面，或者口头传信，命令其审案时违反法律"，④他们也有义务伸张正义。显然，在审理案件时，县法院法官可能会收到英格兰国王的来信，命令他打压陪审团的意见，以获得有利于英格兰王室的判决。"警长还告诉我们，他已经收到国王来信，要求他成立一个陪审团，以释放莫林斯男爵。"⑤

伯克利家族的男性继承人与女性继承人的矛盾似乎导致1421年到1475年

---

① 威廉·斯塔布斯，《英格兰宪法史》，第3卷，牛津，牛津大学出版社，第272页。——原注
② 威廉·斯塔布斯，《英格兰宪法史》，第3卷，牛津，牛津大学出版社，第47页。——原注
③ 詹姆斯·盖尔德纳：《帕斯顿信札》，第1卷，第113页到第114页。关于德比郡的一帮匪徒情况，参看约翰·福蒂斯丘：《英格兰政体》（查尔斯·普拉默编），第24页，注释4。——原注
④ 约翰·福斯蒂尔：《英格兰政体》（查尔斯·普拉默编），第22页，注释3，选自约翰·福蒂斯丘：《英格兰法律颂》。——原注
⑤ 詹姆斯·盖尔德纳：《帕斯顿信札》，第189篇，1451年5月2日。约翰·帕斯顿称这样的英格兰王室来函可以六先令八便士的价格购买。詹姆斯·盖尔德纳，《帕斯顿信札》引言，第1卷，第92页。——原注

时常发生私人战争。① 矛盾双方也诉诸法律，但没能阻止他们试图使用武力手段解决争端。在郡县法庭，私党和庇荫乱象通常演变为一场闹剧。1451年5月4日，在诺福克郡沃尔辛厄姆的一次庭审中，由于在县内作恶多端，托马斯·托特纳姆爵士及其同伙约翰·海登律师受到指控。"据我所知，这里提到的托马斯·托特纳姆爵士和约翰·海登，还有他们团伙中的其他作恶者，骑着四百多匹马前来。考虑到他们的同伙一同前来，出庭的原告人人自危、惶恐不已。"② 实际上，英格兰王权统治脆弱不堪，骚乱分子甚嚣尘上。英格兰政府"毫无治理可言"。③

在国防方面，亨利六世的政府做得很差。1453年，对英格兰王国在法兰西的属地，英格兰君主完全丧失了统治权。英吉利海峡没有得到严密保护。《对英格兰王国政策的批判》一诗中将1436年英格兰王国海防的脆弱同亨利五世时实行的强硬政策进行了对比。诗人大声质问："我们的战船在哪里？我们的刺刀指向哪里？"在诗中，诗人力谏亨利六世：

珍惜商品交易，壮大海军力量，
我们要做英吉利海峡之主。④

然而，失去在法兰西的各块属地后，英格兰王国的海军力量并没有得到任何改善。"甚至此时，在海上，英格兰似乎都希望渺茫。"⑤1457年8月，皮埃尔·德·布雷泽的远征军袭击了桑威治，并且大肆掠夺。这一事件表明，英格兰王国的海上防御力量脆弱不堪。英格兰王国竟然在国内没有内战的时候也遭到他国袭击。为重建英格兰王国海军的声誉，作为海军上将，沃里克伯爵理查德·内维尔做出一些努力，但对沃里克伯爵理查德·内维尔率领的海

---

① 威廉·斯塔布斯：《英格兰宪法史》，牛津，牛津大学出版社，第3卷，第279页。——原注
② 约翰·帕斯顿：《帕斯顿信札》，第192篇。——原注
③ 试比较，威廉·斯塔布斯：《英格兰宪法史》，第3卷，牛津，牛津大学出版社，第279页，注释6。——原注
④ 《政治诗》，第2卷，第158页到第159页。——原注
⑤ 詹姆斯·拉姆齐：《兰开斯特家族与约克家族》，第2卷，第201页。——原注

军,英格兰王权无法进行任何约束。英格兰政府无法约束水手们的行为。1450年1月,英格兰政府派遣奇切斯特主教亚当·莫林斯前往朴次茅斯,支付托马斯·基里尔爵士欠下的普通士兵的工资,但"被士兵和水手杀害"。①这些人并不适合保卫国家。一个证明亨利六世政府无能的重要证据是,1450年,亨利六世的政府没能及时处理杰克·凯德的起义。亨利六世不得不逃往肯尼尔沃斯,伦敦完全留给杰克·凯德的起义军。

英格兰政府行政机关的懦弱无能,不应归咎于亨利六世的自由宪政主义。直到1437年后,"兰开斯特派的试验田",即有限君主立宪制才出现。刚开始,君主制明显是宪政的。英格兰枢密院是英格兰王权的执行主体,由国王的顾问及大臣组成,1404年获得议会提名,即英格兰议会枢密院成员由英格兰议会批准任命。②从1404年到亨利六世登上王位的第十五年,即1436年,英格兰议会枢密院成员一般由英格兰议会任命。1422年,亨利六世统治的第一年,英格兰议会枢密院成员是由英格兰议会法令正式任命。因此,兰开斯特家族统治的前半段时期,英格兰议会枢密院与英格兰议会沟通顺畅。英格兰议会枢密院是英格兰议会和英格兰国王的纽带,可以看作是现代内阁制度的前身。

但从1437年起,亨利六世不再征询英格兰议会的意见,开始完全自己提名英格兰议会枢密院成员。③此时,亨利六世还不到十六岁,但觉得自己年纪够大,是时候发号施令了。④从这时起,英格兰议会枢密院和英格兰议会的紧密联系中断了。从名义上和事实上,英格兰议会枢密院成了英格兰国王的枢密院,并且不再对英格兰议会负责。对英格兰王权来说,这个结果是惨烈的。对不受欢迎的措施和失败的谴责,如果英格兰议会枢密院的大臣们依旧对英格兰议会负责,那么任何骂名由大臣们来扛。但此时,一些骂名逐渐从大臣身上转移到国王身上,因为大臣只是听命于国王的仆从。

---

① 威廉·伍斯特:《布里斯托尔史》,第771页。——原注
② 试比较威廉·斯塔布斯:《英格兰宪法史》,牛津,牛津大学出版社,第3卷,第45页。——原注
③ 试比较威廉·斯塔布斯:《英格兰宪法史》,牛津,牛津大学出版社,第3卷,第256页。——原注
④ 从法律层面来说,直到1442年,亨利六世才能亲政。——原注

萨福克公爵威廉·德·拉·波尔和萨默塞特公爵埃德蒙·博福特就是英格兰国王亨利六世任用大臣和英格兰议会枢密院成员的例子。对这二人的任命，英格兰议会中大部分议员一直强烈反对。约克公爵理查德也是一个案例。在英格兰王国国内，约克公爵理查德享有盛名。英格兰议会大部分议员也很想招纳他为英格兰议会议员，但他被排除在英格兰议会之外，甚至进不了英格兰议会枢密院。1444年，萨福克公爵威廉·德·拉·波尔成为英格兰国王亨利六世的首辅大臣。同年，枢机主教亨利·博福特强烈主张的和平政策大见成效。萨福克公爵威廉·德·拉·波尔带领英格兰王国与法兰西王国和平谈判，并且筹备了亨利六世和法兰西公主安茹的玛格丽特的婚礼。1447年，主要在萨福克公爵威廉·德·拉·波尔的影响下，英格兰议会枢密院抓捕了亨利六世的叔叔格洛斯特公爵汉弗莱。1447年2月23日，"善良的公爵"格洛斯特公爵汉弗莱去世。格洛斯特公爵汉弗莱是亨利六世统治时期最后一位真正深受英格兰议会和全英格兰人民爱戴的英格兰议会枢密院成员。1447年4月，枢机主教亨利·博福特去世。因此，萨福克公爵威廉·德·拉·波尔几乎成为亨利六世唯一信任的大臣。在英格兰议会枢密院中，萨福克公爵威廉·德·拉·波尔占据首屈一指的位置。

整个英格兰反对萨福克公爵威廉·德·拉·波尔的声音此起彼伏，丢失诺曼底后还出现反对他的政治诗。这充分证明萨福克公爵威廉·德·拉·波尔其实并不合民意。① 早在1447年，萨福克公爵威廉·德·拉·波尔认为有必要在英格兰议会否认对自己不利的传闻，明确为自己的言行辩护。虽然英格兰王国举国上下都乐见萨福克公爵威廉·德·拉·波尔离开英格兰议会，但或许受到安茹的玛格丽特王后的影响，亨利六世更倚重萨福克公爵威廉·德·拉·波尔。1448年，亨利六世将威廉·德·拉·波尔由萨福克伯爵晋升为萨福克公爵。1450年，对萨福克公爵威廉·德·拉·波尔的弹劾案，虽然可能是由拉尔夫·克伦威尔男爵提出，但受到英格兰议会下议院的积极响应。然而，亨利六世仍然继续扮演一位专制君主。"根据他个人意见，没有与各大贵族商

---

① 威廉·斯塔布斯：《英格兰宪法史》，第3卷，第147页。——原注

议",①停止了审判,将萨福克公爵威廉·德·拉·波尔送往国外。结果,萨福克公爵威廉·德·拉·波尔在海上遇刺身亡。显然,在英格兰王国国内,刺杀萨福克公爵威廉·德·拉·波尔得到普通英格兰民众的支持。②

亨利六世倚重萨默塞特公爵埃德蒙·博福特,同样违背了"兰开斯特实验"精神。1445年,约克公爵结束在诺曼底总督的一个任期。对英格兰王国在诺曼底的属地,他的治理很有成效。1447年,亨利六世再次任命约克公爵理查德为诺曼底总督,任期五年,但很快在萨默塞特公爵埃德蒙·博福特的干预下,亨利六世取消了这项任命。为使约克公爵理查德远离权力中心,他被任命为爱尔兰总督。萨默塞特公爵埃德蒙·博福特前往诺曼底担任总督。英格兰王国与法兰西王国百年战争期间,萨默塞特公爵埃德蒙·博福特担任诺曼底公爵时期的治理最混乱不堪。在国外,英军作战遭遇严重失利。在英格兰王国国内,杰克·凯德叛乱闹事。这些事件过后,约克公爵理查德和萨默塞特公爵埃德蒙·博福特双双回到英格兰。他们中哪一位适合辅佐亨利六世,在大多数人眼中,答案似乎不言而喻。"萨默塞特公爵埃德蒙·博福特完全不得人心。因此,约克公爵理查德获得民众的普遍支持。"③然而,亨利六世似乎没有任何犹豫,就任命萨默塞特公爵埃德蒙·博福特为英格兰王国的治安总管。④从这时起,一直到战死,萨默塞特公爵埃德蒙·博福特都是亨利六世的心腹大臣。

亨利六世对萨默塞特公爵埃德蒙·博福特的倚重没有必要继续追究下去。除了受到武力胁迫,亨利六世从没同意将萨默塞特公爵埃德蒙·博福特从英格兰议会枢密院撤职,转而重用约克公爵理查德。一旦亨利六世重掌权力,萨默塞特公爵埃德蒙·博福特又成为亨利六世的首席顾问。如果亨利六世遵照宪法行事,罢免不受欢迎的萨默塞特公爵埃德蒙·博福特,信任约克公爵理查

---

① 威廉·斯塔布斯:《英格兰宪法史》,牛津,牛津大学出版社,第3卷,第153页。——原注
② 参阅《政治诗》,第2卷,第232页,萨福克公爵威廉·德·拉·波尔之死。——原注
③ 威廉·斯塔布斯:《英格兰宪法史》,牛津,牛津大学出版社,第3卷,第161页。试比较,《政治诗》,第2卷,第221页到第223页,法兰西灾难的普遍不满。——原注
④ 1450年9月11日,萨默塞特公爵埃德蒙·博福特被任命为英格兰王国治安总管。——原注

德,那么约克公爵理查德没有任何理由发动叛乱,英格兰王国国内也没有人有任何理由追随他。

英格兰王国的行政系统并不健全。与此同时,立法系统也出现大的问题。英格兰议会的源头受到不良行为的污染,即英格兰议会议员选举惯常腐败。在很大程度上,英格兰议会议员选举腐败是因为地方权贵干涉选举结果。但英格兰王权肆意干涉英格兰议会的选举结果。虽然选举权通常被城镇内相对少数的寡头集团垄断,但在英格兰议会体系中,自治市成员选举可能最自由。然而,如同其他事件一样,城镇选举受到"私党"乱象的不利影响。亨利四世曾尽力弥补"私党"乱象造成的不利影响。1406年,英格兰政府通过一部重要法案。这部法案规定,"郡的骑士"可以在郡县法庭自由参选,不用考虑任何外界压力。为保证选举自由,成功当选的候选人姓名应写在一张"契约文书"上,所有参与选举的人都要在"契约文书"上签名盖章。①这部法案专门用来防止在一些大人物的压迫下,郡长造假当选结果。此外,这部法案还适用于防止王权干涉选举结果。

但从契约文书中的姓名判断,选民数量不会很大。选民少的时候,只有八人附上印鉴。如果契约文书上有三十个人的名字,那么这是个大数字,只有在人口大郡县的选举中才会遇到这种情况。在个别情况下,契约文书上会出现四十个人的姓名。小部分选民很可能会屈服于外界压力,来自如托马斯·托特纳姆爵士和约翰·海登这类人,以及他们手下四百名打手的压力。尽管如此,1430年以前,这些契约文书表明英格兰王国各阶层的民众,包括"普通的自耕农"都参与了选举。当然,比起在文书上盖章的人,参与选举的人通常更多。虽然法案要求所有人都应该加盖印章,但少部分代表其他所有人签名的当选也被视为有效当选。②

1430年,郡县选举权资格发生变革,导致选民人数大大减少。1430年以前,"全县法庭"会开展选举。每个自由人或这个阶层以上的人都有权进入县

---

① 参阅威廉·斯塔布斯,《英格兰宪法史》,牛津,牛津大学出版社,第3卷,第58页。——原注
② 试比较威廉·斯塔布斯:《英格兰宪法史》,牛津,牛津大学出版社,第3卷,第422页到第423页。——原注

法庭或郡议会。自由人下面是农奴，他们可以自行前来，由本郡县每个庄园里"四个最优秀的男子和地区长官"代表参加选举。但1430年的法案规定，只有拥有"四十先令不动产"的人才有资格成为选民。因此，这项法案完全将农奴从选民中剔除，并且将所有土地年产值少于四十先令的自耕农排除在选民外。这项法案申明议员选举在过去总有下层乌合之众参与搅局。鉴于此，限制选民参选资格有助于规范选举①。这一点确切无疑。然而，选民人数越少，选举结果就越可能受到上层人士和权贵的影响。

基于同样的规范选举的精神，1445年，英格兰王国通过一部法案，规定骑士阶层以下任何人不得当选本郡议员。因此，整个自耕农阶层成为不再产生议员的阶层。这个限制可能并不是造成自耕农不幸的原因，并且可能没有真正改变1445年前后英格兰各社会阶层的结构。但并不是人们常说的亨利六世开创的"宪政主义"精神的变革。

英格兰王权对选举结果的干预昭然若揭。1404年，亨利四世遵循爱德华三世设下的先例，下达传诏文书，规定1404年所有律师不能成为英格兰议会议员。因此，在历史上，1404年的英格兰议会被称为"傻瓜议会"。1459年，约克派在拉德福德桥狼狈溃逃后，亨利六世在考文垂召集了一次英格兰议会，亨利六世的反对者被正式剥夺公权。②在这次事件中，各郡郡长收到国玺信函，信函中亨利六世点名应被"当选"的议员名单。于是，各郡郡长重新选举下议院议员。这种肆意违背所有议会议员选举自主权的行为一旦发生，再拿下议院决定给国王拨款作为 "重要证据，证明下议院已经获得议会重要地位"就显得十分勉强了。③另一个违背英格兰议会选举权的事件是，1451年，由于在英格兰议会中建议确立约克公爵理查德为英格兰王位继承人，来自布里斯托尔的议员托马斯·扬遭到监禁。托马斯·扬的提议既没有叛国，也没有违法。亨

---

① 试比较威廉·斯塔布斯：《英格兰宪法史》，牛津，牛津大学出版社，第3卷，第421页。——原注
② 参阅威廉·斯塔布斯：《英格兰宪法史》，牛津，牛津大学出版社，第3卷，第184页，以及注释3。——原注
③ 参阅威廉·斯塔布斯：《英格兰宪法史》，牛津，牛津大学出版社，第3卷，第63页，1407年条目下。——原注

利六世和安茹的玛格丽特王后结婚五年，一直没有子嗣，约克公爵理查德无疑是英格兰王位第一顺位继承人。托马斯·扬的言论没有任何争议。英格兰议会的特权应该有效保护托马斯·扬不因做出这样的提议而遭受监禁，因为托马斯·扬的提议尽管会得罪亨利六世，但并不违法。然而，宪法精神遭到违背，托马斯·扬不得不被关进监狱。当然，只是用约克家族的国王们也有违宪行为做出回应还远远不够，谴责约克家族国王们的行为并不能开脱兰开斯特家族的责任。①

---

① 试比较约翰·福斯蒂丘：《英格兰政体》（查尔斯·普拉默编），第35页。——原注

第 **22** 章

爱德华四世的统治

精彩看点

历史学家对爱德华四世统治的否定——爱德华四世的动乱年代——"新君主"——爱德华四世的六大功绩——爱德华四世用强硬手段维护社会秩序——爱德华四世扶持乡绅阶层——爱德华四世扩大英格兰王室收入来源——爱德华四世很少召开议会——爱德华四世定下英格兰王国后世外交基调——爱德华四世鼓励商业——爱德华四世驾崩

兰开斯特家族没能治理好英格兰王国，没能维持好英格兰王国国内的秩序。最终，兰开斯特家族的统治倒台。约克家族的主张可能带来和平和秩序及正常的行政管理。因此，约克家族的统治理念得到认可。都铎王朝基本上确立了约克家族提出的维持和平与秩序的理念。那么在短暂的执政期内，约克家族确立稳固的统治了吗？

对这一问题，研究英格兰宪法的伟大历史学家们给予了否定回答。"在爱德华四世统治下，英格兰王国并没有建立起比亨利六世时期更好的统治。英格兰王国境内的法庭由宠臣把控，正义遭到扭曲，弱势群体被强权欺压，骚乱、抢劫、非法侵入和亨利六世统治时期一样随处可见。如同兰开斯特家族的统治失败一样，约克家族也没能用明智的管理证明自己的存在。"①然而，尽管许多违宪行为可以归咎到约克家族，但在约克家族统治时期，寻找统治脆弱或无能管理的例子十分困难。如果我们将注意力集中到爱德华四世统治期间，可以发现他统治的最后十二年，英格兰王国处于相对和平与繁荣的状态。这种状态与爱德华四世的弟弟理查三世统治时期别无二致。爱德华四世和理查三世内心的动荡并没有扰乱臣民的平静生活。

爱德华四世的统治时期应该分为两个阶段。第一阶段从1461年3月4日，爱德华四世成为英格兰国王开始，到1470年10月，爱德华四世逃亡佛兰德斯，

---

① 威廉·斯塔布斯：《英格兰宪法史》，牛津，牛津大学出版社，第3卷，第280页。——原注

亨利六世在沃里克伯爵理查德·内维尔的操纵下实现短暂复辟结束。第二个阶段从1471年4月爱德华四世重获英格兰王位开始，到1483年4月9日在威斯敏斯特宫驾崩结束。威廉·斯塔布斯主教发现在爱德华四世统治的第一阶段，爱德华四世治国不力。然而，他将爱德华四世统治不力的看法扩展到整个爱德华四世的统治时期。事实上，在统治的第二阶段，爱德华四世的国家治理政策不一定符合宪法，但的确治理有方。①

1461年到1470年是"爱德华四世的动荡年代"，发生的故事无须赘述。此时，在英格兰北部和西部，兰开斯特派的势力还很强大。兰开斯特派控制的英格兰北部的一些城堡仍然没有向爱德华四世屈服，苏格兰王国的一支军队常常占领部分英格兰王国的领土。爱德华四世初出茅庐，刚从军营的艰苦生活中缓过来，即使得到拥有滔天权势的内维尔家族鼎力支持，也没能革除所有前任国王们已经察觉到的治理英格兰王国的弊病。因此，英格兰王国所有偏远地区的局势仍不稳定。当时，骚乱频发，并且导致了"雷德斯代尔的罗宾"起义。沃里克伯爵理查德·内维尔的秘密夺权计划成功了。爱德华四世不得不逃离英格兰。

巴尼特战役和蒂克斯伯里战役后，爱德华四世再次登上英格兰王位。但此时，与爱德华四世统治的第一时期相比，英格兰王国的内部形势已经大不相同。兰开斯特派彻底覆灭，内维尔家族已经被打倒。在流亡期间，爱德华四世也获益良多。他已经不再是菲利普·德·科米纳描绘的那种粗心士兵，而是一位谨慎的君主，一位在封建制度废墟上崛起的西欧新派君主，代表着独立的民族国家。与路易十一一样，爱德华四世属于"新君主"。在《君主论》中，尼科洛·马基雅弗利已经给"新君主"存在的必要性及其生活哲学做出永恒的阐释。爱德华四世从自己的错误和不幸中吸取教训，决定不再东游西荡。他强大而无情的统治为英格兰王国带来国内的安定，国际的独立。所有民族国家都要求其主权政府做到对外独立，这也是都铎王朝早期君主的功劳。都铎王朝早期的君主都是得到国内支持的独裁统治者，但他们被这种支持背后隐

---

① 试比较约翰·福斯蒂丘：《英格兰政体》（查尔斯·普拉默编），第37页。——原注

尼科洛·马基雅弗利

含的某些限制条件束缚。爱德华四世也是这样一位君主。事实上，都铎王朝的统治者沿袭了爱德华四世制定的统治政策。当然，都铎王朝的君主并非有意为之，而是由于时代要求所有想保住王权的君主都别无他法。

爱德华四世勤于治国理政，在六个方面值得称道。第一，他加强司法管理。第二，他鼓励与英格兰王权私交密切的新贵崛起。第三，他维持基本且足够的政府财政收支。第四，他减少召开英格兰议会的次数。第五，他依靠加强军备，但主要通过灵活外交，和平处理英格兰王国的对外事务。第六，他利用王权，竭尽所能，鼓励贸易和商业发展。总的来说，爱德华四世是"新君主"的典型代表。都铎王朝也按此轨迹发展。

兰开斯特家族统治时期，地方混乱是一大顽疾。要治理地方混乱，英格兰王国的各级法庭必须严格执法。爱德华四世解决地方混乱的方法专制独断，打击扰乱和平分子卓有成效，但在强化执政能力的同时，他疏于尊重一些保障个人自由的基本而普遍的正义原则。爱德华四世的政策面临的更大危机是行政干预司法，这无疑是一种一直被防范的乱象。但在当时，行政干预司法可以有效制止混乱。乱世得用重典。亨利六世统治时期，一般的土地法已经形同虚设。爱德华四世采用特别法庭，避免扰乱和平分子所属辖地的约束。这种特别法庭是高级治安法庭，由伍斯特伯爵约翰·蒂普托夫特管理。由于善用酷刑，高级治安法庭臭名昭著。1462年颁布的一项特权令中，爱德华四世授权伍斯特伯爵约翰·蒂普托夫特有权旁听所有叛国罪指控并断案，"甚至是笼笼统统，简单粗暴，不听任何质疑'杂音'，无须审慎裁决，仅通过简单理解案情就草菅人命"。①1470年，"英格兰的大屠夫"伍斯特伯爵约翰·蒂普托夫特也掉了脑袋。此时，高级治安法庭已经暴行累累，杀人无数。所幸从1471年到爱德华四世统治结束，处决不再那么频繁。1478年，审判克拉伦斯公爵乔治·金雀花也是一则公开的丑闻，但很少有人对克拉伦斯公爵乔治·金雀花的命运感到惋惜。此时，法制最残忍的特征是使用酷刑。即使亨利六世统治时期已经开始使用酷刑，但爱德华四世没有借口开脱。然而，爱德华四世统治时期，使用酷刑的事例主要发生在1470年以前时局动荡的岁月里。此外，爱德华四世统治时期，法制基本上不存在薄弱环节，只有在英格兰更偏远的地区，我们才能发现"私党和庇荫"现象仍时有发生。但即使是在更偏远的地区，约克家族的国王也期盼都铎王朝式的改革。爱德华四世成立了威尔士委员会。②这个委员会与1437年成立的更加文明的"北方委员会"一样，拥有类似的组织形式和管辖范围。威尔士委员会是个"特权委员会"，能直接宣判威尔士边境地区扰乱治安的行为。威尔士委员会存在了很长时间。直到1641年，长期议会废除威尔士委员会。1484年，理查三世在北方举行的英格兰王室巡游是另一个例子，说

---

① 威廉·斯塔布斯：《英格兰宪法史》，牛津，牛津大学出版社，第3卷，第289页，以及注释3。——原注
② 试比较哈勒姆：《英格兰宪法史》，第1卷，第328页，以及注释4。——原注

明约克家族的国王十分重视维持英格兰动荡地区的秩序。理查三世似乎对维持英格兰动荡地区的秩序颇有成就,"在英格兰北方,理查三世确实广受民众爱戴"。①威尔士议会不是爱德华四世为都铎王朝法制体系预创的唯一一项制度。人们一般认为星室法院是遵照亨利七世的法案成立的。实际上,在爱德华四世统治时期,星室法庭已经开始运作。②因此,在地方法庭衰弱,或臣子权力过大时,英格兰政府依然能维持社会秩序。

每位君主身边都有一群贵族支持他的立场,并且出任总督等各级官员。利用旧贵族对约克家族的信任,爱德华四世拉拢绅士阶层作为新贵族,授予绅士官职,使他们效忠王权。伍德维尔家族虽然原来属于兰开斯特派,但与爱德华四世联姻后,便紧紧地与约克家族的命运绑在一起。爱德华四世信任伍德维尔家族,伍德维尔家族也确实不负所望。爱德华四世相中伍德维尔家族时,伍德维尔家族还只是一个新兴家族。然而,为伍德维尔家族,爱德华四世安排了与许多贵族家族的联姻。因此,很快,伍德维尔家族就拥有不少于八个贵族头衔。赫伯特家族也被爱德华四世赐予彭布罗克伯爵头衔。在兰开斯特家族时期,鲍彻家族只有一位男爵,但爱德华四世为鲍彻家族加官晋爵。因此,鲍彻家族成为约克家族和都铎家族统治时期有能力的官宦家族之一。约克家族带领的贵族越来越具有16世纪后期贵族的特征。此时,博福特和霍兰这样大的准王室家族已经覆灭。英格兰王室没收了被剥夺的土地,从中受益。其他贵族地位较低,相互之间大致平等有效防止了某个家族搞派系斗争分裂国家。

无论是约克家族统治时期还是都铎家族统治时期,新君主制度的特征都是税负较轻和支出有度。从经济层面看,兰开斯特家族无法实现"自力更生",但爱德华四世财政管理得相对较好。约克家族支出不高,也很少要求英格兰议会的财政支持。虽然关税税率没有提高,关税收入波动幅度较大,但随着商业的发展,关税收入相应增加。玫瑰战争期间,从贵族手里没收的土地扩大了英格兰王室领地,为英格兰王室带来比以往更多的收入。毫无节制地征收

---

① 威廉·斯塔布斯:《英格兰宪法史》,牛津,牛津大学出版社,第3卷,第238页。——原注
② 参阅普洛特洛:《章程与文件》,第401页。——原注

"恩税"，为英格兰王室带来巨额财政收入。"恩税"只针对少数富人征收，但在英格兰全境似乎很受欢迎。根据1475年《皮基尼条约》中的部分条款，从路易十一那里，英格兰王室获得拨款和抚恤金。因此，英格兰王室财富大大增加，并且政府财政危机得到解决。爱德华四世的私人贸易是英格兰王室财富的另一个来源①。包括法兰西王国的抚恤金，英格兰王室总收入并不高。1472年到1483年，英格兰王室每年平均收入为九万五千英镑。②但爱德华四世实现了自给自足，甚至在驾崩时留下了很大一笔财产。③爱德华四世的借款数额有限。在统治时期结束时，爱德华四世只剩下二万九千英镑贷款没有还清。④无论贷款规模大小，没有哪个现代政府可以做到借款只有财政收入的三分之一。爱德华四世的经济管理政策类似于亨利七世和伊丽莎白一世。在英格兰王国，约克家族和都铎家族的经济政策大受欢迎。

  在位期间，爱德华四世很少召开议会，立法也侧重商业方面的立法。1465年，英格兰议会投票要求爱德华四世征收生活"桶税和磅税"。除了1475年向法兰西王国宣战⑤，爱德华四世几乎没有再次向贵族庄园领主伸手要钱。在长达二十一年的统治时期，爱德华四世只召集过六次议会，并且每次议会会期都很短，对议题的讨论都是速战速决。有些时间，如1468年10月到1472年10月，爱德华四世没有召开任何议会。1475年到1483年，英格兰议会的开会时间一共只占用四十二天⑥。据说，爱德华四世在位时期，英格兰议会在历史上首次没有通过任何法案，国民获得更多自由⑦。不过，此时，整个英格兰王国默许爱德华四世不召开议会，因为人们期待内乱停止，商业或其他各种产业可以顺利开展。对英格兰议会，亨利七世持有与爱德华四世类似的态度。亨利七世

---

① 詹姆斯·拉姆齐：《兰开斯特家族与约克家族》，第2卷，第456页，以及注释6。——原注
② 詹姆斯·拉姆齐：《兰开斯特家族与约克家族》，第2卷，第470页。——原注
③ 指不包括"恩税"在内的借款。——原注
④ 詹姆斯·拉姆齐：《兰开斯特家族与约克家族》，第2卷，第464页、第466页。詹姆斯·拉姆齐计算的爱德华四世募集的善款总额为一万二千英镑。——原注
⑤ 最终，1475年，爱德华四世没有向法兰西王国宣战。——原注
⑥ 威廉·斯塔布斯，《英格兰宪法史》，牛津，牛津大学出版社，第3卷，第282页。——原注
⑦ 哈勒姆：《英格兰宪法史》，第1卷，第10页。——原注

爱德华四世与路易十一签订《皮基尼条约》

几乎所有有用的法案都是在他统治早期制定的。因此，人们可以看到英格兰政府秩序井然，普通民众安居乐业。

在外交事务方面，爱德华四世的政策预示了以后亨利七世的政策。"抽的血越少，获得的财富就越多。"①为在法兰西征战，每任英格兰君主都投入巨额军事开支，但每任英格兰君主都带着经济补助金而不是军事荣耀回国。1492年，亨利七世签署的《埃普塔尔条约》与1475年爱德华四世签署的《皮基尼条约》的内容相似。这两位英格兰君主都奉行和平外交政策，都反对过去英格兰王国与法兰西王国的百年战争，不相信这场战争的所有无望理想。他们不再追求跨英吉利海峡而治的王国疆域。他们接受英格兰王国岛国的现状，并且认定英格兰王国的优势在贸易和航海。在外交上，他们不像中世纪国王那样发起大小各类战争，而是习惯运用外交手段及签署各种条约解决外交事务。在海运方面，英格兰王国地理位置优越，控制了佛兰德斯和比斯开湾之间，直到西班牙王国及其他地中海地区的海运航线。当然，对佛兰德斯、法兰西王国和西班牙王国来说，与英格兰王国建立联盟同样价值非凡。此时，英格兰王国与各方交好，没有必要开展开销巨大的对外战争。英格兰王国只要不卷入与欧洲大陆各国的争端，就可能再度崛起，成为大国。爱德华四世、亨利七世、托马斯·沃尔西、伊丽莎白一世女王都清楚这一点。在欧洲战场上，他们没有花费英格兰王国多少财力人力。因此，英格兰民众的精力都花费在英格兰王国国内、海外及海路沿线等其他各个方面。

与后来的亨利七世一样，爱德华四世大力发展商业。爱德华四世统治时期开始形成的新政体是一种资产阶级君主制，受到所有英格兰民众的欢迎。新君主拥护和平，关心国防，亲自过问所有贸易事务。爱德华四世重建了与佛兰德斯及勃艮第公国的同盟关系，并且为英格兰的商业带来巨大利益。1415年到1435年，即英格兰王国与法兰西王国百年战争中期，勃艮第公国一直是英格兰王国的盟友。但1435年，勃艮第公爵腓力三世与法兰西国王查理七世和解。从此，勃艮第公国切断了与英格兰王国的联系。因为勃艮第公国的版图包括佛兰

---

① 弗朗西斯·培根：《亨利七世时代》，1870年，第398页。——原注

伊丽莎白一世女王

德斯，所以失去勃艮第公国这一盟友，对英格兰向繁荣的佛兰德斯出口羊毛造成不利影响。加来一直处在被勃艮第公国夺走的危险中。爱德华四世登基后，英格兰王国与佛兰德斯方面的联系逐渐恢复。1468年，爱德华四世的妹妹约克的玛格丽特同勃艮第公爵"大胆的"查理联姻，使英格兰王国与佛兰德斯方面的关系越来越牢固。1468年年初，英格兰王国与佛兰德斯方面签署一项条约，保证双方三十年的自由贸易往来。对英格兰王国来说，与佛兰德斯方面建立紧密联系意味着一笔巨大财富。亨利七世登基后，英格兰王国与佛兰德斯方面的良好关系一度中断。勃艮第公爵"大胆的"查理的遗孀勃艮第公爵夫人约克的玛格丽特一直偏向约克派。但最终，通过不懈的外交努力，在恢复与佛兰德斯

第22章 爱德华四世的统治 | 407

方面良好的外交关系方面，亨利七世获得巨大成功。1496年，英格兰王国与佛兰德斯方面签署"大交流"条约，英格兰与佛兰德斯的商业联系再度恢复。对"大交流"条约的签署，英格兰商人喜出望外。

　　1483年4月9日，爱德华四世一病不起。1483年4月19日，爱德华四世驾崩，时年四十一岁。起初，爱德华四世发低烧。据说，这是1475年远征法兰西途中留下的病根。① 此时，由于过度操劳，爱德华四世病情恶化。最终，爱德华四世突然离世。在菲利普·德·科米纳笔下，年轻时，爱德华四世是"那个时代最英俊的男人"，只是"后来变得肥腻"。② 尽管如此，但爱德华四世虽然拥有非凡的天资，精于治国，体恤民情。因此，爱德华四世被视为一位成功的君主。在其治下，英格兰王国呈现出繁荣昌盛的面貌。

---

① 詹姆斯·拉姆齐：《兰开斯特家族与约克家族》，第2卷，第452页。——原注
② 菲利普·德·科米纳：《菲利普·德·科米纳回忆录》，第1章，第266页。——原注

第23章

亨利七世登基

精彩看点

都铎家族的来源——亨利七世逃亡布列塔尼——亨利七世夺得英格兰王位

通过蒂克斯伯里战役，爱德华四世重新夺回英格兰王位。被剥夺财产和公权以前，贾斯珀·都铎一直是彭布罗克伯爵。此时，他带着自己十四岁的侄子亨利七世坐船离开彭布罗克郡，前往法兰西寻求庇护。强风迫使他们靠岸，但他们没有来到路易十一的领地，而是来到末代布列塔尼公爵弗朗西斯二世的领地。亨利七世在布列塔尼公国生活，长大成人，等待登上英格兰王位的机会。

由于此时兰开斯特家族没有任何男嗣，亨利七世成为冈特的约翰的继承人。亨利七世的母亲玛格丽特·博福特，是冈特的约翰和凯瑟琳·斯温福德的孙子萨默塞特公爵约翰·博福特唯一的女儿。都铎这个姓来自亨利七世的父亲里奇蒙伯爵埃蒙德·都铎。里奇蒙伯爵埃蒙德·都铎是来自威尔士古老家族的骑士欧文·都铎爵士与亨利五世的遗孀，即亨利六世的母亲瓦卢瓦的凯瑟琳的儿子。1456年年末，里奇蒙伯爵埃蒙德·都铎去世。两个月后，即1457年1月28日，他的遗腹子亨利七世出生。因此，亨利七世一出生就继承里奇蒙伯爵爵位，并且由他的叔叔贾斯珀·都铎抚养长大。

都铎家族效仿兰开斯特家族。虽然没有显赫的战功，但都铎家族一直尽心尽力在威尔士边陲和内陆为兰开斯特家族效劳。1461年"莫蒂默十字"战役结束后，在赫里福德，都铎家族的开创者欧文·都铎爵士被约克派处决。1468年，历经七年围困的哈勒赫城堡失守，年幼的亨利七世成为俘虏，被带往伦敦，由新任彭布罗克伯爵威廉·赫伯特监护。

亨利七世

　　1470年到1471年，亨利六世短暂复辟期间，时年十四岁的亨利七世重新得到叔叔贾斯珀·都铎的照顾。众所周知，贾斯珀·都铎刚经历了兰开斯特家族的覆灭。他将侄儿亨利七世安全带到布列塔尼。兰开斯特家族的最后一位直系男嗣威尔士亲王威斯敏斯特的爱德华去世后，兰开斯特派的其余支持者也来到布列塔尼。兰开斯特派的这些意志坚定的支持者不会，也不可能与约克家族和解。布列塔尼公爵弗朗西斯二世是兰开斯特家族的老同盟，遂保护了亨利七世，并且借给布列塔尼公国境内兰开斯特派的支持者钱财，帮助他们重返英格兰。在英格兰，亨利七世有一些朋友，如伊利主教约翰·莫顿，他为布列塔尼公爵弗朗西斯二世通风报信。由于爱德华四世或理查三世的外交压力，亨利七世偶尔有被捕的危险。然而，亨利七世仍然逃离了约克家族的追捕，并且抓住机会重返英格兰。

爱德华四世驾崩后，亨利七世看到约克家族运势倾颓。他听闻年幼的英格兰国王爱德华五世及其弟弟约克公爵什鲁斯伯里的理查德遭到谋杀，并且注意到理查三世掌握英格兰王国大权后，英格兰贵族的抱怨和民众对他的冷漠。1483年10月，白金汉公爵亨利·斯塔福德在英格兰南部揭竿而起，率军反抗理查三世的统治。亨利七世计划加入白金汉公爵亨利·斯塔福德的军队。因此，亨利七世从布列塔尼坐船出发，并且现身普尔港外。但得知起义失败后，亨利七世只能直接返航。

1485年，亨利七世终于等到登上英格兰王位的机会。理查三世虽然勤勉能干，但没能获得英格兰民众的爱戴，普通英格兰民众也没有忘记他的罪行。亨利七世的军队已经整装待发。以摄政王法兰西的安妮为首的法兰西王国政府公开支持亨利七世起义，并且向亨利七世的军队提供支持。1485年8月1日，亨利七世率领一支由英格兰人和法兰西人组成的两千人的联合军队，从阿夫勒尔出发直接驶向与都铎家族利益攸关的米尔福德港。他的军队沿着哈弗福德韦斯特北进，前往卡迪根和什鲁斯伯里。沿途，许多威尔士人加入亨利七世的军队。1485年8月22日，亨利七世在莱斯特郡的博斯沃思集市遭遇理查三世的军队。理查三世与亨利七世的军队还保持玫瑰战争期间军队的常规规模，亨利七世拥有将近五千名士兵，理查三世军队的兵力可能略胜一筹。博斯沃思战役前，彭布罗克伯爵威廉·斯坦利在柴郡和兰开夏郡训练了一支强大军队。在名义上，彭布罗克伯爵威廉·斯坦利支持理查三世，但博斯沃思战役爆发当天，他在行动上支持亨利七世。博斯沃思战役结束后，亨利七世赢得英格兰王位。由于英格兰王国举国上下似乎对英格兰王位归属了无兴致，所以普通英格兰人接受亨利七世成为英格兰王国的新国王。亨利七世英

博斯沃思战役

亨利七世在博斯沃思战役后戴上王冠

明神武，基本按约克家族的方略治国理政。因此，王朝的更替几乎没有打断英格兰民众生活的进程。亨利七世在位的十五年里，英格兰王国取得了长足的进步。

译名对照表

Abingdon Abbey in Berkshire	伯克郡阿宾顿修道院的
Act of Parliament	《议会法案》
Adam Moleyns	亚当·莫林斯
Adam Molyneux	亚当·莫利纽克斯
Agnes	阿格尼斯
Alexander Eden	亚历山大·伊顿
Alice Boteller	爱丽丝·波特勒夫人
Alice Chaucer	爱丽丝·乔叟
Alkmaar	阿尔克马尔港
All Souls' College	万灵学院
Alnwick Castle	阿尼克城堡
Andrew Doket	安德鲁·多基特
Andrew Trollope	安德鲁·特罗洛普
Angers	昂热
Angevin Empire	安茹帝国
Anne Beauchamp	安妮·比彻姆
Anne de Mortimer	安妮·德·莫蒂默
Anne Neville	安妮·内维尔
Anne of Bohemia	波希米亚的安娜
Anne Woodville	安妮·伍德维尔
Anthony Woodville	安东尼·伍德维尔
Anti-Pope Benedict XIII	敌对教皇本笃十三世

Antoine Crespin	安托万·克雷斯潘
Antwerp	安特卫普
Archbishop of Canterbury	坎特伯雷大主教
Archbishop of Narbonne	纳博讷大主教
Armagnacs	阿马尼亚克派
Arragonese	阿拉贡
Ascension Day	耶稣升天节
Assumption of the Blessed Virgin	圣母升天节
Austin	奥斯汀
Bailly of Evreux	埃弗勒堡场
Balliol College	贝利奥尔学院
Bamburgh Castle	班堡城堡
Banbury	班伯里
Barnet Heath	巴尼特荒原
Baron Audley	奥德利男爵
Baron Bonville	邦维尔男爵
Baron Cromwell	克伦威尔男爵
Baron Dacre	戴克男爵
Baron Dudley	达德利男爵
Baron Latimer	拉蒂默男爵
Baron Lovell	洛维尔男爵
Baron Moleyns	莫林斯男爵
Baron Mountjoy	芒乔伊男爵
Baron of Sage and Sele	萨伊和塞莱男爵
Baron of Scales	斯凯尔斯男爵
Baron of Stourton	斯托顿男爵
Baron Stanley	斯坦利男爵
Baron Willoughby de Eresby	威洛比·德·埃雷斯比男爵
Barrois	巴鲁瓦
Bastard of Ogle	奥格尔私生子
Bath	巴斯
Battle of Agincourt	阿让库尔战役

Battle of Breitenfeld	布赖滕费尔德战役
Battle of Cannae	坎尼战役
Battle of Ferrybridge	费里桥战役
Battle of Mantinea	曼提尼亚战役
Battle of Sherburn	舍本战役
Battle of Towton	陶顿战役
Baynard's Castle	巴纳德城堡
Bayonne	巴约讷
Beauforts	博福特家族
Beaugé-en-Anjou	安茹的博热
Beaumaris	博马里斯
Benedictine abbey of Cerne	塞恩的本笃会修道院
Berkhampstead	伯克翰斯特
Bertrand du Guesclin	贝特朗·杜·盖克兰
Berwick	贝里克
Béthune	贝蒂讷
Beverley	贝弗利
Bill of Attainder	《剥夺爵位及财产议案》
Bill of Five Articles	《五项条款议案》
Bill of Indemnity	《豁免议案》
Bisham Abbey	比萨姆庄园
Bishop of Bath and Wells	巴斯和韦尔斯主教
Bishop of Chichester	奇切斯特主教
Bishop of Coventry and Lichfield	考文垂教区兼利奇菲尔德教区主教
Bishop of Durham	达勒姆主教
Bishop of Ely	伊利主教
Bishop of Lisieux	利西厄教区主教
Bishop of Salisbury	索尔兹伯里主教
Bishop of St Andrews	圣安德鲁斯主教
Bishop of Terni	特里尼主教
Bishop of Winchester	温彻斯特主教
Black Friars	黑衣修士会

Black Prince	黑太子
Blackheath	布莱克希思
Blanche of Lancaster	兰开斯特的布兰奇
Blaye-les-Mines	布莱莱米讷
Blofield	布洛菲尔德
Bluebeard	蓝胡子
Bodleian	博德利
Bohemia	波希米亚
Bordeaux	波尔多
Boulonois	布洛奈加斯
Bramham Moor	布拉默姆泽地
Bridge of Montereau	蒙特罗大桥
Brittany	布列塔尼
Burgundy	勃艮第
Bury	伯里
Caen	卡昂
Calais Castle	加来堡垒
Cardigan	卡迪根
Carmelites	加尔默罗修会
Carthage	迦太基
Castillon	卡斯蒂永
Castleford	卡斯尔福德
Catherine Swynford	凯瑟琳·斯温福德
Catherine Woodville	凯瑟琳·伍德维尔
Charlemagne	查理曼大帝
Charles Count of Charolais	沙罗莱伯爵查理
Charles I	查理一世
Charles Plummer	查尔斯·普拉默
Charles VI	查理六世
Cheapside	齐普赛街
Cheltenham	切尔滕纳姆
Chepstow Castle	切普斯托城堡

Chequer Inn	方格旅店
Cherbourg	瑟堡
Chester	切斯特
Chesterfield	切斯特菲尔德
Chipping Norton	奇平诺顿
Chronicle of Croyland	《克罗伊兰编年史》
Chronicle of St Albans	《圣奥尔本斯编年史》
Church of Daventry	达文特里教堂
Church of St Mary of Overy	奥弗里的圣玛丽教堂
Cinque Ports	五港同盟
Cirencester	赛伦塞斯特
Clarendon Palace	克拉伦登王宫
Clerkenwell	克勒肯维尔
Clovis	克洛维
Coleshill	科尔斯希尔
Conference of Tours	图尔会议
Constance	康斯坦斯
Constantinople	君士坦丁堡
Corfe Castle	科夫城堡
Cornelius	科尼利厄斯
Coroumbr	克罗姆城堡
Corpus Christi College	基督圣体学院
Cotswolds	科茨沃尔德
Council of Regency	摄政枢密院
Count of Anjou	安茹伯爵
Countess of Northumberland	诺森伯兰伯爵夫人
Countess of Salisbury	索尔兹伯里伯爵夫人
Countess of Warwick	沃里克伯爵夫人
Court of Exchequer	财政法院
Coventry	考文垂
Cravant on the Yonne	克拉旺镇
Craven	克雷文

Cromer	克罗默
Croyland Abbey	《克罗伊兰编年史续集》
Damme	达默
Dartford	达特福德
Dartmouth	达特茅斯
Dauphin Charles	王太子查理
David Abenon	大卫·阿邦翁
Dean of St Severens	圣塞维伦斯修道院
Denbigh Castle	登比城堡
Denbighshire	登比郡
Derby	德比
Dintingdale	丁丁代尔
Dominican Convent	多明我修道院
Doncaster	唐克斯特
Dorset	多塞特
Dover Road	多佛路
Duchess of Bedford	贝德福德公爵夫人
Duchess of Bourbon	波旁公爵夫人
Duchy of Bar	巴尔公爵
Dudley Castle	达德利城堡
Duke of Aquitaine	阿基坦公爵
Duke of Bedford	贝德福德公爵
Duke of Brabant	布拉班特公爵
Duke of Brittany	布列塔尼公爵
Duke of Buckingham	白金汉公爵
Duke of Burgundy	勃艮第公爵
Duke of Clarence	克拉伦斯公爵
Duke of Cornwell	康沃尔公爵
Duke of Exeter	埃克塞特公爵
Duke of Norfolk	诺福克公爵
Duke of Normandy	诺曼底公爵
Duke of Orléans	奥尔良公爵

Duke of Somerset	萨默塞特公爵
Duke of Suffolk	萨福克公爵
Duke of York	约克公爵
Dumfries	邓弗里斯
Dunstable	邓斯特布尔
Dunstanburgh Castle	邓斯坦城堡
E.Hamden	伊·哈姆登
Earl of Arundel	阿伦德尔伯爵
Earl of Cambridge	剑桥伯爵
Earl of Chester	切斯特伯爵
Earl of Devon	德文伯爵
Earl of Dorset	多塞特伯爵
Earl of Kent	肯特伯爵
Earl of March	马奇伯爵
Earl of Northumberland	诺森伯兰伯爵
Earl of Ormond	奥蒙德伯爵
Earl of Oxford	牛津伯爵
Earl of Pembroke	彭布罗克伯爵
Earl of Richmond	里奇蒙伯爵
Earl of Salisbury	索尔兹伯里伯爵
Earl of Shrewsbury	什鲁斯伯里伯爵
Earl of Suffolk	萨福克伯爵
Earl of Warwick	沃里克伯爵
Earl of Wiltshire	维尔特伯爵
Earl of Worcester	伍斯特伯爵
Earl of Yarmouth	雅茅斯伯爵
Earl Rivers	里弗斯伯爵
East Anglia	东盎格利亚
Easter	复活节
Eccleshall	埃克尔肖尔
Edgcot	艾格科特
Edgehill and Brentford	埃吉希尔和布伦特福德战役

Edington	艾丁顿
Edmund Beauford	埃德蒙·博福特
Edmund Crouchback	埃德蒙·克劳奇巴克
Edmund Earl of Rutland	拉特兰伯爵埃德蒙
Edmund Grey	埃德蒙·格雷
Edmund Mortimer	埃德蒙·莫蒂默
Edmund Mundford	埃德蒙·曼德福德
Edmund of Langley	兰利的埃德蒙
Edmund of Norwich	诺里奇的埃德蒙
Edmund Tutor	埃德蒙·都铎
Edward III	爱德华三世
Edward Mortimer	爱德华·莫蒂默
Edward of Westminster	威斯敏斯特的爱德华
Edward of Windsor	温莎的爱德华
Edward the Confessor	"忏悔者"爱德华
Eleanor Cobham	埃莉诺·科巴姆
Eleanor Neville	埃莉诺·内维尔
Eleanor of Aquitaine	阿基坦的埃莉诺
Eleanor Woodville	埃丽诺·伍德维尔
Elitzbeth Woodville	伊丽莎白·伍德维尔
Elizabeth Beauchamp	伊丽莎白·比彻姆
Elizabeth de Burgh	伊丽莎白·德·伯格
Elizabeth Scales	伊丽莎白·斯凯尔斯
Eltham	埃瑟姆
Elwyk and Trublote	埃尔维克和特鲁布洛特
Empingham	恩平厄姆
Essex	埃塞克斯郡
Eton College	伊顿公学
Evesham	伊夫舍姆
Ferrybridge	费里桥
First Battle of St Albans	第一次圣奥尔本斯战役
Fitzgerald	菲茨杰拉德

Fleet Prison	弗利特监狱
Fleet street	舰队街
Fougeres	富热尔
Francesco Coppini	弗朗切斯科·科皮尼
Francis de Surienne	弗朗西斯科·德·索里亚诺
Francis II	弗朗西斯二世
Friar John Brackley	约翰·布雷克利修士
Friesland	弗里斯兰
Furness	弗内斯
Gascony	加斯科涅人
Genoese	热那亚
Geoffrey Bolleyn	杰弗里·博林
George Grey	乔治·格雷
George Neville	乔治·内维尔
George Plantagenet	乔治·金雀花
George Villiers	乔治·维利尔斯
Georges Chastellain	乔治·夏特兰
Glastonbury	格拉斯顿伯里
Godwine	戈德温
Good Friday	耶稣受难日
Governance of England	《英格兰政体》
Grafton	格拉夫顿
Grantham	格兰瑟姆
Great Council of the Peers	大议事会
Great Seal	国玺
Greenwich	格林尼治
Greenwich palace	格林尼治宫
Gregory	格雷戈里
Guernsey	根西岛
Guienne	吉耶纳地区
Guisnes	圭斯尼
Gustavus Adolphus	古斯塔夫·阿道夫

Hague	海牙
Hammes	哈姆
Hannibal	汉尼拔
Harfleur	阿夫勒尔
Harlech Castle	哈勒赫城堡
Hastings	黑斯廷斯
Haverfordwest	哈弗福德韦斯特
Heathfield	希思菲尔德
Hedgley Moor	赫奇利沼泽
Henry IV	亨利四世
Henry Beaufort	亨利·博福特
Henry Bourchier	亨利·鲍彻
Henry Chichele	亨利·奇切利
Henry of Lancaster	兰开斯特的亨利
Henry Percy	亨利·珀西
Henry Roos	亨利·鲁斯
Henry Stafford	亨利·斯塔福德
Henry Upton	亨利·厄普顿
Henry VI	亨利六世
Henry VII	亨利七世
Hereford	赫里福德
Hesdin	埃丹
Hexham	赫克瑟姆
Holt Castle	霍尔特城堡
Holwell	霍维尔
Holy Island	圣岛
Holy Roman Emperor	神圣罗马帝国
House of Berkeley	伯克利家族
House of Brunswick	不伦瑞克王室
House of Capets	卡佩家族
House of Peers	上议院
Hull	赫尔

Humber	亨伯河
Humphrey Duke of Gloucester	格洛斯特公爵汉弗莱
Humphrey Neville of Brancepeth	布兰斯珀斯的汉弗莱·内维尔
Humphrey Stafford	汉弗莱·斯塔福德
Hunsdon	汉斯顿
Huntingdon	亨廷登
Indenture Act	《契约法》
Isabella Neville	伊莎贝尔·内维尔
Isle of France	法兰西土地
Isle of Man	马恩岛
Isle of Thanet	萨尼特岛
Islington	伊斯灵顿
Jack Cade	杰克·凯德
Jack Straw	杰克·斯特劳
Jacqueline Countess of Hainault	埃诺女伯爵杰奎琳
Jacquetta of Luxembourg	卢森堡的雅克塔
James Butler	詹姆斯·巴特勒
James Fiennes	詹姆斯·法因斯
James Gairdner	詹姆斯·盖尔德纳
James I	詹姆斯一世
James II	詹姆斯二世
James Pickering	詹姆斯·皮克林
James Ramseg	詹姆斯·拉姆齐
James Tuchet	詹姆斯·塔切特
Jan Huss	扬·胡斯
Jargeau	雅尔若
Jasper Tudor	贾斯珀·都铎
Jean de Warin	让·德·沃林
Jersey	泽西岛
Jerusalem	耶路撒冷
Joan Beaufort	琼·博福特
Joan de Fauconberg	琼·德·福肯伯格

Joan of Arc	圣女贞德
John Beauchamp	约翰·比彻姆
John Beaufort	约翰·博福特
John Beaumont	约翰·博蒙特
John Burking	约翰·博克
John Cleger	约翰·克莱格
John de Mowbray	约翰·德·莫布雷
John de Vere	约翰·德·维尔
John Fortescue	约翰·福蒂斯丘
John Grey of Groby	格罗比的约翰·格雷
John Harow	约翰·哈罗
John Heydon	约翰·海登
John Howard	约翰·霍华德
John I	约翰一世
John II	约翰二世
John IV	约翰四世
John Jerningham	约翰·杰文汉
John Kemp	约翰·肯普
John Lovell	约翰·洛维尔
John Manners	约翰·曼纳斯
John Mortimer	约翰·莫蒂默
John Morton	约翰·莫顿
John Naylor	约翰·内勒
John of Gaunt	冈特的约翰
John of Lancaster	兰开斯特的约翰
John Paston	约翰·帕斯顿
John Stafford	约翰·斯塔福德
John Stourton	约翰·斯托顿男爵
John Sutton	约翰·萨顿
John Sutton IV	约翰·萨顿四世
John Talbot	约翰·塔尔博特
John Tiptoft	约翰·蒂普托夫特

John Tuchet	约翰·塔切特
John Uenham	约翰·乌纳姆
John Wenlock	约翰·温洛克
John Whethamstede	约翰·维特哈姆斯蒂德
John, Duke of Bedford	贝德福德公爵约翰
Keeper of the Great Seal	掌玺大臣
Kenilworth Castle	凯尼尔沃思城堡
Key Inn	凯茵旅店
Keyfield	科菲尔德
King of Bourges	布尔日小王
King Stephen	斯蒂芬国王
King's Bench	王座法院
King's College	国王学院
King's Lynn	金斯林
Kingston-upon-Thames	泰晤士河畔金斯顿
Kirkcudbright	柯库布里
Knight of the Garter	嘉德骑士
La Grace Dieu	"拉·格雷丝·迪厄"号
La Hire	拉·阿尔
Lady Anne Holland	安妮·霍兰夫人
Lady Margaret Beaufort	玛格丽特·博福特夫人
Lambeth	兰贝斯
Lancaster and York	《兰开斯特家族与约克家族》
Langley	兰利
L'Arbre de Bataille	拉布尔·德·巴塔伊
Le Mans	勒芒
Leicester	莱斯特
Lewes	刘易斯
Lieutenant of Ireland	爱尔兰总督
Lincoln	林肯
Linlithgow Palace	林利斯戈宫
Linnels	林内尔斯

Lionel de Wells	莱昂内尔·德·韦尔斯
Lionel of Antwerp	安特卫普的莱昂内尔
Loire	卢瓦尔河
Lollardy	罗拉德派
Lombards	伦巴第人
London Stone	伦敦石
Loosecoat Field	弃衫原野
Lord Chancellor of England	英格兰王国大法官
Lord Clinton	克林顿勋爵
Lord Cobham	科巴姆勋爵
Lord Ferrers	费勒斯勋爵
Lord Fitzwalter	费茨沃尔特勋爵
Lord High Constable of England	英格兰王国治安总管
Lord Hungerford	亨格福德勋爵
Lorraine	洛林
Louis de Bruges	路易·德·布吕热
Louis IX	路易九世
Lovelace	洛夫莱斯
Lubeck	吕贝克
Ludford Bridge	拉德福德桥
Ludlow	拉德洛
Magdalen Hall	马德伦学院
Maine	曼恩伯国
Mantua	曼托瓦
Margaret Beaufort	玛格丽特·博福特
Margaret of Anjou	安茹的玛格丽特
Margaret Paston	玛格丽特·帕斯顿
Marie of Anjou	安茹的玛丽
Market Bosworth	博斯沃思集市
Marquess of Dorset	多塞特侯爵
Marshalsea	马歇尔希
Martin V	马丁五世

Mary de Bohun	玛丽·德·伯亨
Mary of Gueldres	盖尔德雷的玛丽
Master Burney	伯尼大人
Master Grey	格雷大人
Matthew Gough	马修·高夫
Mauny Castle	莫尼堡
Melbourne	墨尔本
Michael de la Pole	迈克尔·德·拉·波尔
Middleham	米德尔赫姆
Milford Haven	米尔福德港
Mons	蒙斯市
Nancy	南锡
Nen	嫩河
Newark	纽瓦克
Newcastle	纽卡斯尔
Newfield	纽菲尔德
Newnham	纽纳姆桥
Niccolò Machiavelli	尼科洛·马基雅弗利
Nicholas of the Tower	塔楼的尼古拉
Norham Castle	诺勒姆城堡
Normandy	诺曼底
North Riding	北赖丁
Northampton	北安普敦郡
Notre Dame of Boulogne	布洛涅圣母院
Notre-Dame de Paris	巴黎圣母院
Order of the Golden Fleece	金羊毛骑士团
Orléans	奥尔良
Ormonde	奥蒙德郡
Osbert Mountford	奥斯伯特·蒙特福德
Ottery	奥特利
Owen Glendower	欧文·格伦道尔
Owen Tudor	欧文·都铎

Padua	帕多瓦
Palm Sunday	圣枝主日
Parliament for Bristol	布里斯托尔议会
Paston Letters	《帕斯顿信札》
Patay	帕泰
Pentecost	五旬节
Peter, Duke of Coimbra	科英布拉公爵彼得
Peterborough	彼得伯勒
Philip de Comines	菲利普·德·科米纳
Philip III	腓力三世
Philip the Bold	"大胆"腓力
Phillipa, Countess of Ulster	阿尔斯特女伯爵菲莉帕
Pierre de Bresse	皮埃尔·德·布雷泽
Plantagenet family	金雀花家族
Political History of England	《英格兰政治史》
Pontefract Castle	庞蒂弗拉克特城堡
Poole Harbour	普尔港
Pope Paul II	教皇保罗二世
Pope Pius II	教皇庇护二世
Portsmouth	朴次茅斯
Pothon de Xintrailles	珀森·德·辛克莱斯
Prince	《君主论》
Prince Edward	爱德华王子
Prince of Wales	威尔士亲王
Privy Council	枢密院
Protector	护国公
Pyrenees	比利牛斯山脉
Queen Elizabeth I	伊丽莎白一世
Queen of Scots	苏格兰王太后
Queenborough	昆伯勒城堡
Queens' College	王后学院
Quentin Durward	《昆丁·达沃德》

Radford	雷德福
Ralph Cromwell	拉尔夫·克伦威尔
Raphael Holinshed	拉斐尔·霍林谢德
Ravenspur	雷温斯珀
Reading	雷丁
Red Cliff	雷德克里夫
Regent	摄政王
Regent Anne of France	法兰西的安妮
Reginald Boulers	雷金纳德·博尔思
Reginald Pecock	雷金纳德·皮科克
Rene	雷纳
Rheims	兰斯
Richard Beauchamp	理查德·比彻姆
Richard Fiennes	理查德·法因斯
Richard Fleming	理查德·弗莱明
Richard Foxe	理查德·福克斯
Richard I	理查一世
Richard II	理查二世
Richard Lord of Powis	格雷勋爵理查德
Richard Neville	理查德·内维尔
Richard of Conisburgh	科尼斯堡的理查德
Richard of Shrewsbury	什鲁斯伯里的理查德
Richard Woodville	理查德·伍德维尔
Richard Wydville	理查德·威德维尔
River Aire	亚耳河
River Avon	埃文河
River Avre	阿夫尔河
River Teme	蒂姆河
Robert Curthose	罗伯特·柯索斯
Robert de Floquet	罗贝尔·德·弗洛凯
Robert Makerel	罗伯特·马克尔
Robert Neville	罗伯特·内维尔

Robert Paston	罗伯特·帕斯顿
Robert Stillington	罗伯特·斯蒂林顿
Robert Welles	罗伯特·威尔斯
Robert Whitingham	罗伯特·怀特厄姆
Robin of Redesdale	雷德斯代尔的罗宾
Rochester	罗切斯特
Roger Church	罗杰·丘奇
Rouen	鲁昂市
Roxburgh	罗克斯堡
Royston	罗伊斯顿
Rye	拉伊
Rysbank Tower	雷斯班克塔
Sandal Castle	桑达尔城堡
Sandwich	桑威治
Saxton	萨克斯顿
Seigneur de la Grutuyse	德·拉·格鲁图伊思领主
Seine	塞纳河
Sevenoaks	塞文奥克斯
Severn	塞文河
Severn Valley	塞文河河谷
Shene	申恩
Shrewsbury	什鲁斯伯里
Sir Baldwin Fulford	鲍德温·富尔福德爵士
Sir Humphrey Bourchier	汉弗莱·鲍彻爵士
Sir Humphrey Stafford	汉弗莱·斯塔福德爵士
Sir James Strangeways	詹姆斯·斯特兰韦斯爵士
Sir John Ashley	约翰·阿什利爵士
Sir John Cley	约翰·克里爵士
Sir John Denham	约翰·德纳姆爵士
Sir John Fastolf	约翰·法斯特尔夫爵士
Sir Philip Wentworth	菲利普·温特沃思爵士
Sir Richard Tunstall	理查德·汤斯顿爵士

Sir Robert Ogle	罗伯特·奥格尔爵士
Sir Roger Chamberlain	罗杰·张伯伦爵士
Sir Thomas Hussey	托马斯·赫西爵士
Sir Thomas Kyriel	托马斯·凯瑞爵士
Sir Thomas Tuddenham	托马斯·塔顿汉爵士
Sir William Lucy	威廉·露西爵士
Sir William Oldhall	威廉·奥尔霍尔爵士
Sir William Tailboys	威廉·泰尔博伊斯爵士
Sir William Tunstall	威廉·汤斯顿爵士
Skelton Castle	斯凯尔顿城堡
Skipton Castle	斯基普顿城堡
Sluys	斯勒伊斯港
Smithfield	史密斯菲尔德
Southampton	南安普敦
Southwark	萨瑟克区
Spurn Head	斯珀恩角
St Botolph	圣博托尔夫
St George	圣乔治
St Giles' Church	圣贾尔斯教堂
St Katherine	圣凯瑟琳教堂
St Magnus Corner	圣马格纳斯街角
St Michaelmas	圣米迦勒节
St Michel-en-Barrois	圣米舍地区巴鲁瓦
St Paul's Cathedral	圣保罗大教堂
St Peter's Street	圣彼得大街
St Pol	圣波勒镇
Stanford	斯坦福
Statute of Mortmain	《死手律》
Stewarts	斯图亚特王朝
St-Omer	圣奥梅尔
Stony Stratford	斯托尼斯特拉特福
Stream Cock	公鸡涧

Sudbury	萨德伯里
Sussex	萨塞克斯郡
Swillgate Brook	斯维尔盖特溪
Tadcaster	塔德卡斯特
Tewkesbury	蒂克斯伯里
Thomas Arundel	托马斯·阿伦德尔
Thomas Basin	托马斯·巴赞
Thomas Beaufort	托马斯·博福特
Thomas Bourchier	托马斯·鲍彻
Thomas Clifford	托马斯·克利福德
Thomas de Courteney	托马斯·德·考特尼
Thomas de Littleton	托马斯·德·利尔特顿
Thomas de Montacute	托马斯·德·蒙塔丘特
Thomas de Ros	托马斯·德·罗斯
Thomas de Scales	托马斯·德·斯凯尔斯
Thomas FitzAlan	托马斯·菲查伦
Thomas Grey	托马斯·格雷
Thomas Neville	托马斯·内维尔
Thomas Stanley	托马斯·斯坦利
Thomas Wolsey	托马斯·沃尔西
Thomas Young	托马斯·扬
Thomas, Duke of Gloucester	格洛斯特公爵托马斯
Thucydides	修昔底德
Tours Castle	图尔城堡
Treaty of Arras	《阿拉斯条约》
Treaty of Etaples	《埃普塔尔条约》
Treaty of Picquigny	《皮基尼条约》
Treaty of Troyes	《特鲁瓦条约》
Tutbury Castle	塔特伯里城堡
Tweed	特威德河
Tyburn	泰伯恩
Unlearned Parliament	傻瓜议会

Usk	乌斯克
Valois of Catherine	瓦卢瓦的凯瑟琳
Ver	弗尔河
Verneuil	韦尔讷伊
Vincennes	万塞讷
Viscount Beaumont	博蒙特子爵
Wakefield	韦克菲尔德
Walsingham	沃尔辛厄姆
Walter Blunt	沃尔特·布伦特
Walter Scott	沃尔特·司各特
Ware	韦尔
Warkworth Castle	沃克沃思城堡
Warwick Castle	沃里克城堡
Wat Tyler	沃特·泰勒
Watford	沃特福德
West Riding	约克郡西赖丁
Westminster Abbey	威斯敏斯特教堂
Weybridge	威布里治
Weymouth	韦茅斯港
Wharfe	沃夫河
White Friars	白衣修士会
Wigmore	威格莫尔
Willam Stubbs	威廉·斯塔布斯
William Ayscough	威廉·艾斯库
William Bonville	威廉·邦维尔
William Booth	威廉·布思
William Cantelowe	威廉·坎特洛
William Caxton	威廉·卡克斯顿
William de la Pole	威廉·德·拉·波尔
William FitzAlan	威廉·菲查伦
William Grey	威廉·格雷
William Hastings	威廉·黑斯廷斯

William Herbert	威廉·赫伯特
William Neville	威廉·内维尔
William of Newbury	纽堡的威廉
William of Wykeham	威克姆的威廉
William Rufus	威廉·鲁弗斯
William Waynflete	威廉·韦恩弗利特
William Worcester	威廉·伍斯特
William Yelverton	威廉·耶尔弗顿
Wiltshire	威尔特郡
Wissant	维桑
Woodstock	伍德斯托克
Worcester	伍斯特
Worksop	沃克索普
Writtle	里特尔
Wychwood Forest	威奇伍德森林